트라우마, **극복의**
심리학

트라우마, 극복의 심리학

트라우마 회복 후 성장하는 5단계 포스트 트라우마틱 성장법

에디스 시로 지음　　　이성민 옮김

THE
UNEXPECTED GIFT
OF
TRAUMA

히포크라테스

아리엘에게

아버지를 기리며en memoria de papi

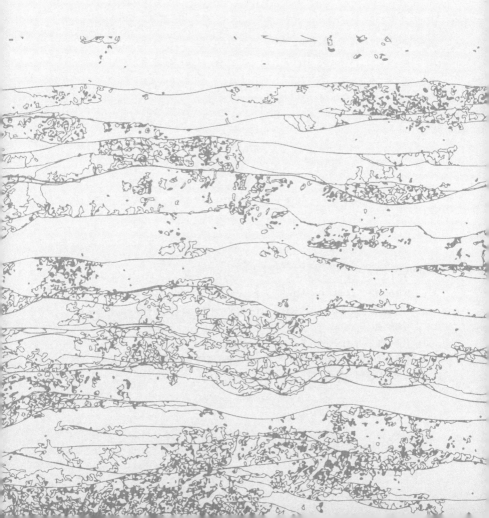

일러두기

1 본문의 각주는 대부분 지은이의 주이고, 옮긴이의 주일 경우 그것을 별도로 표시했다.
2 지명, 인명 등 고유 외래어는 국립국어원 외래어표기법을 따랐으나 일부 익숙한 관용어는 예외로 했다.
3 전문용어는 (사)한국심리학회 심리학용어사전을 참고했다.
4 본문에 소개된 도서 중 국내에 번역 및 출간된 책은 번역서 제목을 적고, 번역되지 않은 책은 원서 제목에 맞춰 적절하게 지었다.

도자기는 깨지고 나면 쓰레기에 지나지 않을까? 깨진 부분을 옻칠로 이어 붙인 후 선을 따라 금가루나 은가루를 입히는 일본의 킨츠기라는 기법은 깨진 도자기를 완전히 새로운 작품으로 완성시킨다. 트라우마를 경험한 자아는 마치 깨진 도자기와 같아 영원히 이전의 용도와 가치를 되찾지 못할 것 같은 좌절을 느낀다. 그러나 인생에서 트라우마는 피할 수 없지만, 이를 인정하고 내 안으로 통합해 새로운 이야기를 만든다면 전과 다른 성장을 이룰 수 있다. 이 책은 피할 수 없었던 트라우마로 깨진 나를 다시 이어 붙여 이전과 다른 새로운 자아로 전환하는 마음의 킨츠기 기술을 소개한다. 나는 트라우마보다 강하고, 역경은 기회가 돼 더 나은 내가 될 수 있다고.

○

하지현 (정신건강의학과 전문의, 건국대학교 교수)

내가 늘 소설에서 기대하던 것을 비문학 서적에서 만날 줄은 몰랐다. 상처받은 사람들이 그럼에도 살아가는 걸 택하는 이야기, 부서진 조각들을 끌어모아 견고하게 다지는 회복의 서사 말이다. 저자는 우리가 거기에서 한발 더 나아갈 수 있다고 말한다.

나는 그의 말을 믿고 싶다. 믿고 싶어서 샅샅이 정독했고, 기쁘게 납득했다. 이 책은 상처받은 모두를 위한 구체적인 희망의 안내서다. 폐허에 갇힌 이들에게 건네는 재건의 씨앗이다. 이 씨앗이 최대한 멀리 퍼져 나가기를, 그래서 많은 이들의 황폐한 뜰에 꼭 뿌리내리기를 바란다.

○

조예은 (『칵테일, 러브 좀비』, 『트로피컬 나이트』 작가)

상처를 끌어안고 생각한다. 기다리면 낫겠지, 낫지 않더라도 괜히 움직여 금이 깊어지는 것보단 지금이 낫지. 그는 그렇게 자신을 지키기 위해 멈춰 서 있다.

이 책, 심지어 '트라우마, 극복의 심리학'이라는 제목을 달고 있는 이 책은 그런 이들에게 따뜻한 위로와 응원 대신 부서지라 말한다. 실컷 아프고 주저앉으라고. 부서져도 된다는 것이 아니라 부서져야 한다고. 지금도 충분히 고통스러운데 대체 왜?

나아가기 위해서.

트라우마를 입은 나를 부서뜨려 나아간다는 다소 충격적인 주장과 쉽게 이어지지 않는 결론까지 책은 구체적인 방법과 사례, 막연한 낙관이 아닌 풍부한 자료로 우리를 끌고 간다. 우리가 극복할 수 있다는 단단한 믿음을 갖고.

잠시 멈춰 선 이들에게 길이 되어줄 책이다. 이전의 내가 아닌 새로운 나로 도약하는 길. 다시 세상으로 나아가는 길.

○

강남 (뮤지컬 〈호프〉 작가)

『트라우마, 극복의 심리학』은 고난을 극복하고 궁극적으로 성장하기 위한 로드맵이다. 에디스 시로는 면밀한 연구와 설득력 있는 사례 연구를 바탕으로 우리가 힘들 때 모두에게 도움이 될 책을 집필했다.

—탈 벤 샤하르 (《뉴욕 타임스》 베스트셀러 『일생에 한 번은 행복을 공부하라』 저자)

수년간의 깊이 있는 연구와 실천을 통해 세심하게 정리한 이 걸작에 대해 에디스 시로 박사에게 감사드린다. 이 책은 인류의 집단 치료를 위한 로드맵이다.

—루이스 가야르도 (세계행복재단 설립자 겸 회장, 『행복주의』 저자)

완벽한 선물 같은 책이다. 이 책을 읽는 모든 사람은 '변화'가 가능한 것이며 이를 달성하기 위한 명확한 경로가 전문적이고 확실하게 제시되어 있음을 알게 된다. 앞으로의 여정이 아무리 험난할지라도 『트라우마, 극복의 심리학』은 여정의 각 단계에서 안내서로서 동반자 역할을 할 것이다.

—셸리 티기엘스키 (사랑의 팬데믹 설립자, 『일어나려면 먼저 앉으라』 저자)

비극은 고통과 한계, 상실의 역사를 담고 있지만 새로운 창조의 가능성도 열어준다. 에디스 시로는 개인적, 집단적 트라우마의 여파 속에서 위축을 번영으로 바꾸는 과정을 아름답게 그려내고 있다.

—잭 사울 (국제 트라우마 연구 프로그램 감독)

인식과 의미, 사고방식의 변화를 통해 트라우마를 겪은 개인이나 부부, 가족은 새로운 회복력을 찾을 수 있고, 트라우마를 경험했음에도 삶이 앞으로 나아가도록 도움을 받는다. 학생과 경험 많은 정신건강 전문가 모두에게 시로 박사의 훌륭하고 유익한 책을 적극 추천한다.

—폴린 보스 (미네소타 대학교 명예교수, 『상실, 외상, 회복력』 저자)

트라우마는 우리를 분열시키지만, 그 틈을 따라 새로운 감각 기관이 탄생한다. 이 감각 기관을 사용하는 법을 배우면 자기방어를 연습하고 변화할 수 있는 힘을 얻게 될 것이다. 그렇게 하지 않고 내버려둔다면 우리는 상처를 숨기거나 다른 사람에게 상처를 줄 수 있다. 이 책은 우리가 이 상처를 통해 배우고, 사랑하고, 포용하며 성장하는 데 도움이 된다.

—카타 티자 (문화 심리 전문가)

"누구도 근본적으로 흔들리기 전까지는 성장을 시작하지 않는다"라고 에디스 시로는 말한다. 저자는 트라우마 후 성장의 길은 완전한 수용에서 변화에 이르기까지 어렵지만 자유에 이르는 길이라고 말한다. 이 책은 다양한 연구와 생생한 사례를 통해 트라우마에서 회복하여 영혼의 치유 가능성에 더 가까이 다가갈 수 있게 해준다.

—릴리 시르테스 (상담 심리학자, EMDR 실무자)

한국의 독자들이 그들의 언어와 문화적 맥락에 따라 이 책을 접하게 된다고 생각하니 기대가 가득합니다. 특히 전 세계가 새롭고 끊임없는 도전에 직면해 있는 지금, 이 책이 여러분에게 영감과 도움을 줄 수 있기를 바랍니다. 혼란의 시기에는 트라우마를 성장의 길로 이해하는 것이 그 어느 때보다 중요해집니다. 이 책을 로드맵으로 삼아 여러분이 위안을 얻을 뿐만 아니라 고통을 회복력이나 연민, 지혜를 얻는 뜻깊은 기회로 전환할 것이라 믿습니다.

세상은 흔히 트라우마를 회복할 수 없는 비극으로 여기지만, 『트라우마, 극복의 심리학』은 혁신적인 관점을 제시합니다. 심각한 트라우마를 겪은 생존자들과 함께한 25년간의 경험에 뿌리를 둔 이 책은 인간 정신이 가진 힘의 증거이자 치유의 가능성을 다시 상상하게 하는 초대장입니다. 이 책은 고통을 덮어두는 것이 아니라 그 안에서 변화의 잠재력을 인식하고 키우는 것을 다룹니다.

『트라우마, 극복의 심리학』은 세심하게 만들어진 외상 후 성장PTG, posttrumatic growth 모델을 따라 독자를 전적인 수용, 안전과 보호, 새로운 이야기, 통합 단계를 거쳐 궁극적으로 지혜와 성장에 이르기까지 안내합니다. 각 단계는 치유의 복잡하고 개인적인 특성을 존중해 설계했으며 트라우마 생존자들이 자신을 회복의 적극적인 참여자로 인식하도록 북돋습니다.

더불어 이 책은 정신 건강 전문가나 보호자, 그리고 다른 사람의 트라우마를 마주하는 모든 사람을 위한 자료집이기도 합니다. 『트라우마, 극복의 심리학』은 치료 도구일 뿐만 아니라 회복력과 연민을 키우는 이해의 언어도 제공합니다. 고문 생존자, 난민, 그리고 그들의 생존 이야기가 내 일생의 작업이 되었는데, 나는 여러 사람을 상담하면서 치유가 문화를 넘어 가능하다고 믿게 되었으며 이러한 통찰이 국경을 넘어 인류애라는 공감을 불러일으키기를 바랍니다.

『트라우마, 극복의 심리학』의 핵심 메시지는 '희망과 힘'입니다. 우리 모두에게, 내면을 들여다보고, 자신의 취약함을 마주할 용기를 찾고, 새로운 목적의식을 가지고 등장하라고 촉구합니다. 이 책이 한국의 독자들에게 인생의 피할 수 없는 도전을 은혜와 회복력으로 헤쳐나가도록 안내하는 선물이 되기를 바라며, 도움이 필요한 사람들에게 지지와 변화의 등불이 되기를 기원합니다.

에디스 시로 박사

세상은 무서운 곳이
될 수 있다

트라우마는 언제나 인간이 겪는 경험의 일부였다. 세상의 고통을 찾아보겠다고 먼 곳을 살펴볼 필요는 없다. 뉴스는 대량 학살, 증오 범죄, 테러리스트의 공격, 전쟁, 그리고 자연재해로 가득 차 있다. 피해자 통계를 보면 가정에서 일어나는 은폐된 고통도 알 수 있다. 아동 다섯 명 중 한 명이 성추행을 당하고 네 명 중 한 명은 알코올 중독 보호자 아래에서 자란다. 여성 네 명 중 한 명은 친밀한 파트너에게 신체적 학대를 받은 적이 있다. 인종 간 불평등, 종교적 편협성, 성별, 성적 지향과 관련한 미묘한 차별이 뉴스 머리기사를 차지한다. 거리의 공포와 불안은 지역사회를 분열시켰다. 경찰의 무자비한 진압, 자살, 가정폭력의 증가는 전부 이러한 불에 기름을 붓는다. 이와 같은 위험이 우리 세계의 안전에 의문을 제기할 만큼 충분하지 않다고 느낀다면 사람들을 고립시키고 두렵게 한 세계적 전염병 코로나19의 등장을 생각해 보라.

두말할 나위가 없다. 많은 사람이 직업을 잃었고, 다른 사람들은 병에 걸리거나 죽을 수도 있는 직업을 가졌다. 이들의 일상생활은 이치에 맞지 않게 되었고, 상황이 다시 정상으로 돌아올지는 누구도 알 수 없었다. 수백만 명의 사람들이 가족과 친구들로부터 일정 기간 고립되었으며, 이것은 고통을 더욱 가중했다. 팬데믹은 뿌리 깊은 집단적 외로움이라는 상처를 유발했다. 이 집단 트라우마는 조용해서 잘 인식할 수 없는 유행병이다.

이 모든 것이 트라우마다. 우리는 그렇지 않기를 바라지만, 트라우마는 살아 있다는 것과 이 세상에 존재한다는 것을 의미하는 불가피한 부분이다. 그것은 우리가 경험하는 어떤 사건에서 생긴 감정으로, 삶이 산산조각 났다는 느낌이나 세상은 위험하고 예측할 수 없는 곳이라는 마음이며 흔히 말하는 터널 끝에 빛이 없다는 감정을 말한다. 우리가 진실이라고 믿었던 모든 것들이 더 이상 유지되지 않고 절망감과 혼란으로 쇠약해진 느낌이 들며 신체적, 정신적 건강 문제가 평생 남게 된다. 사람들이 트라우마를 피하는 방법을 알고 싶어 하거나 적어도 그 고통에서 빨리 회복하고 싶어 하는 것은 당연하다. 그들은 가능한 한 빨리 비극이 닥치기 전의 상태로 돌아갈 수 있도록 회복력을 기르고 싶어 한다. 미래에 닥칠 고통에 대비해 자신과 사랑하는 사람이 예방접종할 수 있도록 말이다. 책의 다음 부분에서 나는 왜 회복력이 외상 후 성장PTG, posttraumatic growth에 장애가 될 수 있는지에 관해 이야기할 것이다.

만약 정말로 트라우마가 세상과 그 안에 사는 우리의 가장 깊은 믿음을 박살이 나게 한다면 그것으로부터 성장하는 것이 과연 가능할까? 정말 트라우마가 긍정적인 전환을 위한 촉매가 될 수 있을까? 그리고 어떻게 어떤 사람은 끔찍한 경험을 겪을 때 몇 년 동안 고통 속에 갇혀 사회적 역할을 거의 수행하지 못하지만 어떤 사람은 똑같이 충격적인 사건을 겪으면서도 살아남을 뿐만 아니라 (그럼에도 불구하고가 아니라 그것 때문에) 더 활기차게 살 수 있는 것일까? 이것이 바로 트라우마의 역설이다. 즉 트라우마는 파괴하는 힘과 전환하는 힘을 모두 가지고 있다.

이 역설은 임상심리학자로서의 내 연구에 20년도 넘게 영감을 주었다. 혹자는 말로 표현할 수 없는 비극에서 성장과 전환이 나올 수 있다고 주장하는 것이 무례하거나 심지어 사실이 아니라고 느낄 수도 있다. 하지만 그럴 수 있다. 나는 마음의 상처와 상실, 가정폭력, 심각한 질병을 앓은 사람들에게서 그것을 반복적으로 목격했다. 최악의 상황을 견뎌낸 지역사회, 즉 고문, 전쟁으로 인한 황폐화, 세계적인 전염병, 가차 없는 인종차별이나 동성애 혐오, 폭력, 자연재해로 생긴 대규모 파괴 등이 있었던 곳에서 일어난 일이다. 그리고 나는 임상심리학자가 되기 훨씬 전부터 그것이 사실이라는 것을 알고 있었다.

개인적인 관계
: 평생 이어진 트라우마에 대한 나의 관심

이러한 질문들에 매혹된 것은 매우 개인적인 일로서 어린 시절에 시작되었다. 우리 가족의 모든 세대는 트라우마로 인해 큰 고통을 받았다. 나는 홀로코스트 생존자의 손녀다. 외할아버지 부부는 가족 중 유일하게 나치 죽음의 수용소에서 살아남은 사람들이다. 또한 나는 고국을 떠나 알레포에서 이스라엘까지 여섯 명의 어린 자녀와 함께 도보로 이동한 시리아 난민의 손녀이기도 하다. 만삭의 할머니는 블루단산에서 출산하셨지만 계속 길을 재촉할 수밖에 없었다. 나는 정치적, 종교적, 사회적 박해에서 벗어나 남미에 진출한 유대인 이민자의 딸이다. 베네수엘라에서 나는 소수 민족 유대인 여성이었고 나중에는 미국에서 공부하고 일하는 소수 민족 라틴계 이민자였다. 나는 이주와 다문화 환경의 영향을 직접 경험했다. 내 이웃과 도시에서 차별에 노출되는 것이 어떤 것인지도 알고 있다. 이것 역시 트라우마다.

어렸을 때 내가 나나와 랄루라는 애칭으로 불렀던 외조부모님의 경험은 특히 트라우마의 복잡함에 대한 관심을 일깨웠고 결국에는 내 연구와 임상 실습에 도움이 되었다. 나나와 랄루는 트란실바니아(현재의 루마니아)에서 태어났다. 나나는 오라데아라는 도시에서 가난하게 자란 외동딸이었다. 아버지는 도박꾼이었고 어머니는 바느

질과 다른 잡일을 하면서 생계를 유지하려 애썼다. 나나는 매우 외로워서 책을 읽거나 음악을 듣거나 그림을 그리는 것으로 위안을 얻곤 했다. 전쟁 동안 나나와 부모님은 아우슈비츠로 이송되었고 그곳에서 곧바로 부모와 분리되었다. 그리고 다시는 부모를 볼 수 없었다. 나나는 포로수용소에서 간수들에게 끔찍한 학대를 당하는 동안 큰 고통을 겪었다. 나중에 그녀는 포로수용소를 탈출했고, 몇몇 젊은 생존자들이 모여 있는 공동주택까지 걸어서 이동했다. 그곳에서 그녀는 내 외할아버지를 만났고 내 어머니가 태어났다.

랄루는 크라스나 마을에서 자랐다. 그의 가족은 경제적으로 좀 더 안정적이었고 아버지는 마을의 유대인 공동체 지도자였으며 어린 시절을 여러 모험과 좋은 친구들로 가득 찬 비교적 행복하고 근심 없던 시절이라고 기억한다. 물론 군인들이 와서 그들을 모두 강제 수용소로 데려갔을 때 모든 것이 바뀌었다. 그는 가족 중 유일하게 학살에서 살아남았다.

공산주의와 유대인을 향한 지속적인 박해로 나나와 랄루는 두 딸과 함께 루마니아로 탈출하도록 내몰렸고 결국 베네수엘라로 가서 그곳에 이미 정착한 가족과 합류했다. 그 시기에 아버지의 가족 역시 이스라엘을 떠나 베네수엘라로 이민을 갔다. 그곳에서 어머니와 아버지가 만나 내가 태어났다. 시리아 난민이자 홀로코스트 생존자의 2세대인 셈이다.

베네수엘라의 이민자 가정에서 자라면서 나는 트라우마에 갇혀 있는 것처럼 보이는 사람들을 알게 되었다. 어떤 사람들은 완전히 마음을 닫고 무감각해져 거의 아무런 일도 할 수 없었다. 다른 사람들은 겉으로는 이겨나가는 것처럼 보였지만 스스로를 지치게 하는 깊은 우울증과 씨름했다. 우리 할머니도 그들 중에 있었다.

나나는 겉으로 보기엔 아름다웠다. 명석하고 창의적인 사고방식을 가진 침착하고 우아한 여성이었다. 그녀는 여러 언어를 구사할 줄 알았고, 일하고 글을 쓰고 책을 읽는 등의 지적 활동을 하는 데 많은 시간을 보냈으며, 가족을 위해 요리하는 것을 좋아했다. 그러나 나나는 내적으로 고통받고 있었다. 나나는 전쟁이나 그녀가 경험한 고통과 두려움, 가족들이 총에 맞아 죽는 것을 목격한 공포, 그 줄에 서서 생명을 건질 수 있었던 엄청난 행운에 대해 자주 이야기했으므로 그녀가 정성스럽게 준비한 마조 볼 수프 한 스푼마다 나는 그 경험을 함께 소화했다. 비록 나에 대한 나나의 사랑을 항상 느꼈지만(그녀는 경이로운 할머니였다), 종종 그녀의 알 수 없는 슬픔도 느꼈다. 나나가 마음속에서 수없이 되살리며 이야기해 준 과거의 아픈 기억들은 그녀가 삶을 진정으로 즐기게 하는 것을 방해했다. 안타깝게도 나나는 비교적 젊은 나이에 죽었다.

우리 공동체에는 과거에 연연하지 않고 그들이 겪은 모든 일에도 불구하고 성공을 위해 앞으로 나아가는 사람들도 있었다. 그들의 이야기를 들으면 들을수록 이러한 트라우마 반응들은 나에게 더 큰 의미로 다가왔다. 결국 어떤 사람은 전쟁의 잔혹함에서 간신히

살아남았으며, 나라를 떠나 적응하기 위해 고군분투한 다른 사람도
있었다.

나를 사로잡은 그룹은 그들의 섬뜩한 과거와는 걸맞지 않게 보일
정도로 편안한 삶의 수준과 행복을 누렸던 사람들이다. 내 할아버
지가 그들 중 한 명이었다. 사실 그는 나중에 내가 PTG로 인식하게
된 것을 전형적으로 보여주었다.

나는 랄루와 함께 있는 것이 좋았다. 모두가 그와 함께 있는 것을
좋아했다. 그의 낙천성에는 전염성이 있었다. 랄루는 항상 새로운
아이디어와 새로운 장소를 탐구했다. 그는 여행하는 것을 좋아했고
종종 우리에게 자신의 모험에 관한 이야기를 들려주었다. 그는 가
족과 지역사회에 깊이 감사했고, 힘들어하는 다른 사람들을 돌보는
것에 큰 기쁨을 느꼈다. 할아버지는 우리에게 작은 것들에 감사하
고 어떤 것도 당연하게 여기지 말라고 가르쳤다.

랄루가 항상 그렇게 즐거운 것은 아니었다. 어머니는 전쟁이 끝
난 후 그가 꽤 힘들어했다고 말해주었다. 다른 모든 사람과 마찬가
지로 그도 많은 것을 잃었고 엄청난 고통을 겪었다. 그는 2~3년 동
안 깊은 우울증을 앓았다. 그러고 나서 뭔가가 그의 마음을 바꿨다.
랄루는 그것을 다음과 같이 일기에 썼다.

다른 수많은 사람들과 마찬가지로 나는 삶과 죽음이 함께 간
다는 것을 배웠다. 한 농부의 이야기가 담긴 오래된 노래가 있

다. 농부는 말을 탄 의문의 남자로부터 "너는 꼭 이겨내도록 해라"라고 명령받는다. 나는 평생 "너는 꼭 이겨내도록 해라"라고 내게 명령하는 내면의 목소리를 느꼈다. 나의 삶 속에서, 그리고 끔찍한 제2차 세계대전에서 살아남은 모든 사람의 삶 속에서, 우리는 내적인 명령을 강력하게 반복해야 했다. 내 평생 말을 탄 의문의 남자는 내 삶의 본능이기도 했고 무엇을 따라야 할지 느끼게 해주는 자극이기도 했다. 나는 그 남자의 목소리가 내 귀에 속삭이는 것을 듣곤 했다. "힘을 내서 가거라." 내가 배고프고, 얼어붙고, 아프고, 박해받던 가장 어려운 순간에도 나는 그가 말하는 것을 들었다. "너는 싸워야 하고, 너는 이겨내야 한다."

랄루는 홀로코스트 기간에 그와 가족이 견뎌낸 기억에 부담을 느끼며 확실히 슬픔의 순간을 가졌다. 그는 무슨 일이 일어났는지 절대 잊지 않았고 그토록 많은 사람이 겪었던 고통을 최소화하지도 않았다. 하지만 어느 순간, '싸워야 한다'는 것을 깨닫고 과거를 과거에 둔 채 앞으로 나아가기로 했다. 자신을 위해서라기보다는 가족이나 지역사회를 위해서 '해내야' 한다는 것을 알았기 때문이다. 어느 순간, 그는 자신에게 물었다. "내가 정말로 해낸 것일까?" 그가 일기에 다음과 같이 썼다. "그 대답은 별로 생각할 가치도 없고 철학적인 문제로 생각되지도 않는다." 또한 그는 이렇게 말하곤 했다. "나는 이제 우리 가족에 대해 생각한다. 내 아내, 내 딸들, 그들의 남편들, 내 손자들, 그리고 대답은 명확하다. 그 싸움은 가치가 있었다… 그래, 해냈다."

랄루는 자신의 감정에 대해 (흔히 철학적이거나 문화적인 관점에서) 이야기할 수 있었고 과거가 현재를 침범하는 것을 허용하지 않은 상태에서 과거에 관해 이야기할 수 있었다. 실제로 랄루는 그가 가진 모든 것, 살아 있는 것, 두 번째 기회가 주어진 것에 감사하면서 호기심과 감사함으로 현재를 완전히 포용하는 것을 선택했다. 그는 항상 우리가 새로운 모험, 새로운 아이디어, 그리고 삶의 충만함에 눈과 마음을 열어두도록 격려하는 것으로 나에게 영감을 주었다. 랄루는 과거의 고통에서 벗어났을 뿐만 아니라 그것을 초월했다.

우리 공동체에는 랄루처럼 자기 경험이 삶에 더 많은 의미와 목적을 부여하고 더 현명하고 친절한 사회 구성원이 되도록 도왔다고 믿는 이들이 많았다. 그리고 그들이 겪었던 일에도 불구하고 회복해서 성공하기로 결심한 사람들이 있었다. 나나처럼 자기 고통과 과거에 얽매인 사람들도 많았다. 이 모든 것이 나를 매료했다. 나는 무엇이 어떤 이들은 트라우마 속에 갇혀 있게 하고, 어떤 이들은 거의 그 문제의 영향을 받지 않게 하며, 또 다른 이들은 치유될 뿐만 아니라 전환까지 되도록 만드는지 알고 싶었다.

인간의 경험에 대한 내 호기심은 결국 트라우마, 더 구체적으로는 PTG에 중점을 두고 임상심리학 박사 학위를 얻는 과정으로 이끌었

트라우마, 극복의 심리학

다. 비록 나는 운이 좋게도 몇몇 명석한 사람들로부터 PTG 연구에 관해 배웠지만, 이 분야의 심리학 연구 대부분은 트라우마가 우리 삶에 미치는 긍정적인 영향을 간과하면서 거의 전적으로 트라우마의 부정적인 결과에 초점을 맞추고 있다. 어떤 연구자들은 사람들이 트라우마를 겪은 후 생겼다고 보고하는 성장은 단지 그들의 주관적인 인식일 뿐이며 환상이나 일시적인 느낌에 지나지 않는다고 믿는다.

나는 그 말에 동의하지 않는다. 내 조사와 임상 연구는 내가 성장하면서 관찰한 것을 분명히 보여준다. 즉 성장의 가능성은 환상이 아니다. 그것은 실제이고 계량화 또한 가능하다. 나는 수백 명의 개인, 가족, 공동체가 그들의 트라우마에서 치유되고 그 이상으로 성장할 수 있도록 도왔다. 그들 중 일부는 상상하기 힘들 정도의 어려움에 직면했었다. 성장이라는 개념 자체가 가능성의 영역을 넘어선 것처럼 보일 수 있지만 그런 일은 반복적으로 일어난다. 나는 그 일이 일어나도록 하는 데 소요되는 육체적, 정신적, 감정적 노력을 최소화하고 싶지 않다. 그리고 동시에 나는 사람들이 그 과정에 전적으로 헌신한다면 성장이 가능하다는 것을 안다.

우리가 트라우마에 대응하는 방식

모든 사람이 PTG를 달성하는 것은 아니다. 그리고 모든 사람이 꼭 그렇게 하고 싶어 하는 것도 아니다. 내가 이 분야에서 수년간 일하면서 깨달은 것은 PTG라는 것이 존재하고 실현도 가능하다는 것을 아는 사람이 거의 없다는 것이다. 이것이 바로 내가 이 책에서 바꾸고 싶은 트라우마에 대한 오해 중 하나다.

책 전체를 통해 나는 환자들의 삶에서 영감을 주는 많은 이야기와 몇몇 유명한 공인들의 사례를 공유하여 그들의 고통에서 치유까지의 여정을 설명한다. 하지만 그들의 사생활을 보호하기 위해 나는 내 환자들의 이름과 특징이 드러나는 이야기의 일부를 바꿨다. 트라우마에 영향을 받은 대부분의 사람은 일반적으로 세 가지 다른 방식으로 반응한다. 그들은 트라우마에 갇히거나 다시 되돌아오거나 앞으로 도약한다.

트라우마에 갇힌 사람

어떤 사람들은 초기에 겪은 트라우마의 경험을 지나 훨씬 오래 고통받는다. 그들은 고통과 상실 속에서 정체 상태를 유지하며 다시 회복할 수 없거나 심지어 트라우마 이전에 보였던 삶의 겉모습마저 찾을 수 없을 정도가 된다. 그들은 상실한 모든 것 때문에, 그리고 계속해서 느껴지는 고통으로 마비되어 있다. 회복할 자원이 없어 압도당한 기분을 느낄 수도 있다.

임상적으로 이것을 외상 후 스트레스 장애PTSD, posttraumatic stress

disorder라고 하며, 이는 수년 동안 지속할 수도 있다. 이것은 어떤 종류의 충격적인 사건의 결과로(그리고 그것에 대한 작용으로) 일어날 수 있으며 모든 사회경제적 수준과 인종, 문화를 가로지르며 영향을 미친다. PTSD에 대한 우리의 문화적 인식은 최근 수십 년 동안 극적으로 증가했고, PTSD는 흔히 사람들이 트라우마와 연관되는 초기 단계 중 하나다.

마리아가 대표적인 예다. 그녀는 도미니카공화국에서 자랐고 겨우 아홉 살이었을 때 아버지가 술에 취한 상태에서 그녀를 성범죄자에게 팔았다. 그는 괴상한 학대를 '마술'로 가장해 숨겼다. 마리아는 이 나이 든 남자의 손에서 견뎌야 했던 해악 때문에 거의 죽기 직전까지 갔다. 어떻게든 그녀는 가까스로 탈출했지만 그 경험 때문에 공포로 마비되었다. 그녀는 학교에 갈 수 없었고 부모님과 관계를 맺거나 신뢰할 수 없었으며 수없이 자살을 생각했다. 수년 동안 그녀는 PTSD에 갇혀 있었고, 하물며 사랑스러운 육체적 관계도 맺을 수 없었다. 마리아의 여정에 관해서는 책 전체를 통해 자세히 이야기할 것이다.

되돌아온 사람

어떤 사람들은 좀 더 회복력이 있다. 그들은 가족의 강력한 지원, 자기감정을 조절하는 능력, 영적 인식과 연결, 그리고 특정한 성격 특성과 같은 훨씬 더 많은 도구를 뜻대로 사용할 수 있다. 이 모든 것들은 그들이 예전 삶으로 돌아가거나 적어도 트라우마 이전에 누렸던 것과 비슷한 삶에 적응할 수 있게 해준다. 예전 같지는 않겠지만 충분할 것이고 바로 그 정도에서도 괜찮을 것이다. 외상에 관한 최근 대부분 연구에서는 치유와 회복의 모델로서 이 그룹에 초점을 맞추고 있다. 그리고 어떤 면에서는 옳다.

회복력은 사람들이 폭풍을 이겨내고 동요하지 않게 해준다. 그들은 전쟁을 겪고, 잔인한 행동을 경험하고, 삶이 망가지고, 이혼을 겪고, 사랑하는 사람이 죽는 등 갖가지 충격적인 사건을 겪었지만 여전히 기능할 수 있는 용기와 힘, 유연성을 발견한다. 회복력이 있는 사람들은 흔히 매우 성공적인 사회 구성원으로서 탁월한 성취를 이룬다. 그들은 낮은 수준의 우울증과 불안, 감정적인 좌절을 겪거나 충격적인 기억을 경험할 수는 있지만 여전히 삶을 잘 살아간다.

내 환자 미란다는 회복력의 정의를 가장 잘 보여주는 사람이다. 그녀는 사랑하는 어머니가 돌아가신 후 겪은 극심한 슬픔을 결코 극복하지 못했지만, 그렇다고 그녀가 살아가는 삶을 망치도록 내버려두지는 않았다. 그녀는 자신에게 주어진 모든 일에 투지를 불태웠다. 미란다는 훌륭한 평가를 받는 의사가 되었고 동시에 아내이자 네 아이의 어머니이기도 하다. 그녀는 굳세게 적응하며 앞으로 나아갈 수 있다. 그리고 다른 대부분의 회복력을 가진 사람처럼 그녀는 자신이 창조한 삶에 대해 만족하며 그것을 바꾸고 싶지 않다고 생각한다.

일부 전통적인 심리학자들은 PTSD가 발병하지 않았거나 고전적인 고통의 징후를 보여주지 않은 사람들은 자기 고통을 단순히 부정하고 있으며 특정 방어 메커니즘을 사용하여 의식에서 고통을 밀어내고 있다고 제안한다. 때로 그러한 제안이 사실일 수도 있지만 미란다와 같은 개인이 고통에 쇠약해진 다른 사람처럼 마비에 빠지지 않으면서도 압도적으로 어려운 도전에 대처하는 방법을 알아냈을 수도 있다.

앞으로 도약한 사람

이 분류에 속한 사람들이 나를 가장 매료한다. 내 할아버지와 같은 사람들은 전에 자기가 있었던 곳을 넘어서 트라우마를 극복하고 PTG로 나아가기 위해 전념한다. 그들은 트라우마와 역경을 변화, 지혜, 성장의 가능성으로 본다. 그들은 자기에게 일어난 일을 처리하고 그것으로부터 회복할 뿐만 아니라 그 경험으로 인해 삶이 풍요로워진다. 이 사람들은 살아남는 것 이상을 보여준다. 각각의 사람들은 삶에 대한 새로운 이해, 공동체와의 더 깊은 연결, 그리고 자신의 소명에 대한 더 광범위한 인식을 보인다. 그러한 재탄생의 기회는 지혜의 선물을 다른 사람들과 공유하려는 새로운 헌신을 불러일으킨다.

어린 시절 학대나 가난, 가정폭력을 견뎌낸 '일상의 영웅'들의 사례가 뉴스에 가득하다. 오프라 윈프리, 프리다 칼로, 레이디 가가, 오케스트라 지휘자 구스타보 두다멜, 넬슨 만델라, 그리고 활동가 말랄라 유사프자이와 같은 사람들은 용감하게 자신의 충격적인 과거를 밝히고 치유하고 삶에 통합하는 것을 선택했으며, 자신의 유명세를 다른 사람들의 고통을 덜어주는 방법으로 사용했다.

나와 치료과정을 함께했던 사람 중에는 그토록 인생을 피폐하게 만드는 PTSD에서 PTG가 제공하는 자유로 나아간 무수한 예가 있다. 내가 이 책에서 이야기할 알레한드로는 10대 소년인데, 고등학교에서 총기난사범의 발포로 총을 여러 발 맞았다. 상상할 수 있듯이 총격의 생존자로서 그는 끔찍한 정신적, 육체적 고통을 견뎌냈다. 세월이 흐르면서 그는 자기 경험이 (끔찍하기는 했지만) 삶에 목적을 부여해 주고 그것을 행동으로 옮길 힘과 관심을 준다는 것을 깨달았다. 알레한드로는 나에게 자신이 항상 이유가 있어서 살아남았다는 것을 알고 있다고 말한다. 신이 자기를 위해 더 중요한 무언가를 염두에 두고 있다는 것이다. 그는 자신이 겪은 일에 대해 다른 아이들에게 말하기 시작했고, 배운 것을 공유했으며, 사회에 의미 있는 사람이 될 것이라고 다짐했다.

트라우마를 경험한 모든 사람이 이 세 가지 반응 중 하나에 딱 들어맞고 그곳에 머문다고 말하는 것은 아니다. 또한 PTG가 트라우마 회복 과정의 자동적이거나 즉각적이거나 심지어 선형적인 결과

트라우마, 극복의 심리학

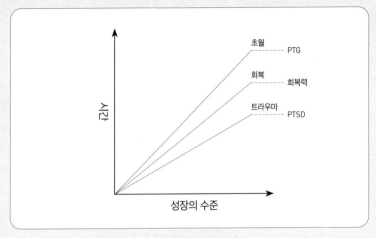

세 가지 가능한 결과

라고 제안하는 것도 아니다. 트라우마는 복잡하다. PTG로 가는 길은 어렵다. 그 길은 우리가 겪고 있는 어려움을 무시하거나 경시하지 않고 충격적인 사건이나 상황을 넘어서려는 자기 의지를 매일 의식적으로 인식할 것을 요구한다.

그러나 그러기 위해서는 변형이 가능하다는 것과 서둘러서는 안된다는 것, 그리고 거기에 도달할 방법이 있다는 것을 알아야 한다. 연구를 통해 PTG가 실제로 가능하다는 것이 오래전부터 알려졌지만 지금까지 명확한 진행의 경로를 설명하지는 못했다. 나는 PTG를 소개할 목적으로만 『트라우마, 극복의 심리학』을 쓴 것은 아니다. 개인에게도, 문화적으로도, 그리고 체계적인 면에서도 성공적인 것으로 입증된, PTG를 달성하기 위한 명확한 5단계 모델을 제공하기 위한 목적도 있다.

이 책의 사용 방법

나는 여러분이 트라우마 후의 여정 중 어디에 있든지 간에 이 책을 읽도록 초대한다. 이 책이나 이러한 단계들을 완료해야 하는 시간제한 따위는 없다. 내 바람은 이 책이 여러분이 있는 곳에서 여러분을 만나 바로 지금 여러분에게 필요한 것을 제공하고 더불어 치유의 길로 나아가면서 필요한 지지를 해주는 것이다. 모든 사람이 PTG에 익숙한 것은 아니므로 여러분이 배우고 있는 것을 자신의 인적 네트워크(멘토, 치료사, 그리고 여정을 함께하는 친한 친구들)와 공유하는 것이 도움이 될 수도 있다. 이 책을 어떻게 읽어야 하는지에 대한 규칙은 없다. 그것은 여러분에게 맡긴다.

1부에서는 몇 가지 기본적인 개념을 정의하고 트라우마에 관한 역사를 공유하며 개인적 차원뿐만 아니라 집단적 차원에서 PTG가 무엇인지, 무엇이 아닌지에 대해 좀 더 구체적으로 알아본다. 나는 PTG 가능성을 높이거나 방해하는 영향력을 가지고 있는, 이른바 '유동적 요인'을 소개할 것이다. 그리고 트라우마가 내포하고 있는 가족, 공동체, 문화 전체를 파괴하는 힘뿐만 아니라 우리의 일상생활에서 나타나는 다양한 방식의 예를 들어보겠다. 우리는 어린 시절의 부정적인 경험에서 트라우마를 얻기도 하고, 알지도 못하는 역사적인 고통이나 세대 간 고통에서 유래한 트라우마를 경험할 수도 있다. PTG는 우리 자신과 집단을 위해 트라우마를 초월할 뿐만 아니라 외상의 영향이 다음 세대로 전달되는 것을 막을 수 있게 해준다.

고통스러운 경험에서 혜택을 얻는 PTG에 관한 생각은 직관에 어긋나는 것처럼 들릴 수 있지만 나는 수년간 환자들이 내 5단계 모델을 가지고 엄청나게 성장하는 것을 목격했다. 이 접근법은 개인과 공동체가 위기에서 성장으로 가는 것을 도왔다. 나는 말로 표현할 수 없는 폭력 행위를 견뎌낸 사람들뿐만 아니라 고통스러운 이혼, 몸을 쇠약하게 하는 사고, 괴롭힘에 의한 수치심, 또는 아이의 죽음 등으로 고통받은 다른 사람들에게서 이러한 성장을 보았다. 한때 절망에 빠지고 불안했던 그들은 힘을 얻고 자신감을 느끼게 되었다. 이 모든 것은 트라우마가 전적인 변화와 정서적, 정신적 성장의 발판이 될 수 있다는 내 믿음에 끊임없이 영감을 준다. 우리의 고통 속에는 심오한 지혜가 잠겨 있고 드러나기를 기다리고 있다.

2부에서 나의 5단계 구조를 상세히 제시한다. 다음은 여러분이 무엇을 기대할 수 있는지를 보여주는 짤막한 설명이다.

1. 인식의 단계 : 전적인 수용

이 첫 번째 단계에서 자신이 고통받고 있다는 것과 혼자서 지금 일어나고 있는 일을 처리할 감정적인 수단을 가지고 있지 않다는 것을 인정하게 된다.

2. 각성의 단계 : 안전과 보호

신뢰할 수 있는 사람이나 안전한 공간 또는 상황의 형태로 도움과 지원을 찾는다.

3. 형성의 단계 : 새로운 이야기

다른 사고방식과 존재에 호기심을 갖게 되면서 자자기가 누구인지에 대해, 그리고 이룰 수 있는 모든 긍정적인 가능성에 대해 새로운 이야기를 만들기 시작한다.

4. 존재의 단계 : 통합

여기서 자신과 자기 상황에 대한 새로운 이해와 함께 오래된 존재 방식을 통합할 수 있게 된다. 더불어 새로운 정체성을 즐길 수 있다.

5. 전환의 단계 : 지혜와 성장

이 단계에서 삶의 목적이 보다 더 명확해지고, 더 의미 있는 관계를 갖게 되며, 공동체에서 적극적인 구성원이 된다. 그 대가로 다른 사람들을 돕기 시작한다.

　　　　　　　　　　　　　　　　　　트라우마, 극복의 심리학

내 바람은 여러분이 막막할 때, 과정을 탐색하며 이 로드맵을 통해 다음 해야 할 것을 인지하는 데 도움을 주는 것이다. 그리하여 새로움과 재탄생의 감각을 경험할 수 있고 심지어 영적인 각성도 경험할 수 있을 것이다. 다섯 단계는 치유의 과정을 확인하고 정의하고 표현하며 소통하는 언어를 제공한다. 또한 진보를 측정하는 예측 가능한 이정표 역할을 하여 절망과 좌절을 최소화한다. 이 체계는 트라우마를 경험하는 모든 사람에게 길을 제시할 뿐만 아니라 전문가 동료들(치료사, 멘토, 후원자, 심지어 가족 구성원까지)에게 PTG를 가능하게 하는 안내 로드맵이 될 수 있다.

각 단계 내에서 치유와 성장 과정을 촉진하는 구체적인 도구와 실천을 공유하고 긍정적인 전환에 영향을 미치는 본질적이고 맥락적인 요인을 설명할 것이다. 또한 조심하지 않으면 성장을 방해하거나 심지어 다시 트라우마에 빠뜨릴 수 있는 장애물들도 설명할 것이다. 그리고 마지막으로 PTG를 유지할 수 있는 방법을 공유하게 된다.

우리 시대를 위한 책

이 5단계 체계는 내가 환자들이 트라우마의 다른 쪽으로 가는 길을 볼 수 있도록 도와주면서 수년에 걸쳐 개발하고 발전시켰다. 내 치료에서 아주 귀중한 도구였으며 자신이 결코 가능하다고 믿지 않았던 삶을 창조하게 된 내 환자들을 위한 선물이었다. 나는 『트라우마, 극복의 심리학』이 지금, 사람들에게 필요한 책이라고 믿는다. 우리를 지속적으로 쇠약하게 만드는 외상 후 스트레스를 초월하는 방법을 제시할 뿐만 아니라 의미 있는 변화로 가게 해주는 명확한 길이기도 하다. 이 책은 극심하고 만성적인 트라우마를 경험한 뒤 절대 그 이상으로 나아가지 못할 것이라고 믿는 사람들을 위한 것이다. 또한 세대 간이나 역사적 트라우마의 잔재를 안고 사는 사람들을 위한 것이며, 트라우마가 미래 세대에 영향을 미치는 것을 막기 위해 그들이 할 수 있는 일이 무엇인지 궁금해하는 사람들을 위한 것이기도 하다. 그리고 다른 사람의 짐을 덜어주기 위해, 우리가 공유하는 인간성을 기억하기 위해, 그리고 더 친절하고 더 건강하고 더 공평한 세상으로 사람들을 초대하기 위해 할 수 있는 모든 것을 하고 싶은 우리 모두를 위한 책이다.

차례

2부 단계를 지나 나아가기

트라우마 회복 후 성장하는 5단계 프랜아미드

1

트라우마, 극복의 심리학

외상 후 성장
이해하기

1장 —
체계

나는 트라우마가 치유될 수 있을 뿐만 아니라
치유 과정이 깊은 각성의 촉매가 될 수 있다
고 믿는다.

- 피터 A. 레빈 박사

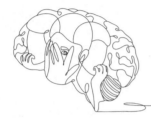

지난 30년 동안 나는 개인적, 문화적, 그리고 체계적인 트라우마로
인해 큰 고통을 받는 개인과 가족, 그리고 공동체와 함께 일할 수
있는 특권을 누렸다. 나는 이 책에 트라우마가 우리의 삶, 그리고 우
리 가족과 공동체의 삶에 어떻게 침투하는지에 대한 예로서 그들의
여러 이야기를 공유했다. 폭력적이고 억압적인 정권으로부터 도망
치는 난민들, 신체적이거나 성적 또는 정서적으로 학대받는 여성과
아동, 현재든 역사든 대량 학살의 여파로 휘청거리는 공동체, 학교
총격 사건의 희생자와 그 가족들, 그리고 신랄한 이혼, 학교 폭력,
자살, 사고, 때 이른 사망 등을 이해하고 치유하기 위해 노력하는 수
백 명의 다른 사람들까지.

　나는 그들에게 신뢰받아 그 고통을 목격하고 속 깊은 이야기를

　　　　　　　　　　　　　　　　　　　　트라우마, 극복의 심리학

들을 수 있게 된 것을 영광으로 생각한다. 우리가 함께하는 일은 그들을 회복의 길로 가게하고 그것을 넘어 성장과 지혜로 가게 했다. 삶이 망가지고 가족들이 뿔뿔이 흩어지고 기능할 능력을 갉아먹는 절망과 외로움에 대해 그들이 들려준 모든 이야기는 내 마음을 아프게 한다. 그리고 그들을 부서진 것에서 온전한 것으로, 혼란에서 명확함으로 옮겨 가게 하는 취약성, 용기, 그리고 결단력에 관한 모든 이야기는 인간 정신에 대한 내 믿음을 확인하게 해주었다. 거듭해서 내 일은 때로 놀라운 방식으로 역경에서 성장이 시작될 수 있다는 것을 상기시켰다.

PTG의 길은 쉽지 않지만 그 과정을 촉진하는 방법들이 있다. 나는 항상 사람들이 PTG의 가능성을 믿고 그것을 성취하도록 도울 치료사, 멘토, 선생님 또는 동반자(혹은 장소나 그룹, 조직이라도)를 찾을 것이라고 기대한다. 내 5단계 모델은 나보다 먼저 이 분야에서 PTG에 대한 초기 작업을 개척한 사람들로부터 영감을 받았다. 또한 내 임상 연구와 수많은 환자와 함께 일하면서 배운 것에서 나타났고 내 평생의 영적 여정에 의해 계속 밝혀지고 있다. 나는 PTG 5단계 모델이 사람들에게 자기 트라우마를 이해하고 그것을 처리하고 거기서 성장하는 데 사용할 수 있는 보편적인 언어와 구조를 제공하는 방식이자 로드맵 혹은 틀이라고 생각한다.

우리가 이 책을 통해 앞으로 논의할 것처럼 이 모델은 정신역동 심리학, 신경생물학, 후성유전학의 독특한 혼합을 통해 치유되는 과정을 설명한다. 이것은 개인과 집단 모두를 중심으로 삼은 전체적이면서도 마음-몸-영적인 접근을 필요로 한다. 또 관계 위주의 체계적인 접근으로 정보를 제공한다. 그리고 이것은 세대를 아우름과 동시에 문화적이다.

성장으로 가는 길은 직선이 아니다. 선형적 접근법 같은 것은 없다. 왜냐하면 인간의 감정이나 경험은 선형적이거나 예측할 수 있는 것이 아니기 때문이다. 이것은 우리의 경험, 감정, 반응을 각 단계 안에 있는 상자에 가지런히 담기 위한 것이 아니다. 모든 느낌, 모든 생각, 모든 반응은 고유하며, 모든 사람은 그것을 각자 다르게 경험한다. 그런데도 나는 시간이 지남에 따라 패턴이 나타난다는 것을 관찰했다. 사람들이 트라우마에 직면하고 그것으로부터 치유되는 방식에서 거의 보편적이라고 볼 수 있는 공통의 언어가 표현된다. 이 사실은 나를 끊임없이 놀라게 한다. 내 모델은 내가 관찰한 것을 체계화했고, 사람들에게 무슨 일이 일어나고 있는지 이해할 수 있는 틀을 제공한다. 내 목표는 우리가 어떤 일을 겪었는지 이해하고 해석하는 데 도움이 될 공통의 언어를 제공하는 것이다.

이전의 PTG 모델

PTG의 개념은 오래전부터 있었고 그것을 달성하기 위한 무수한 경로도 있었다. 나는 나보다 앞선 몇몇 훌륭한 연구자, 임상의, 멘토들에게 혜택을 받았다. 그들의 트라우마와 PTG에 대한 이해는 내가 연구하는 것이 무엇인지 알려주었고 그들의 치유 모델은 내가 개발한 체계의 포석이 되었다.

심리학자이자 'PTG'라는 용어를 만든 연구자인 리처드 테데스키Richard Tedeschi와 로런스 캘훈Lawrence Calhoun은 다음과 같은 5단계 과정을 사용한다. 트라우마로부터 배우기, 고통을 관리하기, 트라우마 공개하기, 이야기 만들기, 그리고 사명을 찾기가 그것이다. 또한 『트라우마Trauma and Recovery』의 저자인 주디스 허먼Judith Herman은 개인의 능력 강화에 초점을 맞춘 회복을 위한 4단계의 길을 사용한다. 즉 안전한 환경의 확립, 트라우마를 기억하고 과거의 자신을 애도하기, 새로운 정체성을 창조하기, 공동체를 재건하기 등이다. 스티븐 조지프Stephen Joseph는 그의 책 『외상 후 성장의 과학What Doesn't Kill Us』에서 PTG를 촉진할 수 있는 여섯 가지 '이정표'의 개요를 설명한다. 이러한 이정표는 상황을 파악하기, 희망을 수확하기, 재再권한 부여하기, 변화를 확인하기, 변화에 가치 부여하기, 그리고 변화를 행동으로 옮기기다. 로니 재노프-불만Ronnie Janoff-Bulman의 (내가 나중 장에서 이야기할) 조각난 가정假定 이론은 PTG에 대한 나의 이해에 도움이 되었다. 그리고 마지막으로 예시바 대학의 심리학 교수인 카를 아우어바흐Carl Auerbach 박사의 지도와 조언을 받아 캄보디아 난민들과 함께했던 작업을 바탕으로 초기 모델을 개발했다.* 이 모델은 지난 25년 동안 계속 성장하고 더 정교해져 오늘날과 같은 모습이 되었다.

모든 모델은 구조를 제공하려는 시도이자 사람들이 따를 수 있는 일종의 로드맵으로서 치유와 성장으로 이끌 것이다. 내가 설명하는 대부분의 접근법은 개인주의적 관점에서 비롯되어, 개인의 경험에 초점을 맞춘 트라우마 이론을 제시한다. 그리고 트라우마가 어떻게 그들의 삶에 제약을 가했는지 살펴볼 것이다. 나의 접근법은 개인을 넘어 문화적, 맥락적, 체계적인 관점까지 포함한다. 또한 내 모델은 신경심리학적, 세대 간, 영적 관점을 통해서도 치유를 바라보고 그것이 몸과 마음, 신경계에서 어떻게 나타나는지를 살펴본다.

PTG의 5단계 모델

내가 개발한 틀은 성장의 과정에 헌신하기 위해서는 마음챙김 집중mindful attention으로 자신의 안락한 영역을 뛰어넘으려는 의지, 그리고 지혜와 성장이라는 선물을 받을 수 있는 개방성이 필요하다는 이해에서 출발한다.

트라우마와 PTG는 항상 관계적이며 맥락에 따라 달라진다. 이 말은 개인과 그 사람의 경험을 가족, 공동체, 문화 또는 유산으로부

---

* 자세한 내용은 카를 아우어바흐와 내가 쓴 『세계의 집단 트라우마와 정서 치유Mass Trauma and Emotional Healing Around the World』의 각 장을 참고하자. (Praeger Press, 2010)

터 분리하는 것이 불가능하다는 사실을 의미한다. 트라우마는 고립된 상태에서 일어난 것이 아니다. 치유도 그럴 수 없다. 우리가 겪은 일들은 자신을 어떻게 보는지, 다른 사람들과 어떻게 관계하는지, 그리고 세상과 그 안에서 자기 위치를 어떻게 보는지에 영향을 미친다. 이러한 집단적 이해(즉 개인이라는 것이 존재하지 않으며 우리는 더 큰 집단의 일부라는 인식)는 삶의 기본 구조가 된다.

둘째, 이 모델은 신경과학, 특히 후성유전학과 신경가소성에 관한 연구에 의해 알려졌다. 이에 대해서는 제5장에서 자세히 논의한다. 신경과학은 우리의 뇌와 신경계가 어린 시절부터 해결되지 않은 트라우마를 어떻게 처리하는지뿐만 아니라 이전 세대로부터 전해진 트라우마를 어떻게 처리하는지를 고려한다. 후성유전학에 관한 새로운 연구는 트라우마에 대해 생각하는 방식과 회복에 접근하는 방식을 바꾸어 놓았다.

그리고 마지막으로 이 모델은 강한 마음-몸-영적 요소를 가지고 있다. 내가 시작한 순례와 탐험, 내가 몰두해 온 전통, 그리고 내가 함께 공부했던 영적 스승들은 우리가 서로 연결되어 있는 방식에 대해 내 눈과 마음을 열어주었다. 우리는 자신을 치유하고 그렇게 함으로써 가족과 공동체를 치유하고 미래 세대를 보호할 힘을 가지고 있다. 명상 기술, 마음-몸의 양상, 에너지 작업, 그리고 내가 배운 다른 실천들은 트라우마의 흔적을 해결하는 데 있어서 신체의 역할에 대한 통찰력을 주었고 극도로 깊은 고통 속에 깃든 지혜를 깨달게 해주었다. 그것은 나에게 우리가 단지 이 몸, 이 마음, 그리고 이러한 경험에 불과한 것이 아니고 그 이상이라는 것을 가르쳐 주었다. 우리는 인간의 경험 안에서 영적인 존재다.

5단계 : 새로운 현실로 가는 길

그렇다면 고통에서 성장으로 가는 길은 어떤 식의 모습일까? 우리는 그것을 어떻게 찾아갈 것인가? 첫째, 기억하자. 치유 과정은 선형적이지 않다. 각 단계는 서로 그 위에 세워지도록 설계되어 있지만 완료했다고 표시를 하며 한 번에 한 단계씩 진행하는 것은 아니다. 앞으로 나아갈 준비가 될 때까지 잠시 한 단계에 머물 필요가 있다는 것을 발견할 수도 있다. 3단계에서 작업을 하다 보면 무언가가 나타나서 2단계로 돌아가서 안전한 느낌을 다시 세우거나 도움을 요청해야 할 수도 있다. 여러분은 고통을 유발하는 한 가지 경험을 인정할 준비가 되어 있을지도 모르지만 다른 경험은 인정하지 않을 수도 있다.

　모든 과정은 여러분이 고통받고 있고 혼자서 일어나고 있는 일을 처리할 수 있는 감정적인 도구나 체력이 없다는 것을 인정하는 단계인 **전적인 수용**에서 시작된다. 이것이 항복의 순간이다. 자아는 약해졌고 취약하다. 여러분은 다른 사람들과 관계를 맺는 데 어려움을 겪는다. 또 가족과 친구로부터 고립되고 당황하고 압도당한다고

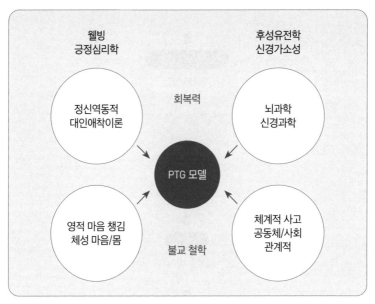

PTG의 이론적 접근

느낀다. 세상은 혼란스럽고 사악하고 망가져 있다. 도움을 청하는 외침에도 반응이 없다.

자기 삶이 주저앉았다는 것을 인정하고 도움을 요청하거나 찾을 준비가 되었을 때 **안전과 보호**라는 2단계로 넘어간다. 이 장소는 신뢰할 수 있는 사람이나 안전한 공간 또는 보호받고 있다고 느끼는 상황을 찾아서 수치심이나 비난 없이 짐을 내려놓고 진정한 감정을 표현할 수 있는 곳이다. 이 과정은 그 감정을 알아차리고 자기 몸 안 어디에 있는지 확인하고 그 감정과 다시 연결함으로써 이룰 수 있다. 이런 감정은 여러 다양한 방법으로 표현할 수 있다. 말하고 울

5

인식의 단계

지혜와 성장

개인적인 힘, 의미있는 관계, 삶의 대한 감사, 목적과 의미의 느낌,
영적 연결, 공동체에 속하기

4

존재

통합

3

형성

새로운 이야기

2

각성

안전과 보호

1

인식

전적인 수용

트라우마

투쟁 + 도피 + 동결 + 영합

외상 후 성장 5단계 모델

트라우마, 극복의 심리학

고 움직이고 춤추고 소리 지르고 흔드는 것 등 에너지를 움직이는 힘은 무엇이든 가능하다. 여러분은 주변의 세상으로부터 보호받음으로써 보살핌을 받는 느낌이 들며 외로움을 덜 느끼게 된다. 더 이상 상황이 그렇게 무섭지 않다. 이 안전망 안에서 고통을 솔직히 인정할 수 있고 다른 사람들이 여러분에게 따뜻하게 반응하도록 만들 수 있다. 드디어 숨을 쉴 수 있는 듯한 느낌이 든다.

PTG의 첫 두 단계는 긴장 상태일 수 있다. 그것은 자기가 알고 있는 세계가 붕괴한 것과 비슷하다. 그러나 수피 시인 루미Rumi의 말처럼 상처가 벌어진 곳은 빛이 들어오는 곳이어서 수년간의 고통과 괴로움을 발산할 수 있다. 이런 확장된 느낌은 **새로운 이야기**라는 세 번째 단계로 가는 문을 열어준다. 이 단계는 과도기적이고 탐구적인 단계에 가깝다. 여러분은 호기심을 가지게 되고 다른 사고방식과 존재 방식에 대해 열린 마음을 가지게 된다. 자신 안에서 더 강해지고 공동체 안에서 더 가치 있게 느껴지며 새로운 방식이긴 하지만 세상은 다시 이치에 맞기 시작한다. 비록 이 시점은 다소 이론적이긴 하지만 새로운 정보를 수집하고 계획을 세우고 자신과 세상에 대한 새로운 관점을 형성하는 단계다. 아직 아무것도 내면화하지 않은 상태다. 여전히 자기 정체성을 재건하기 위해 새로운 정체성을 시도하고 있으며 잠정적으로 세상을 받아들이고 이해할 수 있는 것으로 인식한다.

네 번째 단계인 **통합**을 통해 새로운 가치와 신념을 선택하고 실천할 준비가 된다. 이 새로운 자아를 세상에서 시험적으로 운전하게 된다. 전반적으로 자신감이 생기고 관계는 전보다 건강해지며 삶을 더 잘 통제할 수 있다. 자기가 만든 새로운 이야기, 즉 자신을 이해하는 새로운 방법, 다른 사람들과의 관계, 그리고 세상에 대한 모든 경험을 포함하도록 확장하기 시작한다. 지금껏 살며 지나온 모든 것이 있기에 자기 자신이 있다. 이제 여러분은 트라우마의 상처에서 치유되기 시작했고 과거의 사건을 자신의 새로운 이야기, 즉 새로운 세상과 오래된 것을 통합하는 방법을 알게 된다. 통합은 다음 문장과 비슷한 모습으로 보일 것이다. *나는 가정폭력의 생존자이며 교수이자 가족이며 사랑하는 친구이기도 하다.*

내가 **지혜와 성장**이라고 부르는 다섯 번째 단계가 내 작업의 핵심이다. 이 시기는 트라우마가 변화의 촉매제가 되는 때이고, 내가 모두가 도달하기를 바라는 바로 그 단계다.

이 단계에서 여러분은 명확한 정체성과 소속감을 느끼기 시작한다. 더 진취적이고 능동적으로 변했다고 느낄 수 있다. 아마도 삶의 사명을 발견했을 것이고 경험으로 인해 새롭게 발견된 에너지와 열정을 갖게 될 것이다. 이제 진정으로 중요한 것이 무엇인지 알게 되었기 때문에 다른 사람들에게 봉사하는 것을 포함하여 우선순위가 이동하게 된다. 삶에는 의미와 목적이 있게 된다. 충격적인 경험을 하기 전보다 더 넓고 더 명확하게 느낀다. 이제 일을 할 수 있는 다양한 경로가 있다는 것과 새로운 가능성이 나타나는 여러 가지 경로가 있다는 것을 안다. 이 단계에 있는 많은 사람은 더 높은 수준의 의식을 얻기도 하며 자신이 영적으로 성장했다고 느낀다. 이것은 흔히 다른 사람을 더 연민하여 연결되고 싶어 하는 욕구로 이어지며 공동체에 필수적인 부분이 되고자 하는 의욕을 증가시킨다.

각각의 5단계에서는 서로 다르지만 맞물려 있는 세 가지의 렌즈를 통해 외상, 회복, 성장을 다룬다. 자아에 대한 우리의 관계, 타인과의 관계, 세상에 있는 우리 자신이 그것이다.

자아. 이것은 우리가 누구인지, 우리의 정체성에 대한 이해다. 이 자아는 개인적인 내구성의 힘에 관한 것이다. 자아에 대한 관계를 강화하면서 자신의 취약성뿐만 아니라 회복력, 산산조각이 난 자아와 자신감 있는 자아를 사랑하는 방법을 배우게 된다.

다른 이들. 이것은 우리가 관계를 맺는 방식을 말한다. 즉 연결을 통한 힘에 관한 것이며 다른 사람들과 어떻게 관계하는지에 대한 것이다. 그것은 개인적인 자아를 초월하여 존재하는 방식이자 우리의 힘이 다른 사람들과의 관계에서 뚜렷이 나타나는 방식이기도 하다.

세상. 이것은 우리가 세상을 보는 방식을 말하며 우리가 세상에 참여하거나 혹은 숨는 방식을 의미한다. 때로 이것은 '대행자 두기having agency'라고 불리는데 이것이 우리로 하여금 환경을 통제할 감각이 있다고 느끼게 한다. 이를 통해 우리는 세상을 혼란스럽다고 보거나 혹은 다룰 만하다고 보며 가능성이 없는 세상으로 보거

1

인식의 단계

전적인 수용

트라우마에서 성장까지의 단계를 통해
과거 경험의 고통과 그것이 삶에 끼친 영향을 인정하고 받아들인다.

2

각성의 단계

안전과 보호

치료사나 멘토 또는 믿을 수 있는 사람들이 제공하는 안전함 속으로 피신한다.

3

형성의 단계

새로운 이야기

자신에게 새로운 가능성과 연결 고리로 가득 찬 삶을 다시 상상할 수 있는 권한을 부여한다.

4

존재의 단계

통합

우리의 과거 경험에서 탄생한 지혜를 포용하고 그것을 자기 자신이나 주변 관계,
그리고 세계에 대한 새로운 이해에 통합한다.

5

전환의 단계

지혜와 성장

집처럼 느껴지는 곳이자 몸과 영혼, 독립과 연결을 키워주는 곳이고,
보다 의식적인 삶과 봉사와 조건 없는 사랑을 향해 나아갈 수 있는 단계에 도착한다.

5단계의 개요

나 가능성으로 가득 찬 세상으로 보기도 한다. 이것은 세상에서 스스로 발휘하는 개인적인 힘을 말한다.

　2부에서는 의식과 성장의 길을 따라가는 각 단계를 더 자세히 설명하고 이 책에서 내가 말하는 이야기의 예를 공유하며 또한 몇 가지 새로운 이야기도 소개한다. 이 방식으로 서로 다른 경험과 그 경험에 대한 다른 반응을 가진 사람들이 어떻게 고통에서 성장에 이르는 단계를 거치며 옮겨 가는지 살펴볼 수 있다. 나는 여러분이 치유를 향한 여정에서 혜택을 얻을 수 있도록 삶에 이러한 단계들을 통합할 수 있는 방법(실천할 것, 답변이 필요한 질문, 실행해 볼 만한 간단한 정보 등)을 제공할 것이다.

2장 —
일상의 트라우마

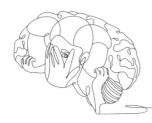

춤추는 별을 낳으려면 내면에 혼돈을 간직하
고 있어야 한다.
- 프리드리히 니체

발견을 위한 진정한 항해는 새로운 풍경을 찾
는 것이 아니라 새로운 눈을 갖는 것이다.
- 마르셀 프루스트

어린이는 보호자에게서 지도와 양육, 관심을 기대한다. 그리고 보호
자가 안전과 양육 환경을 '만족스럽게' 제공한다면 세계는 이치에
맞다. 안심할 수 있고 예측이 가능한 세계다. 그러한 가정假定을 파
괴하는 어떤 일이 일어나지 않는 한 우리는 나이가 들면서도 이러
한 환경을 유지한다. 자라면서 우리는 잠재의식에서 좋은 일은 좋
은 사람에게 일어나고, 반대로 나쁜 일은 나쁜 사람이나 부주의한
사람에게만 일어난다고 믿게 될 수도 있다. 나는 착하고 열심히 사
니까(꽤 괜찮은 인간이니까) 비극적인 일이나 심각한 질병은 내게 일
어나지 않으리라 생각할지도 모른다. 강하고 통제력이 있다는 자신
의 믿음은 흔들리지 않는다.

그러다가 무슨 일이 일어난다. 가족의 비극적인 죽음이나 말기 암 진단과 같은 너무나 충격적인 경험을 하게 된다. 갑자기 마치 지진의 진원지에 던져진 것 같다. 주변의 모든 것이 허물어지고, 알고 있는 모든 것이 사실인지 의문이 제기되며, 자기에게 어떻게든 잘못이 있다고 믿게 된다. 우리는 압박감을 느끼고 무력하고 혼란스러운 기분을 느끼게 된다. 자신이 보잘것없고 수치스럽게 느껴진다. 더 많은 관심을 기울이고 더 친절하고 더 열심히 일하고 더 많이 기도했더라면 다르지 않았을까 생각한다. 이것이 트라우마 반응이다.

트라우마 자체는 사건에서 오는 것이 아니라 사건을 어떻게 해석하는지와 그 사건을 처리해야 할 자원과 처리하는 방식에서 오는 것이다. 우리의 반응은 자신이 가지고 있는 경험의 의미와 연결되어 있지만 그것이 반드시 그 경험의 강도에 비례하는 것은 아니다. 교통사고를 당하고도 무사히 빠져나올 수 있다. 사랑하는 사람이 죽어도 그들을 애도하며 계속 살아갈 수 있다. 화재나 허리케인으로 집을 잃고도 군인이 된다. 그러던 어느 날, 직장에서 해고되거나, 파트너가 바람을 피우고 있다는 것을 알게 되거나, 대낮에 집으로 걸어가다가 폭행을 당하게 될 때 세상은 파괴된다. 우리에게 일어난 일은 자신의 몸으로 한 사람으로서 살아간다는 것이 무엇을 의미하는지 의문을 품게 한다. 어떻게 이런 일이 내게 일어난 거지? 내가 무엇을 잘못했지? 내가 왜 벌을 받는 거지?

이런 일이 일어날 때 우리는 자신이나 다른 사람들과 단절되고 분리된다. 그러한 단절은 자신의 지원 네트워크와의 연결을 파괴하고 소속감을 깨뜨릴 수 있다. 또한 공동체와의 관계를 단절시키고 기본적인 자아 감각을 잃게 할 수 있다. 이것은 특히 어린 시절에 충격적인 일이 일어나고 그것이 우리를 안전하게 지켜줘야 하는 바로 그 사람들, 즉 부모나 교육자, 친구, 가족에 의해 발생했을 때 더욱 사실이 된다.

사회 및 정치 심리학자 로니 재노프-불만은 이러한 단절을 '가정假定의 붕괴'라고 부른다. 런던에 있는 영국 트라우마 협회의 심리학자이자 부회장인 데이비드 트리키David Trickey는 이를 '의미 형성의 파열'이라고 부른다. 우리는 모두 정보를 처리하고 혼란 속에서 질서를 찾는 믿음 체계이자 세상을 탐색하는 데 도움이 되는 특정한 가정을 가지고 있다. 이것은 우리의 자존감, 다른 사람들의 친절함에 대한 믿음, 신뢰, 안전, 친밀감, 심지어 죽음과 상실에 대한 이해 같은 근본적인 문제들과 관련이 있다.

내 환자 알레한드로의 이야기는 이를 완벽하게 보여준다. 알레한드로는 베네수엘라의 가진 게 별로 없는 중산층 가정에서 태어나고 자랐다. 그가 열한 살이 되었을 때 베네수엘라의 정치적, 문화적 풍토는 더욱 불안정해졌고 그의 가족은 생명의 위협을 느꼈다. 가족은 미국으로 이민을 가기로 했다. 그들은 고향을 떠나고 싶지 않았지만 "좋아. 우리의 삶이 미국에서 더 나아질 것이기 때문에 희생을 하자"라고 말했다. 가족은 미국 중서부의 한 마을로 이사했고 알레한드로와 그의 남동생은 공립학교에 입학했다. 고등학교에서 알레한드로는 믿을 수 없을 정도로 훌륭한 야구선수가 되었다. 그에게는 스포츠가 인생의 전부였다. 이미 에이전트들이 접촉을 시도했고, 그는 자신이 프로 선수로서 성공하리라는 것을 확실히 알았다.

가족이 새로운 삶에 정착하면서 알레한드로의 부모님은 종종 자신이 미국에서 얼마나 안전하다고 느꼈는지, 이 나라가 얼마나 예측 가능한 곳인지, 그리고 그들이 얼마나 신뢰할 수 있는 안정적인 정부를 가졌는지에 관해 이야기했다. 그들은 열심히 일하고 학교에서 잘하면 그곳에서 성공하고 행복할 수 있다고 믿었다.

그들의 가정은 한 총기 난사범이 알레한드로의 고등학교에 총격을 가해 많은 10대를 죽이면서 단 하루 만에 달라졌다. 부상자는 훨씬 더 많았는데 알레한드로도 거기에 포함되었다. 알레한드로는 간신히 80세 할아버지(때때로 베네수엘라에서 방문하곤 했다)와 함께 있던 아버지에게 전화를 걸 수 있었다. 온 가족이 망연자실했다. 그들이 진실이라고 믿었던 모든 것이 훼손되었다. 알레한드로의 폐와 다리, 엉덩이에 총탄이 박혔고 그 부상은 야구라는 꿈과 정체성을 파괴했다. 가족은 삶을 재건하기 위해 열심히 일했지만 그들은 더 이상 안전하다고 느낄 수 없는 세상에서, 혹은 말이 되지 않는 세상에서 길을 잃었다. 할아버지는 그 트라우마에서 결코 벗어나지 못했고 여전히 그 모든 충격, 전화, 학교에서의 장면, 고통과 고뇌를 다시 경험한다.

'트라우마'라는 단어는 '상처' 또는 '부상'을 의미하는 그리스어인 *trâvma*에서 왔다. 옥스퍼드 영어사전은 그것을 "특히 감정적 충격으로 야기된 정신적인 상처이고 그 기억은 억압되고 치유되지 않은 채로 남아 있게 된다"라고 설명한다. 트라우마는 비극적인 사고나 폭행, 고통스러운 이혼과 같은 하나의 사건에서 비롯될 수도 있고 수년간의 학대와 같은 반복적인 사건에서 생겨날 수도 있다. 그것은 사회경제적 지위, 나이, 성별, 문화, 민족성 또는 성적 지향을 초월한다. 모든 사람은 자기 삶의 어느 시점에서 어떤 종류의 트라우마적인 경험을 겪는다. 심지어 태어나는 것도 트라우마가 될 수 있다. 『트라우마』의 저자인 의사 주디스 허먼은 심리적 외상은 '무력한 사람들의 고통'이라고 말한다. 압도적인 힘이 있다면 '통제감, 연결감, 그리고 의미'의 희생자에서 벗어날 수 있다.

트라우마의 여러 모습

트라우마는 흔히 학교 총기 난사 같은 인생의 커다란 사건과 관련이 있는데 사람들은 거의 예외 없이 이 사건이 끔찍하다고 동의한다. 당연한 일이다. 전쟁, 집단 학살, 테러 공격, 세계적 유행병, 지진 및 기타 자연재해 같은 끔찍한 일은 모두 충격적인 사건의 예다. 우리는 그 결과로 초래되는 파괴를 분명히 볼 수 있고, 가족과 공동체를 찢는 그 힘을 목격할 수 있으며, 그들의 고통을 공감할 수 있다.

이러한 종류의 트라우마는 개인에게 가해지는 폭력적인 행동으로 나타날 수도 있다. 슬프게도 우리는 이러한 것들에 대한 많은 예를 가지고 있다. 사람들은 인종, 사회 계급, 성적 지향, 성별 표현, 신체의 크기와 모양, 신체적 외모, 종교적 또는 영적 신념 때문에 언어적이거나 신체적인 공격을 받는다. 경찰에 의해 여러 흑인 남성과 여성이 살해된 것은 많은 뉴스 영상에 포착되었으므로 일어난 일을 부인하거나 외면할 수 없다. 성전환 여성을 살해하거나 박해하는 것, LGBTQ+ 같은 사람들, 이슬람교도와 유대인, 이민자, 아시아계 미국인 같은 소수 집단에 대한 폭력이 저녁 뉴스에 빠짐없이 등장한다.

게다가 트라우마는 가족 내 혹은 낯선 사람들 사이에서 발생해 알려지지 않을 수도 있다. 이러한 사건은 흔히 수치심이나 두려움 때문에 숨기거나 의도적으로 비밀로 유지된다. 여기에는 가정폭력, 강간, 방치, 약물 및 알코올 중독, 역기능적 가족 역학, 아동기의 신체적·정서적·성적 학대가 포함된다.

트라우마는 눈에 보이지 않는 상처나 미묘한 차별, 용의자나 '이방인'이나 그들과 다르다고 느끼는 사람에 대한 공개적인 비난을 통해 경험할 수도 있다. 정의에 따르면 이러한 상처가 항상 알아보기 쉬운 것은 아니지만 칼로 자른 것처럼 명확하게 구별할 수 있다. 아시아계 남성과 여성은 코로나19 팬데믹을 일으킨 것으로 조롱당하고 비난받았다. 흑인 남성들은 사람들이 그들 옆에서 걸어가는 것을 피하기 위해 길을 건너 반대편 보도로 건너가는 것을 알아차린다. 비웃음을 당하거나 동정을 받거나 아이들처럼 취급받는 장애가 있는 사람들도 있다. 이들은 많은 사례 중 몇 가지에 불과하다.

나는 라틴계 이민자로서 이러한 미세 트라우마를 직접 경험했다. 베네수엘라에서 미국으로 처음 와서 보스턴에 정착했다. 임상심리학자로 도시의 한 병원에서 환자들과 함께하는 훌륭한 직업을 얻었다. 아주 만족스러웠다. 하지만 직장 밖의 내 삶은 달랐다. 때로 가게에서 어느 판매원은 내가 돈이 없어 보였는지 무언가를 살 수 있는 능력에 의문을 제기하며 판매를 거부하기도 했다. 운전면허증을 신청하러 갔을 때 담당자는 내 심한 억양을 듣고 눈살을 찌푸리며 "당신은 여기 사람이 아니군요. 당신 나라로 돌아가는 게 어때요?"라고 말했다. T(보스턴의 지하철 시스템)에서 친구와 스페인어로 말하고 있으면 종종 빤히 쳐다보거나 "이 나라에서는 다들 영어로 말합니다" 같은 퉁명스러운 핀잔을 듣게 된다. 미묘한 차별은 공개적일 수도 있고 감지하기 힘들 수도 있다. 예를 들면 백인이 흑인의 경험을 무시하면서 "되게 예민하군"이라고 말하는 경우다.

공적이든 사적이든, 노골적이든 미묘하든, 트라우마는 예고 없이 갑자기 일어난 사건에 대한 생리적 반응이다. 하지만 트라우마는 그 사건 자체가 아니다. 트라우마 전문가이자 의사인 가보 마테Gabor Maté는 "트라우마는 당신에게 일어난 일이 아닙니다. 그것은 당신에게 일어난 일의 결과로서 당신 내부에서 일어나는 일입니다"라고 말한다. 트라우마는 감정적인 경험에 대처하고 통합하는 사람의 능력을 압도하는 모든 것을 말한다. 베셀 반 데어 콜크Bessel van der Kolk가 독창적인 그의 책『몸은 기억한다The Body Keep the Score』에서 설명한 것처럼, 우리가 사건을 두고 나타난 감정을 처리할 수 없을 때 우리는 그 사건을 둘러싼 감정을 몸에 가두고 끊임없이 '무력과 공포의 상태'에 머무르게 된다.

트라우마는 언제나 관계적이다

심지어 트라우마가 개인적으로 느껴질 때조차 관계적이고 문화적이며 정치적이다. 관계적이라고 한 것은 인간이 사회적 존재이고 개인에게 일어나는 일이 가족과 공동체를 통해 확산되기 때문이다. 문화적이고 정치적이라 한 것은 개인의 경험이 그들 문화의 신념과 가치의 맥락 안에 존재하기 때문이다. 그들의 정체성(인종, 시민권, 성별, 성적 지향, 사회 계층 또는 종교)과 그것이 자기 문화와 정치적 풍토 내에서 어떻게 평가되는지가 그들의 경험을 형성한다. 다시 말해 트라우마는 맥락적이다.

예를 들어 여성이 가정폭력에 시달릴 때 그것은 단지 개인적인 트라우마가 아니다. 그것은 그녀의 가족에 연결되어 있고, 한 남자에게 아내와 아이들에 대한 권력과 통제권을 주는 문화적, 정치적 체계와 이어진다. 마리아의 경우 도미니카공화국에서 아버지가 늙은 마술사에게 그녀를 팔았고, 그녀가 그 마술사에게 강간과 고문을 당했음에도 아버지는 처벌받지 않았다. 그녀의 아버지는 아버지나 남편의 권위에 의문이 제기되지 않는 문화 속에서 가장이었다. 개인이 알코올이나 약물 중독에 굴복할 때 그 바탕에 깔린 것은 어린 시절의 학대나 방치의 역사일 수도 있고 가난과 폭력의 삶일 수도 있다. 성 불평등을 제도화하고 여성을 차별하는 나라에서 공격받거나 강간당하는 여성은 자신의 학대자를 신고하거나 의학적 도움을 얻으려는 시도로 인해 상상할 수 없는 결과에 직면할 수 있다. 좀 더 평등한 나라의 여성은 보통 더 많은 자원을 제공받는다.

같은 문화 안에서도 사람들은 비슷한 경험을 하고도 철저히 다른 결과를 얻기도 한다. 생명의 가치 면에서 낮게 평가되는 사람들이 가장 큰 고통을 받는다. 인종과 성별의 불평등이 종종 결과를 결정한다. 아이비리그 대학의 백인 대학생은 강간 위기 센터, 치료사, 법률 자문 등 많은 자원을 이용할 수 있지만 같은 도시에 사는 유색인종 이민자 여성은 자기가 느끼는 고통에 대해 말할 때 자신을 믿어주거나 도움을 줄 사람을 찾기 위해 고군분투해야 할 수 있다. 매우 종교적인 가정에서 자란 어린 소녀는 도움을 구하기를 너무 부끄러워할 수 있고 가족이 자신을 비난하고 집에서 쫓아낼까 봐 두려워할 수 있다. 그래서 다른 방법으로 그녀를 도울 수 있는 자원에도 접근할 수 없다.

모든 문화에는 그들만의 트라우마가 있다. 소외된 지역사회의 많은 사람에게 트라우마는 특정한 행동이나 사건과 연결되어 나타나기도 하고 그러한 사건이 일어나는 것에 대한 두려움에서 트라우마가 발생하기도 한다. 예를 들어 운전처럼 평범해 보이는 행동조차도 흑인에게는 트라우마를 일으킬 수 있다. 그들은 경찰이 운전자가 흑인이라는 이유로 차를 세우고 체포하고, 그보다 나쁜 일을 가하는 것을 당연히 두려워한다. 라틴계와 다른 이민자들은 심지어 미국에서 태어났거나 이민 서류를 절차대로 가지고 있을 때조차도 구금되고 추방당할 것을 두려워한다.

주디스 허먼은 어떤 종류의 트라우마 피해자들은 자기 경험을 긍정하고 더 이상의 심리적 피해로부터 보호하기 위해 사회적 맥락이 필요하다고 말한다. 개인은 가족이나 배우자, 친구, 그리고 때로 종교 공동체에 지원을 요청할 수 있다. 허먼은 대규모 문화적 폭력의 경우 사회적 맥락은 "힘을 빼앗긴 사람들에게 목소리를 주는 정치적 운동으로 만들어진다"라고 말한다. 사회적 맥락이 없는 경우 개인적인 트라우마와 집단 트라우마는 종종 침묵과 부정, 억압과 해리를 마주하게 된다. 이러한 것은 아르헨티나의 '사라진' 사람들, 미국의 노예제도, 또는 아르메니아인 대학살 같은 여러 예에서 볼 수 있다. 고통받는 사람들은 사회적 맥락에서 인정받고 검증될 때만 치유가 시작될 수 있다.

PTSD라고 불리기 훨씬 전 시기

트라우마는 1980년 DSM(정신장애 진단 및 통계 매뉴얼) 제3판에 등장하기 전까지 심리적 장애로 공식 인정을 받지 못했다. 그러나 전쟁이 일으키는 물리적, 심리적 영향은 수천 년 전까지는 아니더라도 수백 년 전에 이미 잘 정리되어 있었다. 예를 들어, 성경 시대 전투에서 '심약함'으로 고통받은 사람들은 두려움이 전염되어 주변 사람들에게 영향을 미치지 않도록 집으로 보내졌다. 역사적으로 전쟁에 대한 모든 부정적인 심리 또는 감정 반응은 성격적 결함이나 도덕적 약점으로 간주했다. 미국에서 남북전쟁 동안, 많은 젊은 군인들은 전투의 스트레스 때문에 '향수병' 또는 '군인 심장soldier's heart'*을 얻어 집으로 돌아왔다. 제1차 세계대전의 군인들은 무지막지한 폭발을 견디며 발생한 생리적 영향으로 여겨졌던 '포탄 충격shell shock'을 가지고 돌아왔다. 그러한 군인은 남아서 싸우기에 정신적으로 그리고 감정적으로 너무 약하다는 비난을 받았다. 제2차 세계대전에서 군인들은 '전투 피로combat fatigue'로 고통받았다. 정신과 의사들은 그들에게 휴식과 회복의 시간을 준 다음 전쟁터로 돌려보내야 한다고 흔히 주장했다. 남자는 동료들과 함께 있을 때 기분이 더 나아진다고 보는 견해가 당시 지배적이었기 때문

---

* PTSD와 심혈관 질환의 증가 경향을 설명하는 남북전쟁 용어. (옮긴이)

이다.

그러나 전쟁에서 돌아와 자신의 옛 삶으로 복귀하려 노력하는 이들이 경험하며 겪는 장기간의 심리적 고통에 주목한 의학계 사람들은 거의 없었다. 허먼에 따르면 의학계의 관심은 1960년대와 1970년대의 반전 운동까지 나타나지 않았다. 베트남전쟁에서 돌아온 수많은 군인이 민간인 생활에 복귀하기 위해 고군분투하다가 자살 충동, 마약 또는 알코올 중독, 극심한 플래시백 등과 싸우는 것을 목격한 후, 시위자들은 정치인과 재향군인청, 그리고 의료계가 전후 트라우마를 심각하게 받아들일 것을 촉구했다. 마침내 '외상 후 스트레스 장애PTSD'라는 용어가 군인들에게 일어난 일을 묘사하기 위해 만들어졌다. 공식적으로 PTSD는 압도적으로 충격적인 사건을 경험하거나 목격한 결과로 발생하는 정신 건강 장애로서 심신을 약화하는 스트레스 반응으로 정의한다. 그리고 결과적으로 참전용사들과 그 가족들을 보호하기 위한 규정이 서서히 시행되었다.[1]

PTSD 이후

지크문트 프로이트가 일찍이 19세기 후반에 트라우마의 기원에 대해 놀라운 발견을 했을 때 그는 트라우마에 사회적 맥락을 부여하려고 노력했다. 그는 프랑스의 신경과학자이자 유명한 교권반대주의자인 장 마르탱 샤르코Jean-Martin Charcot의 제자로서 '자궁

이 떠돌아^{roving urerus}' 생기는 것으로 여겨졌던 히스테리의 신경학적 증상을 이해하기 위해 엄격한 과학적 방법을 사용했다(그리스어로 *hysterika*는 '자궁'이라는 뜻이다). 샤르코는 히스테리가 여성의 신경계에 영향을 미친다고 결론지었지만, 동시에 병의 증상인 기억상실증, 일시적인 실명, 뇌전증, 불안, 자궁통 등은 심리적인 것이며 최면을 통해 완화될 수 있다고 지적했다. 그러나 프로이트와 두 명의 저명한 정신과 의사인 피에르 자네^{Pierre Janet}과 요세프 브로이어^{Josef Breuer}는 훨씬 더 불길한 것을 발견했다. 히스테리는 억압된 트라우마 기억의 심리적 영향이었던 것이다.

이 정신과 의사들은 여성 환자의 말에 귀를 기울이기로 했는데(당시로서는 꽤 급진적인 결정이다), 환자들이 자기 경험을 자유롭게 말한다는 것과 그러고 나면 환자의 기분이 나아진다는 것에 놀랐다. 이 의사들은 자기 환자들에게 이야기를 안전하게 말할 수 있는 장소를 제공했다. 이것이 프로이트가 '심리분석^{psychoanalysis}'이라고 불렀고 자네가 '심리학적 분석^{psychological analysis}'이라고 불렀던 것의 시작이다. 오늘날에도 여전히 유효한 자네의 연구는 트라우마의 증상, 특히 해리와 우울증에 초점을 맞춘다. 반면에 프로이트는 그러한 증상들의 원인을 알고 싶었다. 그는 여성 환자들의 억압된 기억 속에 숨겨진 유아기 성적 학대와 근친상간의 경험을 발견하고 충격을 받았다. 단 한 명의 예외도 없었다. 시간이 지나면서 그는 모든 '히스테리적' 증상이 성적인 트라우마에서 비롯된다고 믿게 되었다.

·

이 두 정신과 의사의 초기 연구는 놀라울 정도로 선견지명이 있었지만 프로이트의 이론은 즉각적인 반발을 불러일으켰다.

프로이트는 그의 유혹 가설seduction theory을 서둘러 세상에 소개하고자 했다. 그러나 억압된 기억에 대한 이 이론은 동료들 사이에서 좋은 평가를 받지 못했다. 동료들은 거의 모두가 남성이었고 프로이트의 발견을 불편하게 여겼으며, 심지어 그가 미쳤다고 비난했다. 프로이트는 1905년 자신의 진단을 철회할 수밖에 없었고, 대신 여성의 트라우마 기억은 억압된 성욕에 대한 환상과 표현일 뿐 학대 때문은 아니라고 발표했다.

여성의 트라우마 경험이 심각하게 받아들여지고 프로이트의 성적 억압 이론이 사회는 물론 심리학계에서 그 중요성을 잃기 시작하기까지는 다시 100년이 더 걸렸다.[2] 사회가 전쟁의 충격적인 영향을 인식하는 데 시간이 걸린 것처럼 여성과 소녀에 대한 성폭력이 심각한 문제라는 것을 사회가 인정하는 데도 그만큼의 시간이 걸렸다. 허먼이 그녀의 책에서 지적했듯이 이 문제는 1970년대에 여성들이 사회 변화를 강제하기 위해 조직을 구성하고 시위하면서 시작되었다. 2010년대의 미투 운동과 여성 인권 단체들은 앞장서서 강간, 강요, 성희롱에 대한 추가적인 보호를 요구했다. 이에 따라 한때 비非동의 성관계로 규정했던 강간은 낯선 사람은 물론이고 가정 파트너도 저지를 수 있는 폭력 행위로 재정의되었다. 이러한 모든 오해, 진단, 증상, 행동의 이면에 사람이 살면서 겪는 고통을 설명하

PTSD의 증상

트라우마, 극복의 심리학

는 충격적인 경험이 있다는 사실을 깨닫는 데 오랜 시간이 걸렸다. 불행하게도, 우리는 아직도 갈 길이 멀다.

주관적인 트라우마 경험

프로이트 시대 이래 트라우마를 정의하고 접근하는 방법에 큰 진전이 있었다. 요즘 트라우마는 꽤 명확하게 정의되어 있다. 그것은 우리가 경험하는 사건이 그것을 처리할 수 있는 능력을 초과할 때 일어나는 감정적 반응이다. 베셀 반 데어 콜크에 따르면 트라우마는 "우리의 신경계를 제압하고 기억을 처리하고 회상하는 방식을 바꾼다". 그는 트라우마가 "그 당시에 일어났던 어떤 이야기가 아니라 현재 우리 안에 사는 고통, 공포, 두려움에 관한 이야기"라고 쓰고 있다. 트라우마의 영향은 신체와 우리의 세포에 생생하게 존재하며 다른 증상과 행동들, 예를 들어 만성 근육통과 관절통, 두통, 위장 문제, 동요, 불안 또는 해리와 같은 다양한 방식으로 나타날 수 있다. 그것은 우리의 신경계뿐만 아니라 뇌 화학 작용에도 영향을 미친다. 또한 우리가 부모로부터 물려받은 유전에도 영향을 미치고 변화시킨다. 이는 5장에서 더 자세히 살펴볼 것이다.

물론 트라우마를 삶의 주요한 사건들과 쉽게 연관시킬 수 있지만, 동시에 나는 치료 과정 중에 항상 트라우마가 소소한 방식으로도 사람들의 삶에 영향을 미치는 것을 보곤 한다. 흔히 이러한 일상적인 역경이나 혼란은 '작은 트라우마'라고 부르고 재앙에 버금가는 트라우마는 '큰 트라우마'라고 부른다. 하지만 실제로는 우리가 다른 사람의 경험을 판단할 방법도 없고 그들의 경험은 우리가 판단할 성질의 것도 아니다. 외부에서 보면 그들이 겪고 있는 일이 별것 아닌 것처럼 보일 수도 있지만 그 일을 겪고 있는 사람에게는 정말 커다란 문제다. 이혼을 생각해 보자. 한쪽 당사자의 경험은 압도적이고 두려움에 떨게 하며 파괴적일 수 있다. 이제 사랑할 가치가 없는 사람이 되었다. 다시는 사랑을 찾지 못할 것이다. 그리고 영원히 혼자일 것이다. 다른 쪽 당사자에게는 이혼이 그렇게 멋진 것은 아니겠지만 세상일의 원대한 계획 속에서⋯ 뭐 나쁘지 않다.

나는 최근에 라나라는 새로운 환자를 만났는데 라나는 몇 주 전 가족 모임에서 자신이 끔찍한 일을 겪었다고 말했다. 파티 도중에 남편이 술에 취했다고 한다. 남편의 그런 모습을 본 것은 처음이었고 그가 자신을 바보로 만드는 것을 보면서 점점 더 화가 나기 시작했다. 나는 그녀를 그렇게 동요하게 만든 다른 일이 있는 것은 아닐까 생각했다. 그래서 그녀가 내게 더 많은 것을 말하도록 격려했다. 라나는 아버지가 알코올 중독자였음을 밝혔다. 시아버지도 알코올 중독자였지만 남편은 술을 마신 적이 거의 없었다. 이뿐만 아니라 상담에서 그녀는 어렸을 때 성추행 당한 기억을 떠올렸다. 나이 든 남자가 한 짓이었고 그는 분명히 술을 마신 상태였다. 그래서 남편과의 사건 자체는 라나의 삶 자체를 뒤흔들지 않았을 수도 있고 다

트라우마, 극복의 심리학

른 삶의 경험이 있는 그 외 사람들은 다르게 받아들였을 수도 있지만 그 일은 그녀에게 트라우마적 기억을 되살리게 한 것이다.

어떤 사건이 트라우마로 이어지는 특징 하나는 그 경험이 압도적으로 느껴지기 때문에 더 다루기 어렵다는 점이다. 익숙한 상황에서 사람들은 자원과 대처 전략을 사용할 수 있지만 사건이 걸맞지 않게 큰 경우에는 이러한 자원이 효과가 없을 수 있다. 게다가 만약 그러한 인생의 사건들이 장기화된다면 더 많은 만성적인 문제들과 상당한 심리적 고통을 일으킬 가능성이 있다.

라나 남편의 행동은 그녀의 마음을 사무치게 했다. 그녀는 그로 인한 생각을 멈출 수 없었다. 어떻게 그녀가 그를 다시 신뢰할 수 있겠는가? 다른 누군가는 판단에 문제가 있었던 것으로 치부하고 그냥 넘어갔을 수도 있다. 하지만 라나는 그럴 수 없었다.

직장에서 해고되는 것은 잠재적으로 사람에 따라 큰 트라우마가 될 수도 있고 작은 트라우마가 될 수 있는 또 다른 예다. 내 환자 펠리페가 월가에서 직장을 잃었을 때 그는 감당할 수 없었다. 펠리페는 그 사실을 믿을 수가 없었다. 그의 직업은 꿈이 실현된 것이었다. 직업은 그에게 모든 것을 의미했다. 펠리페는 그가 한 일, 그가 가진 직함으로 자신을 정의했다. 사무실에서 오랜 시간을 보냈고 많은 동료와 친구가 되었다. 그는 나에게 회사가 그를 해고하기로 결정했을 때 앞이 캄캄했다고 말했다. 매우 전통적인 필리핀 가정의 가장으로서 그는 자기 가족을 부양하는 데 큰 자부심을 지니고 있었다. 더 이상 그럴 수 없게 되자 그는 무기력하고 혼란스럽고 부끄러웠다. 이 모든 경험으로 펠리페는 자신의 정체성과 남편과 아버지로서의 능력에 대해 의문을 품게 되었고 오랫동안 다른 일자리에 지원할 엄두조차 내지 못했다. 반면에 사랑했던 직장을 잃었지만 다르게 받아들인 환자도 있다. 그녀는 처음에는 놀라고 실망했지만 곧 다른 일을 찾았다.

이혼, 자녀가 집을 떠나는 것, 일자리 상실, 새로운 도시로의 이사 같은 모든 주요한 삶의 사건들은 사람마다 특정한 상황과 받아들이는 방식에 따라 다르게 해석될 수 있다.

변장한 트라우마

감정적 트라우마는 인간 고통의 근본 원인이다. 트라우마는 자체적으로 정신 건강 장애, 파괴적인 행동, 만성적인 건강 문제로 위장한다. 시간이 지남에 따라 지속성을 가지거나 수 세대에 걸쳐 의식 안에 숨어 있기도 하고, 심지어 우리가 사는 문화나 사회에 의해 정상이라고 인식되기도 한다. 트라우마는 최근에 일어난 무엇인가에 대한 반응일 수 있고 몇 년 전에 일어났지만 현재를 형성하고 알려주는 것에 대한 반응일 수도 있다. 그것은 우리 몸에 저장된 가공되지 않은 감정처럼 개인 차원에서 느껴진다. 또한 개인이 사는 가족적, 사회적, 정치적, 문화적 풍토 안에서 느껴진다.

급성 트라우마

데이트 강간, 가정 침입, 끔찍한 사고와 같은 단일 사건에서 발생한다.

만성 트라우마

전쟁이나 전투 상황, 가정폭력 같은 경험에 장기적으로 노출될 때 발생한다.
심지어 질병을 정기적으로 치료하는 화학 요법이나 방사선 또는 투석 같은 경험도 해당한다.

복합 트라우마

착취, 방치 또는 유기, 반복적인 성적 학대 등 우리가 반복적으로 피해를 당하고
그 피해가 누적되는 일련의 사건들에서 일어난다.

집단 트라우마

집단 학살, 전쟁, 자연재해, 강제 추방, 세계적 유행병, 지진, 집단 총격,
비행기 추락 또는 테러리스트 공격과 같은 충격적인 사건
또는 일련의 사건을 경험한 특정 그룹, 공동체 또는 전체 문화가 일으키는 반응이다.
최근의 팬데믹은 집단 트라우마의 좋은 예다.

역사적 트라우마

대규모 집단 트라우마로 인해 발생한 것으로서 개인의 생애에 드리운
감정적, 심리적 상처다. 예를 들면 노예제, 집단 학살, 식민주의(예: 캐나다 주민 학교의
캐나다 원주민), 억류(예: 제2차 세계대전 동안 미국에 거주한 일본인) 등이 있다.

세대 간 트라우마

한 세대에서 다음 세대로 전해지며 이차적 또는 삼차적으로 사람들이 경험하는 효과다.
아무도 그러한 전파에 대해 인식하지 못한다. 가정폭력, 알코올 중독, 전쟁, 고문,
만성 우울증 또는 신체적이거나 감정적인 트라우마의 다른 증상 등에서 기인한
반복적인 행동이 여기에 해당할 수 있다. 트라우마에 대응하여 개발된 대처 방법과 적응 행동도
한 세대에서 다음 세대로 전달될 수 있다.

이차적 혹은 대리적 트라우마

충격적인 경험의 직접적인 목격자가 아니었던 누군가가 그것의 한 모습을 흡수해서
자기 삶에 통합하는 방식으로 일어난다. 마치 실제로 그것을 경험한 것처럼 기능한다.
이것은 때로 치료사, 친한 친구나 가족 구성원, 또는 그룹 환경 내에서 발생한다.

트라우마에는 여러 유형이 있는데, 다음 장에서 자세히 설명할 것이다. 앞의 표에서 가장 일반적인 것들에 대해 간단히 설명했다.

나는 종종 트라우마로부터 치유되는 데 얼마나 걸리는지, 그리고 어떤 트라우마 반응이 다른 것보다 회복하기 어려운지에 관한 질문을 받는다. 내 대답은 '상황에 따라 다르다'다. 회복은 몇 주, 몇 년, 심지어 수십 년이 걸릴 수도 있다. 트라우마에 대한 사람의 반응은 모두 다르다. 회복에는 시간제한이 없다. 그러나 일반적으로 역사적 트라우마로 인한 치유는 특히 힘들 수 있다. 역사적 트라우마는 과거에 일어났던 일 이상의 것을 가지고 있기 때문이다. 그것은 계속해서 일어나는 일이다. 따라서 종료도 없다.

《사이콜로지 투데이Psychology Today》에 실린 데이비드 색David Sack 박사의 2015년 논문에 따르면 발달 트라우마 역시 여러 가지 이유로 치유하기가 까다로울 수 있다. 그중에서도 특히 아동 학대와 방치가 신경학적 변화를 일으켜 우리의 강렬한 감정적 반응 통제를

더욱 어렵게 만들 수 있다고 한다.[4] 하지만 이러한 난제 중 어느 것
도 PTG의 가능성을 막지 못한다는 사실을 기억하는 것이 중요하다.

트라우마와 애착 유형

우리가 아주 어린 나이에 부모님과 유대감을 형성하는 방식, 즉 애
착 유형은 우리가 트라우마에 직면했을 때 그것을 처리하는 방법을
결정한다. 그 유대의 질에 따라 그것은 역경으로부터 우리를 보호
할 수도 있고 충격적인 경험의 원천이 될 수도 있다. 다음 표에서는
몇 년 동안 철저하게 연구된 네 가지 애착 유형과 각각의 애착 유형
에 대해 고려해야 할 몇 가지 '자기' 감정을 보여준다.

　모든 애착 유형 중에서 안정형 애착 유형은 역경에 직면했을 때
강력한 보호 요소가 된다. 이는 충격적인 경험에 대처하기 위한 자
원과 회복력을 제공할 수 있다. 반면에 혼란형 애착 유형은 트라우
마를 만드는 애착이 될 수 있고 인생을 살면서 애착의 영향에 더 취
약해질 수 있다. 이러한 애착 유형 중 하나를 바탕으로 치료하면
PTG를 가져올 수 있다(4장에서 이러한 애착 유형이 어떻게 우리의 성장을
보호하거나 방해하는지 자세히 설명한다).

안정형 애착 유형

만약 자신을 돌봐주며, 필요에 응답하고, 안전하다고 느끼도록 사랑해 준
부모(또는 보호자)에게서 자랐다면
어른으로서 일차적인 관계에서 안정감과 사랑을 느낄 가능성이 있다.
쉽게 연결할 수 있고 또한 관계 안에서
상호 의존과 신뢰의 수준을 영위할 수 있다.

나는 친밀함이 불편하지 않다.
나는 내가 소중한 사람이고 사랑받을 만한 사람이라고 믿는다.
나는 마음을 열고 정직하게 소통한다.
나는 내 파트너에게 의지하기도 하지만 동시에 독립적이다.

회피형 애착 유형

이러한 애착 유형을 가진 사람들은
자신이 누구도 필요로 하지 않는다는 사실에 자부심을 느끼며
감정적으로 접근할 수 없는 경향이 있다.
만약 이 유형이 친숙하게 느껴진다면 상당 시간 단절되거나, 부재했거나,
정서적으로 거리를 둔 부모에게서 자랐을 수 있다.
약물이나 알코올로 어려움을 겪거나
여러분과 함께 있는 것보다 다른 관계를 선택한 어머니가 있었을 수도 있다.
의지할 수 있다고 생각했던 여러분 삶의 다른 어른들도
믿을 수 없다는 것이 증명되었다.
어렸을 때 목격하고 배운 행동으로 인해 배우자와 관계에 문제가 있고
아마도 아이들과도 관계가 멀어져 있을 것이 거의 확실하다.
어떤 종류의 변화를 이루기로 결심하지 않는 한 대인관계가 쉽지 않을 것이다.
나는 내 감정을 아는 데 어려움을 겪으며
심지어 그러한 감정이 있는지도 잘 모른다.

나는 어떤 관계를 원하지만
친밀함이 어색하고 이해하기 힘들다고 느껴지기도 한다.
나는 이성과 논리로 감정적인 문제를 해결한다.
나는 무슨 일이 있어도 갈등은 피한다.
나는 아무에게도, 무엇에게도 의지하지 않는다.

불안형 애착 유형

이러한 애착 유형은 때로 '감정적 허기'라고 불린다. 이러한 애착 유형은
사랑과 보살핌을 보여주는 데 일관성이 없는 부모와 함께 자랐을 수 있다.
때로 부모는 친절하고 사랑스럽다.
다른 때는 부모가 감정적으로 학대하거나 자녀를 밀어내기도 하고
위로하는 대신 울도록 내버려둔다. 부모의 뒤섞인 신호들은 자녀가 무엇을 기대하고
어떻게 행동해야 하는지 아는 것을 어렵게 만들었다.
성인이 되면서 건강하고 사랑스러운 관계를 유지하는 것이 어려울 수 있다.
감정적인 연결을 갈망할 수도 있고(심지어 관계가 그러한 약속을 보장하지 않을 때도),
불안하거나 질투하거나 갈망하거나 집착할 수 있다.

나는 거절당하거나 버림받는 것이 두렵다.
나는 꼭 다시 확인하려 하지만 그것을 믿지는 못한다.
나는 다른 사람을 돌보지만 흔히 그것에 분노를 느낀다.
사람들이 내 말에 귀 기울이고 받아들여야 한다고 느낀다.

혼란형 애착 유형

이러한 애착 유형은 두려움에 뿌리를 두고 있으며
가장 힘들고 안정적이지 못한 애착으로 간주된다. 어린 시절 안전을 제공해야 할 자원은
대신 두려움과 무시의 근원이 되었다.
만약 돌봄이 일관성이 없고 예측할 수 없는 가정에서 자랐다면, 자기 안전을 걱정했을 수도 있다.
종종 그러한 두려움은 가정폭력의 목격자이거나 희생자였던
불안정한 가정 상황에서 비롯된다. 이러한 애착 유형은 성인으로서, 특히 파트너와 자녀들과
건강한 관계를 맺는 것을 어렵게 만든다.
비록 친밀감과 사랑을 갈망하지만
원하는 바로 그 사람들이 자기에게 해를 끼칠까 봐 두려워한다.

나의 내면의 경험은 때로 엉망진창이다.
나는 다가서다가… 그다음 물러선다.
나는 당신을 받아들이다가… 그다음 당신을 거부한다.
나는 부정적인 자아상을 가지고 있다.
내 부모는 예측할 수 없었고 폭력적이었다.
나는 두렵다.

모호한 상실과 트라우마

모든 트라우마는 일종의 상실, 즉 가까운 사람의 죽음, 화재나 자연재해로 인한 집의 상실, 직업의 상실 등과 관련이 있지만 거의 언제나 어떤 종류의 해소 방법이 따라온다. 하지만 종결될 가능성이 없는 상실을 경험하면 어떨까? 미네소타 대학의 연구자이자 명예교수인 폴린 보스Pauline Boss는 이러한 종류의 트라우마를 '모호한 상실'이라고 부르는데, 그녀는 이것이 최악의 상실이라고 말한다. 『상실, 외상, 회복력Loss, Trauma, and Resilience』 등 여러 책의 저자인 보스 박사는 모호한 상실을 '불확실하고 해결책이 별로 없는 모든 상실'이라고 정의한다. 보스 박사가 말했듯이 이것은 '팩트가 없는 상실'이다.

모호한 상실에는 두 가지 유형이 있다. 육체적으로 사라진 것과 감정적으로 또는 인지적으로 실종된 것이 그것이다.

육체적으로 사라짐(심리적으로는 존재)

누군가가 작별 인사를 하지 않고 떠날 때 이런 일이 일어난다. 보스 박사는 그 사람이 육체적으로는 없지만 심리적으로는 여전히 존재한다고 말한다. 예를 들면 이혼으로 부모가 없을 때, 입양을 가 친부모가 없을 때, 아이가 입양이 거부될 때, 가족들이 이민 가는 동안 헤어져서 재회할지 확신하지 못할 때가 이에 해당한다. 또는 어떤 사람이 전쟁, 익사, 납치, 테러 공격 또는 자연재해에서 실종되었는데 그곳에서 살았는지 죽었는지 알 방법이 없을 때도 있다. 우리는 그들이 발견될 것이라는 희망을 얼마나 오래 품고 있어야 할까? 아니면 얼마나 빨리 그들이 죽었다고 결정해야 할까?[5]

예를 들어, 뉴욕시의 쌍둥이 빌딩이 9·11 테러로 무너졌을 때 수천 명의 사람이 모호한 상실을 경험했다. 나는 젊은 임상심리학자로서 다행히 보스 박사와 함께 그 공격으로 상실을 겪은 이민자들의 가족을 도울 수 있었다. 이들 중 많은 사람이 기록에 빠졌거나 영어를 말하지 못하는 사람이었다. 그들은 가족으로 인정받지 못했다. 그리고 그들의 상실에 대한 집단적인 인정이나 인식이 없었기 때문에 특히 어려움이 컸다.

코로나19 팬데믹도 모호한 상실을 크게 준 또 다른 사건이다. 수천 명의 사람이 가족과 작별 인사를 하지 못한 채 병원에 격리되어 사망했고 수천 명이 더 이상 가족과 재회할 수 없는 도시나 국가에 발이 묶였다.

육체적으로 존재(심리적 또는 감정적으로는 부재)

이것은 사람이 작별 인사를 했지만 실제로는 떠나지 않을 경우다. 모호한 상실은 누군가가 우리 삶에 여전히 육체적으로 존재하지만 감정적 또는 심리적으로는 사라졌을 때 발생할 수 있다. 이러한 유형의 모호한 상실에는 뇌졸중이나 혼수상태, 알츠하이머 또는 치매를 앓고 있는 고령의 부모, 외상성 뇌손상이 있는 아동, 만성 우울증이나 약물 또는 알코올 중독이 있는 배우자나 청소년, 일에 몰두하거나 상심한 가족 구성원이 이에 해당할 수 있다. 이런 종류의 모호한 상실은 가족이 서로 함께 있는 것을 어렵게 한다. 보스 박사는 이런 일이 일어나면 역할이 혼란스러워져서 아무도 어떻게 행동해야 할지, 무엇을 해야 할지 모르게 된다고 설명한다.

둘 다 조금씩

모호한 상실의 두 가지 유형이 겹쳐 더 큰 고통을 주는 때가 있다. 예를 들어, 나는 특히 논쟁이 많은 이혼 후 아이들이 부모에게 버림받았다고 느낄 때 이러한 경우를 보았다. 즉 한 명은 육체적으로 떠났고 한 명은 우울증에 빠져 사실상 사라진 것이다.

다른 유형의 외상과 마찬가지로 모호한 상실은 관계적이어서 타인(치료사, 전문가 동료 또는 그러한 치명적인 상실을 경험한 다른 사람)과의 연결을 확립함으로써만 치유될 수 있다.[6]

스트레스와 트라우마의 혼동

확실히 트라우마는 우리가 어떤 종류의 것을 경험하든 우리가 그것을 뭐라고 부르든 스트레스가 맞다. 하지만 스트레스는 트라우마와 같지 않다.

우리는 매일 스트레스를 경험한다. 흔히 스트레스를 부정적인 것으로 생각하고 그것을 완화하려 계속해서 노력하지만 스트레스가 반드시 그런 것만은 아니다. 『스트레스의 힘The Upside of Stress』의 저자인 스탠퍼드 대학의 심리학자 켈리 맥고니걸Kelly McGonigal에 따르면 만약 우리가 스트레스를 받아들이는 방법을 배운다면 그것은 실제로 우리가 성장하는 것과 경험으로부터 배우는 것을 도울 수 있다.[7] 스트레스는 우리가 결정을 내리고 행동할 수 있게 해주고, 어려운 대화를 나누게 해주며, 도전적인 프로젝트를 시작하거나 새로운 관계를 맺도록 해준다. 인생에서 역경이나 어떤 종류의 도전에 직면했을 때 우리는 그것을 직면해 다루고 극복할 수 있는 용기(정신적, 감정적, 신체적 능력)를 가지고 있다. 그 순간에 일어나는 모든 것을 감지하고 반응하며 그 순간이 끝나면 휴식을 취하고 회복하고 다시 시작한다. 이것이 스트레스의 힘이다.

하지만 스트레스의 문제는 그것을 가지고 있다는 것이 아니라 벗어나는 방법을 모른다는 것이어서 결국 스트레스는 만성화할 수 있다. 당황하거나 스트레스를 받아 자신을 진정시킬 수 없을 때 신경계는 고도의 경계 상태에 갇히게 되고 우리는 마비될 수 있다. 우리는 압도되어서 제대로 활동할 수 없게 되며 모든 것이 너무 감당하기 힘들어진다. 이것이 수그러들지 않고 계속되면 신경계가 불안정해져 심각한 정신적, 육체적 문제를 일으킬 수 있다.

내부에서 일어나는 일

우리는 관계적인 존재다. 이 말은 우리가 경험하는 모든 것은 다른 사람들과의 관계에서 경험한다는 뜻이다. 몸의 내부 작용도 예외는 아니다. 생각할 필요조차 없이 뇌와 신경계는 함께 일하고 몸을 스캔하며 마음과 몸, 자신과 환경 사이의 의사소통을 쉽게 만들어 준다. 또한 자신을 건강하고 안전하게 지키기 위해 주변 사람의 감정 상태에 맞춰나간다. 다중미주신경 이론Polyvagal Theory의 창시자인 스티븐 포지스Stephen Porges에 따르면 자율신경계의 필수적인 부분인 미주신경의 작용을 통해 이러한 작용이 이루어진다. 미주신경 혹은 '떠돌이 신경'(라틴어로 *vagus*는 '떠돌다'라는 뜻이다)은 신체에서 가장 긴 신경이자 마스터 연결기다. 이 신경은 뇌와 모든 주요 내부 체계를 연결한다. 두개골의 기저부에서 시작해서 목 아래로 내려가 상하의 흉부로 들어가며 횡격막을 통과해 복강으로 이동한다. 이 과정에서 미주신경은 다양한 구조와 몸에 있는 대부분의 기관을 '방문'하고 활성화한다. 또한 미주신경은 안전뿐만 아니라 위험의 신호도 감지한다. 우리가 주변의 다른 사람들과 연결되어 있다고 느낄 때는 평온함으로 반응하고, 위험을 감지하면 안전을 유지하기 위해 신체의 자원을 동원한다.

신체적으로나 심리적으로 위협을 느끼면 우리의 신경계는 의식적으로 아무것도 하지 않아도 자동으로 반응한다. 생명이 위험에 처했을 때나 정서적으로 위협을 느낄 때, 안전하다고 느끼지 않을 때 우리는 자신을 보호하기 위한 네 가지 방법(투쟁, 도피, 동결, 영합) 중 하나로 대응한다. 이러한 반응은 우리가 신체적, 정서적 생존을 위해 사용하는 자연 방어 체계다.

투쟁 도피 반응

무언가로부터 두려움을 느끼게 되면 투쟁 도피 반응은 위협에 맞서 싸우거나 그로부터 도망치기 위해 힘, 집중력, 그리고 속도를 모을 수 있도록 한다. 신체는 이 반응이 일어나게 하려고 가능한 한 많은 에너지를 사용하게 지시한다. 아드레날린이 치솟고 혈압이 올라가며 심장이 가슴에서 뛰쳐나올 것 같은 느낌이 든다. 모든 감각은 고조되고 주변을 과민하게 의식하는 상태가 된다. 투쟁할 때는 심리학적으로 금방 화가 나고 통제할 수 없다는 것을 느낄 수 있다. 반면에 도피할 때는 가능한 한 갈등으로부터 멀리 떨어져 있기를 원한다. 그에 대해 듣고 싶지도 않고 알고 싶지도 않아진다. 고통을 피하기 위해서는 무엇이든 할 것이다.

동결

너무 심한 위협으로 항복 외에는 할 수 있는 것이 아무것도 없다고 느낄 때 몸은 얼어붙은 상태가 되는데, 이것은 부교감신경 반응이 방어 상태에 있다는 것을 나타낸다. 공포로 마비되고 꼼짝 못 하게 된다. 미주신경의 배부背部(또는 등 쪽)는 모든 것을 차단한다. 즉 심박수가 떨어지고 말 그대로 속이 텅 비게 된다. 심리적으로 동결 상태는 사람을 마비시키고 결정을 내리거나 행동을 취할 수 없게 만든다. 생존 체계로서 이 반응은 다음 단계를 생각할 시간을 벌어 준다. 동결 상태는 의식을 잃고 잠을 자면서 '죽은' 척하며 경험과 단절되고 신체적 감각이나 생각과 감정, 그리고 다른 사람들과 단절되는 해리 상태다. 다른 말로 고통과 분리하는 것이다.

영합

이것은 갈등을 피하고 자신에게서 주의를 돌리는 방법인 '부탁하고 달래는' 반응이다. 때로 과도하게 친절한 것이 잠재적으로 폭력적이거나 충격적인 사건에서 살아남는 유일한 방법이 된다. 영합 반응은 때로 강도, 납치, 성폭행 또는 자아도취적인 파트너나 부모와 상호작용할 때처럼 화가 나거나 위협적인 방식으로 행동하는 누군가를 달래거나 진정시키는 데 도움이 될 수 있다.

안정 상태로 돌아가기

건강한 생존 반응일 때는 위협이 지나가면 우리는 균형을 되찾는다. 우리의 체계는 다시 작동하고 부교감신경계 반응이 대신한다. 휴식을 취해 심장박동수가 정상으로 돌아오게 하고 호흡이 다시 느려지게 만들어 방금 일어난 일을 되돌아볼 수 있게 한다. 그러면 끝

투쟁

공격적으로 분노를 폭발하며 짜증 내고, 통제하려 하고, 요구가 많아진다.
의사 결정에 충동적이며,
상대방에게 거칠게 행동하고, 못살게 굴며 비판적이다.

도피

갈등을 피하고 산만하며 끊임없이 움직이고 바쁜 상태를 유지한다.
과로하고 완벽주의적이며, 기대 이상의 성과를 낸다.

동결

신중하고 꽉 막혀 있고 의사 결정에 어려움을 겪으며 고립감을 겪는다.
동기부여가 부족하며 무감각해지거나 마음을 닫고, 잘 움직이지 않으며
쓰러지는 신체화 반응이 일어난다.
겁에 질려 뻣뻣하다. 껍데기만 살아 있는 느낌이다.

영합

사람들을 기쁘게 만들려 하고, '아니요'라고 말하는 것을 어려워하며,
선을 긋는 능력이 부족하다. 갈등을 피하려 하거나
해결을 미루고, 다른 사람들의 요구를 우선시하며, 그것들에 압도당한다.
자기 자신을 잃고 상호의존적이며 남과 어울리는 것에 집착한다.

트라우마 반응

이다.

만약 우리가 투쟁-도피-동결-영합에 갇혀 있다면 문제가 발생한다. 우리 경험의 트라우마 잔재는 초기 사건이 지나간 후에도 오랫동안 몸에 남아 있게 되는데 신경계는 이전에 일어난 일과 지금 일어난 일을 구별할 수 없다. 신체의 자연스러운 생존 반응은 만성 트

라우마 반응이 되어 심각한 생리적, 정서적 영향을 미칠 수 있다. 다음은 그 예다. 내가 아는 어느 젊은 여성은 신호등이나 차단기가 없는 선로를 가로질러 차를 몰다가 기차에 치일 뻔했다. 차가 선로에 갇혔다가 기차가 차에 충돌해 박살 내기 직전에 선로에서 빠져나와 안전하게 운행할 수 있었다. 도피 반응 덕에 살 수 있었다. 문제는 기차가 기적을 울리거나, 자신이 철로를 가로질러 운전해야 할 때마다 공황 상태에 빠진다는 것이다. 분명히 어떤 경험이나, 소리, 냄새, 심지어 어느 문구만으로도(어떤 식으로든 원래의 경험에 대한 기억을 촉발하는 모든 것) 신체는 다시 한번 반응을 일으킬 수 있다. 그녀의 경우 약속 장소로 가는 길에 그러한 일이 생겼다. 차를 몰고 철길을 건너자 종소리가 울리고 불빛이 번쩍이기 시작했다. 반대편에 도착하자마자 차를 세우고 숨을 헐떡이며 걷잡을 수 없이 떨었다. 그녀는 마치 그 순간 사고가 다시 일어나는 것처럼 그 일을 되새기고 있었다.

충격적인 사건에서 자연적으로 회복되지 않고 방어 기전이 만성화되면 외상 후 스트레스 장애PTSD로 바뀔 수 있다. PTSD의 대표적인 증상으로는 과다 각성, 침입, 해리나 회피, 부정적 인식 등이 있다.

과다 각성

과다 각성 상태에서는 모든 것이 의심스러워서 자극이 커다란 소음이나 화난 목소리, 갑작스러운 움직임인 것처럼 느껴진다. 심리적으로는 모든 곳이 위험할 수 있다고 보고(심지어 위험이 전혀 없는 곳에서도) 종종 짜증스럽고 비이성적이며 공격적으로 반응한다. 신체적으로는 아주 작은 소리나 접촉, 움직임에도 놀라게 된다. 수면에 방해를 받고 안전함은 멀게만 느껴진다. 집에서도 몸이 편안함을 느끼지 못하고 가장 가까운 사람들마저 신뢰하지 못한다. 과장된 행동과 깜짝 놀라는 반응, 갑작스러운 기분 변화는 과다 각성의 증상이다.

침입

침입은 과거의 트라우마가 삶에 계속해서 침범하는 것을 말한다. 어느 것도 안전하다고 느껴지지 않으며 내버려두고 가버릴 수가 없다. 이는 예측할 수 없으며 경고 없이 언제든지 나타날 수 있다. 과거의 트라우마는 악몽, 밤의 공포 또는 괴로운 꿈, 회상, 그리고 마치 지금 이 순간 그 충격적인 사건이 일어나는 것처럼 행동하는 반응의 형태로 나타난다. 말 그대로 뇌는 다른 영역(편도체)에서 침입한 트라우마에 대한 기억으로 넘쳐나게 되고, 실시간으로 새롭고 명시적인 기억을 만드는 것(해마에서)이 불가능하게 된다. 편도체는 감정적이거나 무의식적인 기억('암묵적 기억'이라고도 한다)이 저장되는 곳이다. 이 편도체 뉴런은 공포를 먹고 산다. 실제 공포뿐만 아니라 공포에 대한 기억도 먹는다. 릭 핸슨Rick Hanson 박사에 따르면 만성적인 스트레스와 외상은 이러한 뉴런을 강화하고 증가시키며 기억을 살아 있게 유지해 새로운 현재의 기억을 형성하는 것을 더 어렵게 한다.

해리나 회피

이것은 두려움이나 고통이 감당할 수 없을 정도로 심해져 정신이 분리되거나 일시적으로 차단되는 상태를 말한다. 우리가 무서운 경험 앞에서 무력감을 느끼거나 압도당하면 부교감신경계가 고통으로부터 보호하기 위해 개입한다. 그러면 자기 몸을 떠나는 방법으로 자기가 처한 상황에서 벗어날 수 있게 해주는, 변화된 의식 상태가 만들어진다. 즉 망연자실해지고 기능을 멈추는 것이다. 또한 이 모습은 촉발에 의해서도 나타날 수 있는데 이는 곧잘 사용하는 반응이 되며 해리, 부인, 원래의 괴로운 사건을 환기하는 모든 외부적인 것을 회피하기, 공포증, 분리 같은 다양한 형태로 나타날 수 있다. 극단적으로는 이인증depersonalization과 비현실화가 나타날 수 있다. 다시 말해 자신의 외부 관찰자가 되어 거리가 떨어진 상태에서 비현실적인 꿈 같이 주변 세계를 보게 된다.

트라우마에서 성장으로

내가 여기서 정의한 종류의 트라우마로부터 사람들이 치유되고 성장할 수 있다는 것이 상상하기 힘들 수 있다. 그런데도 그들은 그렇게 한다. 확실히 말하자면 쉬운 길은 아니다. 이 단계는 때로 불가능하다고 느낄 수 있다. 한 치의 의심도 없이 내가 진실이라고 알고 있는 것은 다음과 같다. 우리가 기꺼이 치료에 참여하고 완전히 헌신적인 모습을 보일 때 PTG는 (우리가 겪은 일에도 불구하고가 아니라 그것 때문에) 더 풍부하고 연결된 삶으로 가는 길을 제공한다. 다음 장에서는 PTG가 무엇인지, 그리고 마찬가지로 중요한, PTG가 아닌 것은 무엇인지에 대해 더 자세히 설명하겠다.

3장 —
외상 후 성장이란 무엇인가?

우리는 나비의 아름다움을 즐기지만 그 아름다움을 이루기 위해 나비가 겪은 변화는 좀처럼 인정하지 않는다.
- 마야 안젤루

상처는 빛이 들어오는 곳이다.
- 루미

충격적인 경험이 우리의 세상을 분열시키고 그 조각들을 줍도록 남겨지게 되면, 자신이 치유될 수 있다는 생각이나 고통의 결과로 실제로 변화할 수 있다는 개념은 불가능하다고 느껴질 수 있다. 앞으로 나아가기는커녕 하루하루의 현실을 이겨내느라 자신에게 일어난 일을 잊으려는 것조차 너무나 어렵다. 하지만 실제로 역경을 받아들이고 고통을 이겨냄으로써 우리는 자기 경험에서 의미를 얻어낼 수 있다. 우리는 트라우마로부터 성장할 수 있고 그 이상으로 완전히 변화할 수 있다. 이것이 바로 PTG에 관한 것이다.

사람들은 항상 전환에 관해 이야기한다. 그들은 종종 자기가 변했다고 말하고, '더 나은 방향으로 변화된' 것에 대해 설명하며, 더

트라우마, 극복의 심리학

강하고 더 회복력이 있다고 느낀다. 심지어 더 친절하고 더 사려 깊은 또 다른 자신이 되었다고 말한다. 정말 멋지다. 그것은 사실이다. 하지만 나는 PTG의 결과로 일어나는 전환에 관해 이야기할 때 상당히 다른 내용을 이야기하고 싶다. 애벌레를 생각해 보자. 나비가 되기 위해서 이 작은 생물(공식적으로 '유충'이라고 불린다)은 모든 '애벌레다움'을 잃어야 한다. 그것은 분해되어야 한다. 그 형태, 자신의 생태계, 세상을 살아가는 방식 등 모든 것을 벗어야 한다. 전부 다 해당한다. 실제로 만약 변태 중인 번데기의 내부를 본다면 부분적으로 형성된 나비나 부분적으로 분해된 애벌레를 볼 수 없을 것이다. 야생 생물학자 린지 반 서머런Lindsay Van Someren은 이 영양분이 풍부한 수프를 '분홍색 찐득이pink goo'라고 불렀다. 애벌레의 흔적은 남아 있지 않다. 즉 완전히 새로운 것으로 다시 태어나기 위해서는 죽어야 했다. 동시에 (그리고 중요한 것인데) 애벌레가 제공했던 애벌레다움, 효소, 신경계, 호흡관이 없었다면 나비는 결코 그 모습이 되지 못했을 것이라고 반 서머런은 말한다.[1] 심지어 애벌레는 날개, 눈, 더듬이 등과 같은 '성체가 필요로 하는 구조와 일치하는 세포의 작은 무리'라고 불리는 '가상의 사본'을 가지고 있다. 게다가 나비의 탄생은 방해를 받거나 도움을 받을 수도 없다. 날개가 달린 생물은 완전히 형성된 상태로 자기 길에서 빠져나와야 한다. 그렇지 않으면 죽게 될 것이다. 이것은 자연의 변화에 대한 훌륭하고 꽤 극적인 예다.

인간의 전환에 관해서 나는 깨진 도자기를 수선하는 고대 일본의 예술 형태인 킨츠기kintsugi 혹은 '금 수선공golden joinery'의 모습을 PTG의 완벽한 상징으로 오랫동안 간직해 왔다. 킨츠기는 불완전함과 덧없음 속에서 아름다움을 기리는 일본의 세계관, 와비사비wabi-sabi에서 나온다. 예를 들어, 도자기 그릇의 균열을 수리하거나 깨진 조각들을 다시 조립할 때 그 목표는 결함을 숨기는 것이 아니라 그것을 강화하고 원래보다 더 독특하고 흔히 더 아름다운 무언가로 통합하기 위해 금가루(또는 때로 순도 높은 은)가 혼합된 옻칠을 사용하는 것이다.

우리는 모두 잊었으면 하는 경험을 떠올리게 하는 상처들인 부서진 조각들을 자기 안에 가지고 있다. 하지만 시인 루미의 말처럼 상처는 빛이 들어오는 곳이자 지혜와 연결과 관심이 들어올 수 있는 균열이다. 옻칠은 상처의 가치를 나타낸다. 와비사비는 자기 불완전성의 아름다움을 인정하고 독특함과 깨짐을 기념하는 자리로 우리를 초대한다. 어니스트 헤밍웨이가 쓴 것처럼 '세상은 모든 사람을 무너뜨리고, 그 후 많은 사람은 부서진 곳에서 강해진다'. 이것이 바로 PTG에 관한 것이다.

PTG는 우리가 트라우마와 치유를 동시에 가질 수 있게 해준다. 둘 다 사실이다. 나는 부서졌고 이제는 완전하다. 그러나 이 완전함은 철저히 다른 방식으로 재조립된 부서진 조각들을 포함한 것이고 더 지속할 수 있고 더 아름답고 궁극적으로 남을 도울 수 있는 존재

트라우마, 극복의 심리학

다. 그러나 중요한 점은 PTG는 킨츠기처럼 단순히 부서진 것을 다시 수리하는 것이 아니다. 이것은 과정의 일부에 불과하다. 우리는 자신을 위해 완전히 새로운 이야기를 상상하고 재창조하고 다시 쓰고 있다. 과거의 상처를 부정하지 않고 자기만의 '영양 수프'로 이야기를 양념하는 것이다.

트라우마를 전문으로 하는 임상심리학자로서 PTG는 거의 30년 동안 내 연구의 핵심이었다. 이 기간에 나는 다음과 같은 종류의 질문을 제기했다. 트라우마를 경험한 후 치유를 넘어서는 사람이 있는 것이 아닐까? 건강을 되찾은 후에 그들이 도약하고 전환할 수 있는 것이 아닐까? 실제로 이 질문은 가능할 뿐만 아니라 성취할 수도 있다. PTG는 진정한 전환이 일어나는 단계이지만 PTG에 도달하기 위해서는 흔히 험난한 여정이 필요하다. 내 5단계 모델은 우리가 거기에 도달할 수 있는 과정이다. 그것은 우리를 트라우마에서 지혜와 성장으로 이끄는 청사진이다. 내가 책 전체에 걸쳐 상세히 논의할 다섯 단계는 트라우마를 전적으로 받아들이는 것에서 안전을 추구하는 것, 관점의 변화를 경험하는 것, 오래된 방식을 새로운 이해와 통합할 수 있게 되는 것, 그리고 성장하고 현명해지는 것으로 이동한다.

나는 수많은 환자와 함께 성과를 목격하는 것도 좋아하지만 그 과정을 위한 공간을 제공하는 것도 좋아한다. 이건 내가 아주 중요하게 생각하는 특권이다. 나는 책 전반에 걸쳐 끔찍한 만행을 견뎌

PTG의 5단계

낸 개인과 가족, 나아가 일상생활에서 상심과 역경을 경험한 사람들의 놀라운 전환에 관한 많은 이야기를 나눌 것이다. 이 예들을 자세히 살펴보기 전에 역사적 맥락에서 PTG의 개념을 살펴보자.

트라우마, 극복의 심리학

정의

PTG는 내가 고안한 것이 아니고 고대로부터 내려온 인간 경험의 일부였다. 이것은 종종 신화에 나타나며, 영웅이 변화하는 여정으로 미화된다. 셀 수 없이 많은 영화에서 주인공은 트라우마로 고통받다가 이러한 개인적인 경험으로 영웅이 되는 것으로 묘사된다. 〈스타워즈〉의 루크 스카이워커와 레아 공주, 배트맨의 브루스 웨인, 〈원더우먼〉의 다이애나, 〈블랙팬서〉의 티찰라, 그리고 〈해리포터〉 시리즈가 모두 떠오른다. 시대를 초월한 다른 역사적인 예들도 있다. 〈오디세이〉와 같은 고전적인 이야기, 동물이나 신의 아이들을 중심으로 하는 전래 동화, 싯다르타처럼 태어날 때 어머니를 여의고 부처로서 깨달음을 얻는 종교적 비유, 성경의 수많은 이야기가 여기에 해당한다.

흔히 트라우마는 영웅이 되거나 깨달음을 얻기 위한 요건이 된다. 이야기 속에서나 실제 삶에서나 일반적으로 영웅은 친숙한 사람들을 떠나 미지의 세계로 모험을 떠나도록 요구받으며, 도전에 정면으로 맞서 악마를 죽이거나 용을 길들이기 위한 용기를 소환해야 한다. 비교신화학 전문가로 잘 알려진 조지프 캠벨Joseph Campbell은 이 여행이 전환의 하나이자 다시 태어나기 위해서는 영웅이 죽어야 하는 '영적인 통과의례'라고 말한다.

심리학적 개념에서 보았을 때 PTG는 1990년대 중반 노스캐롤라이나 대학의 두 심리학자 리처드 테데스키와 로런스 캘훈에 의해 만들어졌다. 그들은 연구와 임상 실습을 통해 PTG가 끔찍한 사건의 결과로 사람들이 경험하는 긍정적인 변화와 거기에 도달하기 위해 겪는 과정을 모두 설명하는 방법임을 보여주었다.[2]

테데스키는 PTG를 통해 우리는 다른 사람들과 관계를 맺고 자신을 신뢰하고 삶에 감사하는 새로운 능력을 발견할 수 있다고 썼다. 그는 이러한 능력들이 "충격적인 경험을 하기 전에는 존재하지 않았던 것이거나, 그 전에 있기는 했지만 그 사람이 인식하지 못했던 것이다"라고 말한다. PTG의 과정을 통해 우리는 자기 상처 속에 숨겨진 지혜와 아름다움을 이제 세상을 보는 방식이나 세상에 참여하는 방식을 완전히 바꾸는 선물로 보기 시작한다.

치료 과정의 결과로서 사람들이 경험하는 전환은 많은 선물을 준다. 삶의 새로운 의미, 내적 평화감, 다른 사람들과 더 깊은 관계를 맺고 더 큰 힘을 얻는 것, 그리고 더 강한 자아의식이 여기에 해당한다. PTG는 고통에서 목적을 찾는 방법이자 트라우마가 초래한 분투를 넘어서 삶을 창조하는 방법이다. 그것은 트라우마로부터 다시 살아나는 것뿐만 아니라 더 성장하기 위한 발판으로 사용하는 사람들의 경험을 설명해준다. PTG는 거의 직선적이지 않으며, 마음 챙김을 집중해 편안한 영역을 벗어나고자 하는 의지가 필요하다. 또한 지혜와 성장이라는 미래의 선물을 받기 위해 마음을 여는 것도 필요하다. 그래서 나는 때로 PTG 과정을 번데기에서 나오는 나비

트라우마, 극복의 심리학

와 같다고 언급한다. 시인 루피 카우르는 이렇게 썼다. "곧바로 나비가 되는 것은 아닙니다. 성장은 과정입니다." 우리는 나비가 되기 위해 기꺼이 애벌레라는 존재를 포기해야 한다. 이 변화는 하룻밤 사이에 일어나지 않는다. 우리의 변화도 마찬가지다. 자신을 자유롭게 하기 위해서는, 즉 마침내 비행하는 데 필요한 날개를 얻어 어둠 속에서 우리가 상상할 수 있는 것보다 더 아름다운 빛 속으로 나오기 위해서는 인내와 투쟁이 필요하다.

나는 PTG의 예를 곧잘 발견하곤 한다. 심지어 PTG에 대해 들어본 적이 없거나 무슨 일이 일어나고 있는지 표현할 단어가 없는 사람들에게서도 그렇다. 예를 들어, 『마음 편히 가지라고 하지 말아 줘Don't Tell Me Relax』의 저자인 심리치료사 랄프 드 라 로사Ralph De La Rosa는 자기가 겪은 PTG를 설명하면서 그 과정에 대해 이름을 붙이지 않고 정직하고 진심 어린 평가를 했다.

> 나는 내 트라우마를 치유하는 것이 중요하다고 생각했다. 그것이 나를 삼키고 있었기 때문이다. 결국은 치유되었지만 내가 한 일 중 가장 힘든 일이었다. 트라우마는 영원히 계속될 것 같았다. 하지만 그렇지 않았다. 그리고 내가 치료하는 동안 완전히 다른 일이 일어났다. 내내 바라 마지않던 사람이 되고 있었다. 삶이 나에게 너무 잔인했기 때문에 한때 내 상처로 들어가는 것은 스스로 견뎌야 했던 어떤 짐처럼 느껴졌다. 하지만 그것은

이제 내가 할 수 있는 가장 깊은 영적인 일이 되었다. 이것은 누군가가 가르쳐 준 길도 아니고 전능자에게서 전해진 종교적 환상도 아니다. 정직하고 진실하고 자발적이고 창조적인 영적 존재가 살아났다. 나는 나를 해치고 묵살한 모든 사람과 모든 상처에 영원토록 감사한다. 그들이 나에게 준 물질은 진정으로 아름다운 것으로 변화되었다.[3]

PTG는 슬픔이나, 만성질환, 장애, 암, 심장마비와 같은 무수한 종류의 외상에서 비롯될 수 있으며 부모나 자녀가 겪는 의학적 도전에 대처하는 어려움에서도 마찬가지로 생길 수 있다. 집의 화재, 자동차 충돌사고, 강간 및 성폭력, 10대의 임신, 난민의 곤경, 전투나 납치 등과 같이 폭력이나 폭력의 위협이 중심적인 역할을 하는 상황에서도 나타난다.

글로리아는 극심한 트라우마와 고통에서 성장으로 나아간 놀라운 예다. 그녀는 부에노스아이레스 외곽 시골의 가난한 가정에서 자랐다. 항상 공학을 공부하기를 원했는데 어린 나이 때부터 일해서 대학이 있는 뉴욕시로 이사할 수 있을 만큼 충분한 돈을 모았다. 새로운 나라의 새로운 도시에 적응하는 동안 글로리아는 자신도 모르는 사이에 불법적인 관행에 연루된 한 기관에서 일자리를 얻었다. 무슨 일이 일어나고 있는지 전혀 알지 못했지만 그 일로 결국 체포당해 라이커스섬에 있는 감옥으로 끌려갔다. 그곳에서 그녀는 여성 간수의 묵인 아래 죄수들과 교도소 관리자들 모두에게 반복적으로 집단 강간을 당했다. 음식을 주지 않고 구타하는 견디기 힘든 상황에 던져졌다. 감옥을 떠날 때쯤에 그녀는 거의 정신 착란 상태에 빠졌다. 글로리아는 한 정신병원에 들어갔지만 자기표현의 한 형태로서 예술을 발견할 때까지는 어떤 치료 프로그램에서도 발언하거나 참여하지 않았다.

나중에 병원에서 나왔을 때 그녀는 치유를 향한 느리고 신중한 여행을 시작하기로 결심했다. 그 경험의 일부로서 그녀는 예술을 통해 자신을 훨씬 더 잘 표현하는 것을 배웠고, 지원해 주는 환경과 충분한 안내를 통해 자신에게 무슨 일이 일어났는지 이해하기 시작했으며, 깊은 트라우마의 고통을 그림으로 전달했다. 결국 그녀는 신체적, 정서적, 정신적으로 점점 더 강해졌다. 그 과정에서 그녀는 새로운 정체성과 건강한 관계를 발전시켰다. 삶이 더 의미 있게 되었다. 그리고 자신이 명확한 삶의 목적을 발견했다고 느꼈다. 자신에게 일어난 일 때문에 지금 그녀는 수감된 여성들을 옹호하고 라이커스섬의 폐쇄를 주장하는 단체들과 함께 일하고 있다. 글로리아는 또한 발명가이자 예술가로서 자기가 상상조차 할 수 없었던 삶을 살고 있다.

글로리아의 이야기는 어떻게 하면 삶을 바꾸는 주요 트라우마에서 벗어나 그 반대편에서 더 강하게 나타날 수 있는지를 보여준다. 하지만 잔혹한 행위만 우리를 성장할 수 있게 하는 것은 아니다. 모든 종류의 일상적인 트라우마, 직장을 잃거나 학교에서 어려움을 겪거나 사회적 집단에서 소외되거나 괴롭힘을 당하거나 이혼을 당하거나 새로운 집이나 도시로 이사하는 것 등도 마찬가지다. 2020년 조 바이든 대통령 취임식의 수천 명 앞에서 시 〈우리가 오르는 언덕〉이라는 자작시를 읽은 미국 최초의 청년 계관 시인 어맨다 고먼Amanda Gorman은 고난을 승리로 바꾸는 사람에 대한 영감을 주는 예다. 어맨다는 어렸을 때부터 청각 장애로 고생했고 이것 때문에 말하기에 어려움을 겪었다. 또한 특정한 소리를 발음하기 어려운 언어 장애도 가지고 있었다. 그녀는 이것을 장애나 약점으로 보는 대신 자신의 특별한 능력으로 받아들이게 되었다. 오프라와의 인터뷰에서 어맨다는 자기 경험이 자신을 훨씬 더 강한 작가로 만들어 준 것 같다고 말했다. "시를 통해 영어를 말하는 법을 배우게 되면 소리, 음조, 발음에 대해 크게 깨달을 수 있으므로 나는 내 언어 장애를 약점이나 장애가 아니라 내가 가진 큰 장점 중 하나로 생각합니다." 말을 제대로 하지 못하는 그녀의 약점은 가장 중요한 재능이 되었다. 실제로 그녀는 수백만 명 앞에서 연단에 서서 다른 사람들이 불의에 반대하는 목소리를 내도록 영감을 주었다.

집단 성장

우리가 논의했듯이 트라우마는 개인적인 경험일 수도 있고 집단적인 경험일 수도 있다. PTG도 같은 방식으로 작동한다. 부부, 가족, 지역사회 전체가 함께 고통과 치유의 깊은 곳에 다가가 PTG를 집단으로 경험할 수 있다. 테데스키는 "긍정적인 결과를 만들어 냄으로써 비극을 해결하려고 공동체가 결단을 내릴 수 있다"라고 말했다. 심지어 도시나 국가도 성장을 공유할 수 있다. 이것은 '집단 외상 후 성장collective PTG'이라고 불린다. 다시 말해 고통을 공유하는 사람이나 함께 고통받는 사람이 모여 치유를 나눌 수 있다는 것이다.

허리케인 카트리나 이후 뉴올리언스에서 무슨 일이 일어났는지 생각해 보자. 은퇴한 학교 선생님인 신시아 미첼은 허리케인으로 심각한 피해를 본 곳에 이웃해 살며 경험했던 것을 이메일로 전해 주었다. 그녀는 장기적으로 집이 없는 사람들을 위해 영구적인 주택 지원을 확보하는 것을 돕는 NO/AIDS 대책 위원회의 주요 사례 관리자로 일하고 있었다. 사진작가와 작가로서 활동하면서 그녀는 종종 동네에서 이웃으로 차를 몰고 다니며 주민들을 인터뷰하곤 했다. 카트리나가 강타한 후 그녀는 친구들의 집수리를 도왔고, 허리케인으로 인해 거의 파괴된 이웃의 집을 개인 재산을 털어 고치기도 했다. 미첼은 이렇게 말한다.

카트리나가 지나간 뒤 뉴올리언스에서 일하면서 나는 많은 사람이 집단적 상실을 완화하기 위해 이웃, 친구, 친척, 낯선 사람 같은 타인을 도우러 오는 것을 목격했다. 계급, 인종, 나이, 그리고 생활방식의 모든 경계가 무너지고 가장 중요한 '사람'이 그 자리를 대신하는 것처럼 보였다. 발전기, 샤워기, 식사를 공유하는 것 이상으로 사람들은 동료, 소망, 도움의 손길, 자신의 분투와 생존에 관한 이야기를 공유했다. 위기 직후 언론에 묘사된 것과는 달리 일반 시민들과 주민들은 대부분 자기가 도울 수 있는 일을 하기 위해 모여들었다. 그들은 평범한 일상의 영웅들이었다.

기억하자. 트라우마는 사건 자체에 관한 것이 아니다. 그것은 사건을 목격했거나 그로 인해 고통받은 사람들에게 미치는 감정적, 심리적 영향이다. 자신의 핵심적인 믿음을 깨뜨리는 모든 사건은 세상이 어떻게 돌아가는지, 자신이 어떤 사람인지, 자기가 어떤 삶을 살고 있는지, 어떤 미래를 가지게 될지에 대해 의문을 품게 할 수 있다. 그것이 성장하고 변화할 기회를 줄 수 있다. 가족, 공동체 또는 국가도 마찬가지다. 나는 이 모습을 지난 몇 년간 내가 도운 지역사회에서 수없이 보았다.

내 일을 하면서 나는 사람들이 어떻게 서로를 중심으로 모이는지를 목격했다. 그들은 체계의 변화를 요구하기 위해 함께 항의하고 이웃을 돕기 위해 자원을 모았다. 그들은 이러한 경험이 어떻게 공동체 내의 부러진 상처를 치유하고 함께 성장하도록 도왔는지 나에게 말해주었다.

대리적 PTG

트라우마 후 성장의 놀라운 점은 트라우마를 직접 경험하지는 않았지만 직접 목격한 사람도 개인적 성장을 보고한다는 것이다. 이 현상은 '대리적 외상 후 성장vicarious PTG'이라고 불린다. 성장 과정을 겪고 있는 누군가와 가까워짐으로써 흔히 우리도 함께 심리적, 감정적, 그리고 영적으로 성장하게 된다. 여기에는 무엇보다도 암 생존자의 자녀와 배우자, 참전 용사나 약물 및 알코올 중독과 싸우는 사람의 가족, 의료 종사자 및 트라우마 치료사, 강간, 괴롭힘, 인종차별 또는 다른 형태의 차별을 경험한 사람의 친구나 파트너가 해당한다. 즉 트라우마 생존자의 보호자다.

9·11 테러가 일어났을 때 나는 맨해튼에서 난민들과 뉴욕시 다섯 개 자치구의 소외당하는 사람들을 상담하는 심리학자로 일하고 있었다. 나는 세계무역센터 공격 여파로 생긴 믿기 힘들 정도의 고통과 트라우마를 목격했다. 그리고 믿기 힘들 정도의 성장도 목격했다. 난민이자 이민자로서 나는 그 공동체의 일원이었고 심리학자로서 치료 공동체의 일원이기도 했다. 그 도시에 살며 쌍둥이 빌딩이 무너질 때 공포를 느꼈다. 나는 발생한 일에 연결되어 있었고, 파괴와 상실로 인해 깊은 영향을 받아 막다른 길에 몰린 사람들을 지원

하기 위해 할 수 있는 모든 일을 하리라 다짐했다. 많은 사람이 보여준 강인함과 불굴의 용기를 목격하는 것과 9·11 테러 이후에 일어난 놀라운 변화는 나 또한 변화시켰다.

신화 불식

PTG가 무엇인지 더 이야기하기 전에 무엇이 아닌지 살펴보자. 무엇보다도 PTG는 트라우마에서 발생하는 자동적이거나 즉각적인 결과가 아니다. 역경을 극복하고 성장을 이루기 위해서는 시간과 의지가 필요하다. 트라우마를 처리하는 개인과 함께 작업하는 모든 사람은 PTG가 서두르면 그 사람이 외상을 다시 받을 위험이 있는 과정임을 기억하는 것이 중요하다. 만약 그 사람이 자신의 트라우마를 너무 빨리 또는 강제로 마주하도록 강요받는다면 다가오는 것을 다룰 수 있는 대처 메커니즘을 갖지 못할 것이고 결국 충격적인 경험을 다시 하게 될 수도 있다.

개인적으로 나는 2001년에 이 사실을 배웠다. 쌍둥이 빌딩이 붕괴한 지 며칠 만에 적십자사는 도시에 있는 심리학자들에게 생존자들을 도와달라고 요청했다. 다른 많은 사람과 함께 나는 피해자의 이야기를 청취하거나 자기 이야기를 다시 말하도록 격려하면서 그다음 날과 몇 주를 보냈다. 시간이 지날수록 우리는 이러한 개입이 도움이 되지 않는다는 것을 깨달았다. 상담이 그들을 트라우마로부터 치유될 기회를 만드는 대신에 처음부터 다시 경험하도록 만들었다. 그것은 그들을 지지하는 것이 아니라 또다시 충격을 주는 것이었다. 그 과정은 너무 일렀다. 그들이 아직 트라우마 속에 있었던 것이다.

여기 PTG를 둘러싼 가장 흔한 신화 중 몇 가지가 있다.

신화① 트라우마는 모든 사람에게 동일하다.

어떤 사람도 다른 사람과 같은 방식으로 트라우마를 겪지 않으며 같은 방식으로 재발하지도 않는다. 외상과 그 회복은 주관적이다. 즉 모든 사람은 역경에 직면하는 것, 대처하는 것, 그리고 치유하는 것에 대해 자기만의 개별적인 반응을 한다. 성장의 길은 각각의 경험에 따라 다르므로 존중하고 따라야 한다.

신화② 트라우마에서 좋은 점은 절대 나올 수 없다.

이러한 오해는 트라우마의 증상과 부정적인 결과에만 기반을 둔 의학적 모델에서 비롯된다. 이들은 무엇을 잃어버렸고 무엇이 부족한지에만 초점을 맞춘다. 이러한 모델은 모든 트라우마를 약물요법, 강도 높은 치료, 그리고 종종 입원을 통해 배타적으로 관리되어야 하는 장애로 본다. 그렇게 함으로써 트라우마를 경험한 사람들도 트라우마 후에 지혜와 성장을 경험할 수 있다는 것을 암시하는 일화적인 증거와 전후 자료를 모두 부정한다. PTG는 그것이 가능하다고 믿는 치료사들이 개인, 가족, 지역사회와 작업할 때 항상 보는 것이다.

신화③ 시간은 모든 상처를 치유한다.

이 흔한 구절은 들을 때마다 고개를 젓게 한다. 치유에 대한 잘못된 생각을 가리고 영속시키는 말이다. 상처를 치유하거나 고통과 괴로움을 덜어주는 것은 시간이 아니다. 시간에는 마법 같은 것이 없다. 그냥 시간이 지나가기를 바라는 것만으로는 충분하지 않다. 자기가 가진 시간 동안 무엇을 하느냐가 모든 차이를 만든다. 고통에서 치유로, 그리고 다시 성장으로 이어지는 그 과정을 어떻게 헤쳐나가는지에 따라 방법이 결정된다.

신화④ PTG는 자연스러운 다음 단계다.

꼭 그렇지는 않다. 또한 쉽지도 않다. 그것은 의도와 결단력, 그리고 시간과 노력의 헌신이 필요하다. 그리고 잊지 말아야 할 것은 이 과정은 자체 시간표가 있으므로 서두를 수 없다는 점이다. 치유에는 용기와 연약함, 그리고 그 과정에 대한 어느 정도의 믿음이 필요하다. 이는 기본적으로 우연히 또는 다른 선택이 없어서 자기 삶에 대한 통제권을 포기하는 일종의 항복이다.

신화⑤ PTG는 환상이다.

어떤 사람들은 트라우마 이후의 성장은 단지 주관적인 것이라고 믿는다. 즉 그것은 단지 충격적인 경험을 한 사람의 인식일 뿐이라는 것이다. 사실 PTG가 실제로 일어난다는 것을 증명하는 풍부한 증거가 존재한다. PTG는 우리의 행동을 바꿔서 트라우마를 감추거나 그 증상을 수면 아래로 밀어 넣어 사라졌다고 주장하는 방식이 아니다. 트라우마로부터 성장하는 것은 트라우마를 부정하는 것과 차이가 있고 또한 트라우마가 우리 삶에 만들어 낸 고통과 해리하는 것과도 다르다. 그러한 것은 전환의 반대인 회피와 부정이다. 반대로 성장은 우리가 트라우마를 정면으로 마주하고 그것과 관계를 맺도록 요구한다.

신화⑥ PTG는 단순히 트라우마의 긍정적인 재구성에 불과하다.

모든 것을 긍정적으로 만들고 싶어 하는 심리학적 사고 학파가 있다. "트라우마는 정말 대단합니다! 그것은 우리의 성장에 정말 도움이 됩니다!" 자기 자신을 위해 창조하는 새로운 맥락 안에서 삶을 재평가하려면 의지가 필요하다. 여기에는 충격적인 사건을 조사하고 탐구한 다음 그것을 새로운 삶에 통합하는 것이 포함된다. 이 과정은 험난하고 고통스러우며, 흔히 우리가 새롭게 표면에 떠오르기 전에 바닥에 이를 것을 요구한다.

신화⑦ PTG는 PTSD를 제거한다.

항상 그렇지는 않다. PTG가 꼭 영구적인 상태인 것은 아니다. 지속적인 유지보수가 필요하다. 실제로 테데스키가 말했듯이 비록 반직관적으로 보이긴 해도 PTSD와 PTG를 동시에 경험할 수 있다. 성장을 이끄는 것은 고통과의 투쟁이다. PTG는 점진적으로 가능하다. 예를 들어 여러분은 연인 관계 내에서 트라우마 치료 작업을 시작했다가, 파트너와 더 깊은 이해와 더 건강한 구분선을 가진 관계나 더 사랑스러운 연결 관계로 발전할 수 있다. 그런데도 직장에서의 관계나 부모님과의 갈등 같은 삶의 다른 영역에서는 해야 할 작업이 훨씬 더 많을 수도 있다. PTG는 일직선의 경로가 아니다.

신화⑧ PTG는 회복력과 동일한 것이다.

전혀 그렇지 않다. 트라우마를 극복하는 방법으로 회복력에 관해 이야기하는 것은 매우 인기가 있다. 하지만 회복력은 우리가 역경으로부터 성장하는 것을 돕는 것이 아니라 그것에 대처하는 것을 도와주는 것이다. 회복력은 스트레스가 많은 사건 후에 원래 상태로 되돌아가는 능력을 말한다. 이것은 이러한 사건들을 보다 효과적으로 관리하기 위해 개발된 대처 체계다. 반면에 PTG는 처음부터 시작했던 것 이상으로 성장하고 확장할 기회다. 즉 트라우마에도 불구하고가 아니라 트라우마 때문이다. PTG는 심리학을 넘어 신경과학, 영성, 총체적 치유, 연민까지 아우른다.

회복력	PTG
• 되돌아온다.	• 앞으로 튀어나간다.
• 이것은 성격 특성이 될 수 있다.	• 트라우마의 결과로 발생한다.
• 대폭적인 변화가 필요하지 않다.	• PTG는 개인의 성격을 재정의할 수 있다.
• 회복력이 있는 사람이 모두 트라우마를 경험한 것은 아니다.	• 어느 시점에 강한 스트레스에 노출된 적이 있어야 한다.
• 믿음은 사건에 의해 뿌리까지 흔들리지 않는다.	• 신념이 뿌리째 흔들린다.
• 새로운 신념 체계, 새로운 패러다임을 추구할 필요가 없다.	• 패러다임의 전환을 필요로 한다.
• 회복력이 반드시 성장을 보장하지는 않는다.	• 긍정적인 심리적 발달, 고난이나 역경에 직면한 투쟁의 결과다.
• 회복력은 역경 후의 삶에 대처하는 능력을 가정한 것이다.	• PTG는 사건 전에는 없었던 새로운 행동과 태도를 개발하는 것이다
	• PTG는 어느 수준의 불편함이 있어야 발생할 수 있지만 그에 따른 고통은 시간이 지남에 따라 감소한다.

회복력 대 PTG

사실 때로 회복력은 PTG를 달성할 가능성을 실질적으로 방해한다. 왜냐하면 회복력이 있는 사람들은 자기 트라우마의 영향을 최소한으로 받는 것처럼 보이기 때문이다. 반면에 PTG 과정을 거치는 사람들은 치유와 변화로 가는 과정에서 회복력을 키울 수 있다.

신화⑨ PTG는 우리가 장밋빛 안경을 통해 세상을 볼 수 있게 해준다.

많은 사람이 돌이켜 보면서 자신들의 경험이 '지금까지 일어난 일 중 최고의 일'이었다고 믿고 심지어 감사를 표기하기도 한다. 하지만 그들의 비극과 상실이 고통스럽지 않았음을 암시하는 것은 결코 아님을 기억해야 한다. 『왜 착한 사람에게 나쁜 일이 일어날까When Bad Things Happen to Good People』의 저자인 랍비 해럴드 쿠슈너Harold Kushner는 사랑하는 아들 아론이 열네 살에 죽었을 때 아들의 죽음으로 인해 더 온정적인 상담자, 더 연민을 가진 랍비, 그리고 더 사랑스러운 사람이 되었다고 인정했다. 그러나 그는 또한 "만약 내가 내 아들을 되찾을 수 있다면 나는 그 모든 이득을 단번에 포기할 것이다. 우리가 겪은 경험으로 인해 내게 찾아온 모든 영적 성장과 깊이를 포기하고 15년 전의 내가 될 것이다. 밝고 행복한 소년의 아버지 말이다. 하지만 내게 선택의 기회는 없다"라고 말한다.[4]

이에 대한 또 다른 극적인 예는 1975년부터 1979년까지 캄보디아를 통치했던 폴 포트 정권의 폭력과 대량 학살로부터 도망친 난민 중 몇몇에서 볼 수 있다. 이들은 우리 중 누구도 상상할 수 없을 정도의 트라우마에서 살아남은 사람들이다. 기아, 질병, 끊임없는 고문과 죽음의 위협, 가족 구성원, 문화, 조국의 상실 등. 내가 대화를 나눈 난민 대부분은 그들이 견뎌낸 것과 그 결과 경험한 변화가 매우 분명했다. S. L.이 나에게 "나는 절대 트라우마를 겪는 것을 선택하지 않았을 것입니다. 하지만 그렇게 되었으니 기쁩니다. 그렇지 않았다면 오늘의 내가 되지 못했을 테니까요"라고 말했듯이 말이다.

신화⑩ PTG는 혼자만의 여행이다.

트라우마 이후 새로운 성장을 위한 우리의 가능성과 역량을 믿어야 하지만 치유는 혼자서 할 수 있는 일이 아니다. 우리를 안내해 줄 누군가와 우리가 안전하고 안심된다고 느낄 수 있는 그릇을 제공해 줄 사람이 필요하다. 트라우마는 관계적이고 체계적이며 문화적이다. 그것은 자신, 다른 사람들, 그리고 세상과의 단절의 결과다. 그러므로 치유와 전환은 다시 연결되고 소속감을 찾는 것을 포함해야 한다. 트라우마로부터 성장하기 위해서는 자신이 다른 사람들, 즉 가족, 친구, 그리고 심지어 더 큰 문화적 맥락 안에서 지원받을 수 있어야 한다.

외상으로 인한 성장 : 역설

어떻게 트라우마처럼 끔찍한 것에서 긍정적인 것이 나올 수 있을까? 우리가 겪은 일이 우리를 완전히 파괴했는데 어떻게 힘을 되찾을 수 있을까? 손실에서 이익이 생기고, 병에서 건강이 생기며 약한 것에서 힘을 얻는다. 고립은 연결로 이어지고 우리의 고통은 성장을 가져온다. 빛을 보기 전에 영혼이 어두운 밤을 겪는 것일 수도 있다. 우리가 발견되기 전에 필사적으로 길을 헤매는 것인지도 모른다. 이것이 PTG의 역설이다. 트라우마 전문가이자 『내 안의 트라우마 치유하기Waking the Tiger』의 저자이며 체성 경험Somatic

Experience의 창시자인 피터 레빈Peter Levine은 트라우마는 파괴하는 힘과 변화하는 힘을 가지고 있다고 말한다. 어둠과 절망의 씨앗 속에 생명이 빛으로 피어날 가능성이 살아 있다.

이 역설을 가장 잘 설명하기 위해 내 의뢰인 빌의 이야기를 공유하겠다. 맨해튼 남부에 있는 소방대의 일원이었던 소방관 빌은 자기 일에 열정적이었고 친밀한 팀의 일원인 것을 좋아했다. 2001년 9월 11일 세계무역센터가 붕괴했을 때 자기 경력의 정점에 있었다. 빌은 타워에 갇힌 수천 명의 생명을 구하기 위해 그 지역으로 달려간 다수의 응급구조대(소방관, 경찰관, 적십자 자원봉사자, 그리고 다른 전문가)에 합류했다. 그는 사람들이 창문에서 뛰어내려 죽는 끔찍한 장면을 목격했다. 그라운드 제로로 알려진 곳에는 시체들이 널브러져 있었다. 그의 여러 친구와 동료가 다른 사람을 구하려다 죽었다. 빌은 그 경험으로 심각한 정신적 충격을 받았고 그것이 그를 더 고독하게 했다. 아내, 아이들, 그리고 친구들과 감정적으로 멀어졌다. 그들은 자신이 겪은 일을 결코 이해할 수 없다고 느꼈다. 그는 누구와도 거의 말을 하지 않았고 누가 자신을 만지는 것조차 감당할 수 없었다. 너무 압도적이었다. 그는 술을 많이 마시기 시작했다. 일하러 가는 것도 싫어졌다. 다른 사람들이 우려를 표명했을 때 그는 모든 것이 괜찮다고 주장했다. 빌은 괜찮았다. 아무것도 변한 것이 없었다.

그러던 어느 날 조지 워싱턴 다리 위에 서 있는 자신을 발견했다.

From	To
• 죄책감	• 자기 연민
• 수치심	• 취약함과 수용
• 상실	• 혜택
• 괴로움	• 기쁨과 고통을 동시에 가진다
• 고정적이고 폐쇄적인 사고방식	• 성장하며 개방적인 마인드
• 융통성 없음	• 유연성
• 한 가지 방식으로 외상을 바라본다	• 다양한 시각과 관점을 갖는다
• 자신과 타인을 비난한다	• 자아와 타인에 대해 전적으로 수용한다, 자기애
• 무시 및 거부 반응	• 검증과 자기 위로
• 반응적	• 행동하고 의식적인 결정을 내린다
• 반복하기	• 보수하기
• 주기를 반복함, 강박적인 반복, 부적응적인 대처 메커니즘을 반복한다	• 고치기, 새로운 행동, 새로운 신념, 새로운 패러다임을 만든다
• 과거의 트라우마, 조상의 트라우마, 세대 간의 트라우마를 안고 반복한다	• 과도기적 성격이 되고 트라우마의 순환을 깨고 그 순환을 멈춘다

• 새로운 이야기, 새로운 정체성, 새로운 경로를 생성한다
• 트라우마 반응에서 벗어나 진정한 의미의 가치를 바탕으로 더 많은 반응의 자유를 누린다

트라우마에서 성장으로

그는 죽고자 했다. 아무런 힘도 남아 있지 않았다. 삶은 아무런 의미가 없었으니 그는 뛰어내릴 준비를 했다. 그런데… 그는 뛰어내리지 않았다. 무언가가 빌을 오랫동안 멈추게 했고, 결국 그는 도움이

필요하다는 것을 깨달았다.

역설적으로, 그를 거의 파괴한 것이 결국 그를 구했다. 우리의 협력을 통해 빌은 천천히 고통스럽게 PTG의 5단계를 헤쳐나갔고 그는 치유가 자신을 공동체에서 분리하는 것이 아니라 연결을 재정립하는 데 달려 있다는 것을 깨달았다. 그의 개인적인 치유가 그 공동체의 집단적인 치유와 결부되어 있다는 사실이었다. 빌은 자신처럼 트라우마를 겪고 있는 다른 소방관과 응급구조원에게 연락했다. 그는 동료 응급구조사들의 지원과 이해를 경험하면서 고통을 극복할 수 있다고 믿었다. 결국 그 과정은 9·11 테러의 공포를 겪으며 살았던 모든 전문가와 이웃을 위한 확장된 도심 지지 공동체를 만드는 데로 빌을 이끌었다. 자신의 성장과 전환을 통해 빌은 주변 사람들의 고통과 고난을 변화하도록 도울 수 있었다. 그는 다른 사람들을 도울 수 있다는 사실에서 새로운 힘과 목적을 발견했다.

PTG의 차원

나는 누구나 PTG의 단계를 거쳐 자신과 타인, 그리고 주변 세계와 더 깊이 연결된 개인적인 힘을 가지고 다시 나타날 수 있다고 믿는다. 따라가기 쉬운 길은 아니겠지만 할 수 있다. 우선 PTG가 가능하다는 것을 알아야 하고, PTG를 이해하고 제공하는 트라우마 인지 치료사, 촉진자나 멘토와 협력해 가족, 친구, 지역사회의 지원을 받으며, 그리고 당연하게도 기꺼이 불 속으로 뛰어들어 트라우마의 상처를 태워버리고 다시 태어나야 한다.

그렇다면 PTG는 어떤 모습처럼 보일까? 1990년대에 테데스키와 캘훈은 삶에 대한 감사, 개인적인 힘, 다른 사람들과의 관계, 새로운 가능성, 그리고 영적인 변화를 포함하는 다섯 개의 '성장 영역domains of growth'을 확인했다. 이것은 오늘날에도 여전히 사실인 것처럼 보인다. 나는 항상 상담 중에 그러한 성장의 증거를 본다. 내 연구와 임상 경험의 관점에서 이러한 영역을 살펴보자.

삶에 대한 감사

유대인의 윤리적 가르침을 담은 책인 『조상들의 교훈Pirkei Avot』에는 다음과 같이 번역할 수 있는 속담이 있다. 부자는 누구일까? 자기 몫을 기뻐하는 자다. 즉 자신이 가진 것에 만족하는 사람이다. 삶에 대한 깊은 감사가 있는 사람이다. 충격적인 사건을 겪은 다음 다른 쪽으로 나오면 모든 것이 더 밝고 매력적으로 보인다. 사람들은 흔히 감사나 기쁨, 그리고 행위에 대한 고조된 감각과 자기 삶을 최대한 활용하려는 새로운 헌신을 경험한다. 심지어 숨 쉬기나 먹기, 친구들과 어울리기 같이 이전에 당연하게 여겼던 것에 대해서도 매우 감사한다. 일상적인 작은 도전은 더 이상 큰 문제가 아닌 것 같다. 그들은 즐거움을 경험하고 현 순간에 머무는 것이 더 쉽다는 사실을 발견한다. 더 큰 자신감과 명확성을 가지고 있고 자기가 트라우마에서 살아남았기 때문에 자기 앞길에 다가오는 모든 것을, 심지어 미래의 트라우마까지도 다룰 수 있다는 것을 알고 있다.

개인적인 강인함

흥미롭게도 누군가가 트라우마 후에 성장을 경험하게 되면 세상은 덜 무서운 곳이 된다. 나는 상담을 받던 사람들이 "이것에서 내가 살아남았다면 이제 무엇에서든 살아남을 수 있어요!"라고 하거나 "내가 이렇게 강한 줄 몰랐어요! 이젠 아무것도 날 막을 수 없습니다!"라고 말하는 것을 듣는다. 이러한 정서는 개인적인 지옥을 겪고 살아남은 사람들에게 그리 드문 일이 아니다. '어려움을 겪고 나면 더 강해진다What doesn't kill you makes you stronger'라는 옛 격언과 같다.

우리는 모두 위기에 처한 사람들에게 강인함과 용기의 초인적인 위업에 대해 들어본 적이 있다. 이는 아이가 밑에 갇혔을 때 차의 뒷부분을 들어 올리는 유명한 이미지로 대변된다. 자녀가 아프거나 큰 위기에 처한 부모들과 상담할 때 그들은 나에게 자기가 신체적으로나 감정적으로 강한 것과 어려움을 침착하게 대처할 수 있는 것이 놀랍다고 말한다. 전쟁이 일어난 지역에서 피난하는 사람들, 침입자를 물리친 사람들 또는 파괴적인 화재에서 살아남은 사람들은 흔히 자기가 어떻게 그 일을 해냈는지 모르겠다고 보고한다. 하지만 그들은 이제 해야 할 일을 할 수 있는 자기 능력에 대해 믿음

을 갖게 되었다. 그들이 경험하고 있는 힘은 보통의 일상적인 힘이
아니다. 그것은 자기 초능력이며 가장 필요할 때 표면에 나타나는
일종의 강인함이다.

심지어 일상생활에서도 생존자들은 마침내 자신이나 가족을 옹
호하고 삶을 통제할 힘을 갖게 되었다고 느끼기도 한다. 어떤 사람
들은 PTG를 경험한 후에 취약함과 여린 마음을 기꺼이 인정한다는
것을 발견한다. 항상 강한 것이나 깨지지 않는 것이 더는 자기에게
도움이 되지 않는다는 점을 배운 것이다. 그들의 경험은 취약성 안
에 힘이 있다는 사실, 그리고 우리가 모두 불안정하고 서로에게 필
요하다는 것을 인정하는 능력에 강점이 있다는 사실을 가르쳐 주
었다.

다른 사람과의 관계

트라우마는 종종 사람들이 자신의 취약성을 인식하고 다른 사람
들에게서 같은 것을 볼 수 있도록 도와준다. 나는 이것을 공감 훈련
이라고 생각하고 싶다. 이것으로 친밀감에 더 편안해지며 좀 더 깊
은 의식 수준에서 다른 사람들과 더 쉽게 연결할 수 있게 된다.

기억하자. 트라우마에 빠져 있을 때 우리는 자신과 다른 사람들
로부터 단절되고 분리된다. 반면에 PTG에서 우리는 새로운 소속감
을 느끼게 되고, 다른 사람들의 감정과 필요에 더 민감해지며, 우리
가 사랑하는 사람들과 더 연결된다. 이와 다르게 피상적인 관계에

서는 다시 사람들 곁에 있는 것을 즐기기 시작하면서도 더 이상 흥미를 느끼지 못할 수도 있다. 이것이 진화하면 더 이상 목적을 달성하지 못하고 더 이상 기쁨이나 좋은 기분을 가져다주지 않는 오래된 우정을 버릴 필요를 느낀다. 물론 이런 일이 항상 곧바로 일어나는 것은 아니지만 완전히 새로운 친구들에게 둘러싸이는 현상이 드물지 않다.

공감은 반드시 아는 사람들에게만 국한되지 않는다. 다른 사람들의 분투에 더 민감해지고 그들의 고통을 인정하는 것의 중요성을 인식할 수도 있다. 거리에서 누군가를 만나거나 가게 주인이나 필수 노동자들과 교류할 때 (판단하려 하거나 비판적으로 되는 것이 덜해지고) 좀 더 연민을 갖게 된다. 다른 사람들이 자신만의 트라우마를 겪고 있을 수 있다거나 그들에게 일어난 어떤 일 때문에 특정한 방식으로 반응할 수도 있다는 것을 깨닫는다.

나는 고통스러운 경험을 한 젊은 남녀들과 상담할 때 트라우마 이후의 삶에서 다른 사람들과 정직하게 연민 의식을 나누는 것의 중요성과 친구나 헌신적 관계의 의미를 좀 더 밖으로 표현하는 것의 중요성에 놀라곤 한다.

때로 자기만의 투쟁을 겪고 나면 다른 사람들과 경험을 공유해서 비슷한 환경을 가지고 다른 사람을 돕는 동기가 생기기도 한다. 이러한 상호작용은 상호지원 프로그램이나 지역사회 활동 또는 더 큰 운동의 기반을 형성할 수 있다.

트라우마, 극복의 심리학

새로운 가능성

성장은 얼마나 돈을 많이 버는지, 또는 성취한 성공에 대해 얼마나 많이 인정받는지에 관한 것이 아니다. 그것은 우리의 관계를 자신, 공동체, 그리고 세계로 바꾸는 것에 관한 것이다. 삶의 질에 관한 것이자 인간으로서 자신이 누구인지, 그리고 주변 사람들과 관계 안에서 자신이 누구인지에 관한 것이다. 개인적인 삶에서뿐만 아니라 직업적인 삶에서도 새로운 기회에 열려 있기도 하며 앞으로 다가올 가능성을 더욱 명확하게 보기도 한다. 개방적으로 되는 것은 삶의 궤적을 바꿀 수 있게 해준다. 왜냐하면 삶이 더 이상 예전과 같지 않고 자신도 같은 사람이 아니기 때문이다. 겪은 일을 통과하면서 이제 무엇이든 성취할 수 있고 뛰어넘지 못할 장애물은 없다고 느낀다. 장애물 대신 기회를 본다. 흥분의 감각은 불안을 대체하고 두려움은 창의성과 기쁨에 자리를 내준다. 무엇이 가능한지에 대한 비전을 계속 확장한다.

PTG를 겪고 나면 자신이 누구인지에 대한 정의가 바뀐다. 자기 우선순위와 좀 더 일치하는 새로운 별도의 가능성을 고려하기를 열망하게 된다. 이 가능성은 더 진정성이 있고 더 자기처럼 느껴진다. 진정으로 중요하지 않은 것들에 삶을 낭비하는 것은 끝나게 된다.

영적인 변화

트라우마는 종종 삶의 의미와 영적 각성의 중요성에 대한 근본적인 질문을 불러일으킨다. 역경을 겪고 나면 생존이 성장하고 변화할 수 있는 두 번째 기회, 즉 또 다른 기회라는 은혜를 받은 것처럼 느껴질 수 있다. 사람들이 PTG로 이어지는 단계들을 겪을 때 그들은 필연적으로 삶이 더 새롭고 더 높게 연결된 듯한 일종의 개방을 경험한다. 자신이 훨씬 더 큰 무언가의 일부라는 것을 이해하기 시작한다. 주변의 모든 것과 연결되어 있고 물질적인 편안함을 넘어서는 더 영적인 관점을 얻는다.

나는 상담을 하며 사람들을 몸과 마음, 정신, 삶의 다른 사람들, 그리고 세상에 더 의식적이고 사랑스럽고 연결된 관계로 이끄는 외상 후 영적 각성의 수많은 예를 본다. 때로 어떤 이들은 각성을 경험할 때 어린 시절의 종교로 돌아가거나 새로운 신앙을 탐구한다. 어떤 이들은 명상이나 기도를 통해 내면으로 향하거나 동료 탐구자들과 공동체가 됨으로써 새로운 영적 연결을 추구한다. 또 다른 사람들은 더 큰 공동체와 지혜를 공유하기를 열망하며 사심 없는 봉사에 끌린다. 이러한 지혜는 흔히 사람들이 삶에 대해 배운 것을 목격한 뒤에 다른 사람들에게 전달할 수 있도록 자기 과거 경험에서 의미를 도출하게 해주며 심지어 이에 따라 삶이 더 풍부해지기도 한다.

성장의 길

나는 충분한 지원과 결단력, 그리고 그 과정에 전적으로 헌신함으로써 누구나 PTG를 이룰 수 있다고 굳게 믿는다. 하지만 그것이 자동적인 단계가 아니며 길고 힘든 여정이 될 수 있다는 것도 알고 있다. 무엇이 과정을 쉽게 하고 무엇이 그것을 억제하며 발생 가능성을 낮추는가? 무엇이 어떤 사람들에게는 그것을 어렵게 하고 다른 사람들에게는 그렇지 않게 하는가? 무엇이 방해되고 트라우마에서 성장으로 나아가는 능력을 향상시키기 위해 무엇을 할 수 있을까? 다음 장에서는 PTG로 전환하는 능력을 강화하거나 방해할 수 있는 몇 가지 변수(내가 '유동적 요인floating factors'이라고 부르는 것)에 대해 알아보겠다.

4장 —
유동적 요인

바야흐로 꽃봉오리 안에서 꽉 붙잡고 있는 것
이 꽃으로 피어나는 것보다 더 위험한 때가
되었다.

- 아나이스 닌

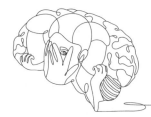

지난 장에서 말했듯이 PTG는 자동적인 것이 아니다. 시간과 노력,
그리고 지속적인 헌신이 필요하다. 트라우마에서 PTG까지의 여정
은 알려진 것에서 미지의 것으로, 심리적 죽음에서 다시 태어남으
로, 그렇게 우리가 완전히 전환되어 집으로 다시 돌아올 때까지 데
려간다. PTG의 과정은 초기 외상과 다른 스트레스 경험을 진정으
로 바라보게 하는 초대장이다. 질병이나 장애의 증상이 아니라 의
식과 의식을 갖게 하는 방법으로서 말이다.

모든 사람이 PTG가 필요로 하는 모든 불편함과 도전을 겪을 준
비가 되어 있거나 심지어 관심이 있는 것은 아니다. 그것은 괜찮다.
이해할 수 있다. 어떤 사람들은 충격적인 경험을 뒤로하고 자기 삶
을 계속하기를 원할 수 있다. 어떤 이들은 회복력을 높이는 데 더

관심이 있다. PTG 발생 가능성을 높일 수 있는 특정 변수와 감소시키는 일부 변수가 있다. 내가 여기서 말하는 것은 완전히 전환하여 PTG로 옮겨 갈 가능성을 개선하거나 저해하는 변수들이다. 나는 이것을 '유동적인 요인'이라고 부른다. 왜냐하면 이들이 어떤 때는 성장을 촉진하지만 때로는 그렇지 않기 때문이다. 때로 이 요인들은 다른 요소와 결합하여 그 요소를 더 보호하기도 하고 반대로 더 방해하며 다른 요소들과 얽히기도 한다.

이 변수 중 많은 것이 수년간 연구되었다. 1980년대 초, 유년기 트라우마에 초점을 맞춘 연구를 수행한 미국의 행동과학자 노먼 가르메지Norman Garmezy는 트라우마의 결과에 영향을 미친다고 믿는 일련의 '보호 요인protective factors'을 고안해 냈다. 그는 이러한 요인을 세 가지 범주로 분류했다. 개인에게 내재한 것, 가족 내에서 이용할 수 있는 사람들, 그리고 더 큰 공동체에 있는 사람들이 그것이다. 비록 그의 연구의 대부분이 유년기 트라우마에 초점을 맞췄지만 이러한 요소는 모든 연령대의 사람들에게 영향을 미칠 수 있고 인종, 사회 계층, 그리고 지리적 경계를 초월하는 것처럼 보인다. 어떤 것도 미래의 트라우마로부터 누군가를 보호할 수는 없지만(트라우마는 인간 경험의 일부다) 몇몇 변수들은 우리가 건강한 방식으로 자신에게 닥치는 모든 것을 만나는 데 도움을 줄 수 있다. 트라우마는 관계적이고 맥락적이며 치유 과정도 마찬가지라는 것을 기억하는 것이 중요하다. 실제로 보호 요인 중 하나는 가족과 사회적 지원이다. 보살핌을 받는다고 느낄 때, 안전하게 지켜줘야 할 사람들을 믿을 수 있을 때, 안정 애착을 경험할 때, 우리는 외부 세계에 대한 일정한 완충재, 즉 타격을 부드럽게 하거나 부드러운 착륙을 시켜줄 쿠션을 가지게 된다. 이는 마치 '혼자 할 필요 없이' 보호자의 품에 안기거나 지역사회의 사랑과 관심을 받는 것과 같다.

회복력이 있고 외향적이고 호기심이 많고 감정을 조절할 수 있고 기꺼이 도움을 요청하고 새로운 경험에 열려 있는 것과 같은 특정한 성격 특성은 특히 어린 시절에 우리에게 유리하게 작용한다. 강한 소속감과 더불어 좋은 대인관계와 가족 단위 밖의 사회적 지원 체계도 유익한 것으로 나타났다. 우리는 이 장에서 이러한 유동적인 요소 중 많은 것을 다룰 것이다. 하지만 먼저 대부분의 사람에게 친숙한 개념인 회복력부터 시작해 보자.

회복력 : 양날의 검

세상이 위험하고 예측할 수 없는 곳으로 보일 때 자연스럽게 사람들은 살아남기 위해 무엇을 할 수 있는지 알고 싶어 한다. 그들은 근성을 개발하기를 원하고 행복을 선택하는 법을 배우며 회복력을 키운다. 어려움에서 빠르게 회복할 수 있는 능력인 회복력은 우리가 충격적인 경험으로 인한 폭풍을 이겨내도록 돕고 삶을 다시 시작하는 데 필요한 대처 능력을 줄 수 있다. 그러나 역설적으로 회복

트라우마, 극복의 심리학

력이 PTG 과정으로 들어가는 것을 차단할 수도 있다. 그렇다면 어느 것일까? 회복력이 트라우마를 치유하고 변화시키는 능력을 향상하는 것일까, 감소시키는 것일까? 인간의 본성과 관련된 대부분처럼 그것은 상황에 달려 있다.

아니타와 달리아는 가족에게 매우 스트레스를 주는 사건이 일어난 후 나를 만나러 온 자매다. 그들은 아버지가 불안정하고 자기중심적이라고 여겼다. 아버지는 어머니를 신체적으로 그리고 감정적으로 학대했고 다른 여자들과 반복적으로 바람을 피웠다. 마침내 그는 몇몇 불법적인 사업 거래에 휘말려 본국으로 다시 추방되었다. 학대받고 의기소침해진 어머니는 남편과 부모에게 완전히 의존하고 있었다. 어머니는 자기 행동이나 감정에 대해 어떠한 책임도 지지 않았다. 여러 면에서 그녀는 어린아이 같았다.

아버지가 추방된 후 어머니는 본인을 챙기는 게 우선이라고 결정하고 각각 열여덟 살과 스무 살인 아니타와 달리아를 버렸다. 그들은 스스로 상황을 해결하도록 방치되었다. 비록 자매는 둘 다 거의 와해된 가족에서 자랐지만 그들의 반응은 매우 달랐다.

열여덟 살이 된 아니타는 아버지에 대해 책임감을 느꼈다. 그녀는 가능한 한 자주 그를 방문하기 위해 여행도 하고 아버지를 다시 미국으로 데려오기 위해 지치지 않고 변호사들과 일을 추진했다. 아버지는 아니타에게 전화를 반복하며 자기가 외로우니 자주 방문해 달라고 요구하고 혼자 있는 것이 힘들다고 불평했다. 6개월 안에 아니타는 조현병을 겪었다. 모든 트라우마와 책임감, 그리고 아버지의 요구가 그녀를 궁지에 몰아넣었다. 아니타는 붕괴의 모든 증상을 보였다. 화를 내고 반항적이고 자기 행동을 통제할 수 없었으며 아버지와 언니를 포함한 모든 사람과 싸웠다. 그녀는 결국 병원에 입원하고 약을 먹게 되었다. 도움을 청하기 위해 여러 치료사의 도움을 받았지만 모두 그녀에게 정신 질환이 있다고 진단했다. 아니타가 나를 보러 왔을 때 그녀가 정신적 충격을 받은 것은 분명했다. 하지만 정신병자는 아니었다. 정신적으로 아픈 것이 아니었다. 그녀는 인생의 가차 없는 트라우마로 인해 상처를 입었다. 아니타는 자신의 감정과 완전히 맞대고 있었으며, 모든 것을 느끼고 있지만 감정을 처리할 도구가 없었다. 그녀는 매우 천천히, 두렵지만 희망적인 PTG의 첫 단계로 접어들기 시작하고 있다.

그사이 달리아는 잘 지내고 있었다. 대체로 회복력이 있어 잘 대처해 나갔다. 그녀는 아니타를 돕기 위해 잠시 노력했지만 자기 삶에 집중하기를 더 원했다. 아버지가 불안정하고 부재중이며 어머니도 무용하다는 것을 알고 있다고 말했다. 그들의 한계를 받아들였고, 달리아는 그것을 감당할 수 있었다. 달리아는 두 사람 모두에 대해 별로 생각하지 않았다. 그녀는 자기 차선에 머물면서 가족에 관여하지 않았다. 많은 친구가 있었고 곧 결혼하기를 희망하는 새 남자친구도 있었다. 믿을 수 없을 정도로 회복력이 뛰어나 가족이 제대로 기능하지 못하는 것에 대해 고민할 이유가 별로 없다고 생각했다. 그녀는 잘 헤쳐나가고 있었다. 아니타는 달리아가 일단 결혼하면 무너질까 봐 두려워한다. 확실히 그럴 가능성도 있다. 아니면 달리아는 계속 잘 지낼 수도 있다.

회복력은 부인할 수 없이 트라우마 회복에서 중요한 역할을 한다. 나는 그것을 얕잡아 볼 생각이 없다. 회복력은 흔히 사람들을 불안과 만성적인 스트레스로 옴짝달싹 못 하게 되는 것으로부터 보호하고 다시 우울증이나 자기 파괴적인 행동으로 빠져들거나 PTSD에 갇히는 것을 막는다. 회복력이 있는 사람들은 유사한 도전에 직면한 다른 사람들이 겪는 전형적인 장애를 경험하지 않고도 엄청난 요구에 성공적으로 대처할 수 있다. 가족, 공동체, 그리고 문화 또한 회복력이 있을 수 있다. 이러한 회복력은 서로를 지원하고 지도력을 강화하고 더 큰 안정성을 키우며 핵심 목적과 미래 목표에 집중할 수 있는 수단과 도구를 제공한다. 나는 확실히 베네수엘라에 있는 이민자 공동체에서 이 능력을 직접 목격했다.

요즘은 모든 사람이 회복력에 관해 이야기하는 것 같다. 회복력에 관한 책도 나왔다. 이 주제를 중심으로 워크숍과 TED 강연도 열린다. 이 모든 것은 우리에게 회복력이 좋은 것이라고 말해준다. 물론 그럴 수 있다. 회복력에는 많은 이점이 있다. 그렇다면 PTG를 위해 회복력이 반드시 필요할까? 꼭 그렇다고 할 수는 없다. 이를 설명하기 전에 먼저 용어부터 정의해 보자.

무엇보다도 회복력은 PTG와 같지 않다. 회복력은 되돌아오는 것이지만 PTG는 트라우마 이전 상태를 넘어 솟구치는 것이다. 회복력은 우리가 계발하는 기술이지 우리가 경험하는 것이 아니다. 그것은 역경에서 빨리 회복하는 능력이자 트라우마, 고난, 그리고 중대한 어려움 앞에서 강인해지는 능력을 말한다. 회복력은 생물학적, 심리적, 사회적 요인들의 조합에서 나오는 기술이 집적된 것으로서 급성 혹은 만성적인 스트레스의 영향을 줄이고 우리가 삶의 도전에 적응할 길을 찾도록 북돋는다. 사람들이 굳건하고 긍정적인 관계와 적절한 자존감을 가지고 있으면 과거에 연연하거나 자기 단점 때문에 다른 사람을 비난하거나 자신을 무력한 희생자로 볼 가능성이 낮아진다. 나는 임상심리학자이자 외상 치료사로서 환자들과 상담하면서 이런 일이 일어나는 것을 수없이 목격했다.

몇 년 전 나는 미란다라는 젊은 여성을 상담하기 시작했다. 그녀의 어머니는 미란다가 결혼하고 약 1년 후에 돌아가셨다. 하지만 어머니에 관해 이야기하려고 치료받으러 온 것은 아니었다. 미란다는 결혼 문제에 관해 이야기하러 왔다. 그녀와 남편은 의사소통에 어려움을 겪고 있었고 자녀 네 명을 가지고 있다는 사실로 인해 더 힘들어졌다고 그녀는 말했다. 그녀는 자신의 불안감과 간혹 겪게 되는 공황 발작에 관해 이야기했고 신경을 진정할 수 없을 때 어떻게 해야 하는지에 대해 조언을 원했다.

몇 차례의 만남 후에 미란다는 거의 뒤늦게 생각난 것처럼 어머니가 돌아가셨다고 언급했다. 더불어 어머니와의 친밀한 관계, 갑작스러운 그녀의 죽음, 그리고 그것이 자기에게 어떤 영향을 끼쳤는지까지 이야기했다. 그녀는 항상 어머니에게 매우 큰 애착이 있었다고 말했다. 어머니는 미란다의 삶에서 큰 존재여서 마치 어머니가 우리와 함께 방에 있는 것처럼 느껴질 정도였다. 그녀는 어머니에 대해 말하면서 어머니가 삶에 대해 어떻게 생각했는지, 이런 상황이라면 무엇을 했을지 떠올렸다. 가족 모두 어머니를 사랑했고 다들 그녀의 죽음에 크게 동요했다.

상실의 강렬함에도 불구하고 미란다는 자신이 무너지는 것을 허용하지 않고 삶의 모든 것에 완전한 열정과 존재감으로 몰두했다. 미란다는 아버지처럼 높이 평가받는 의사이자 어린아이들의 어머니가 되었다. 보수적인 가정 출신인 그녀는 요리, 청소, 육아, 일정 등 모든 것을 돌보았다. 그녀는 가끔 일상적인 일에 너무 무력한 남편이 다섯 번째 아이에 더 가깝다고 농담을 했다. 환자, 가족, 심지어 자신을 위해서도 매우 실용적인 방법을 찾아낼 수 있었다. 미란다는 해결책 지향적이고 무슨 문제든 정말 처리할 수 있어서 자신이 처리할 수 없을 정도로 큰 문제 따위는 존재하지 않았다. 게다가 불안감이 그녀의 능력을 능가할 때 미란다는 그 불안이 어디에서 왔는지 탐구하는 것에 별로 관심이 없었다. 대신에 그녀는 감정을 관리하고 정상으로 돌아갈 수 있는 유용한 방법을 나에게 듣길 원했다. 여러 측면에서 미란다는 자신이 어른스럽다고 느끼므로(즉 자기감정을 더 잘 이해하고 공유할 수 있으므로) 과거에 지나치게 깊게 들어가 상황을 뒤흔드는 목적을 이해하지 못했다. 그녀는 차라리 현재에 집중하고 미래를 바라보고 싶어 했다.

미란다는 내가 회복력이 있다고 부르는 사람이다. 그녀는 어떤 면에서 회복력의 화신이다. 회복력이라는 말은 라틴어 *resilire*에서 유래하며, '움츠러들다, 튀어 오르다, 다시 튀다'라는 의미다. 그녀는 역경에서 회복하는 능력을 확실히 보여주었다. 미란다는 일반적인 회복력의 동의어인 '성격의 강인함, 단단함, 적응력'의 면면을 보여주었으며 자기가 창조한 삶을 마음에 들어 했다.

회복력은 우리가 비극을 견디고 동요하지 않도록 해준다. 그것은 우리가 삶에서 균형을 찾도록 돕고 고통이 근접하지 못하게 해주기도 한다. 그런 점에서 회복력은 실로 트라우마를 다루는 긍정적인 요소다. 미란다처럼 회복력이 있는 사람들은 종종 사회에서 매우 성공적인 구성원들이며 탁월함을 추구하고 자기 트라우마가 먼 기억이 되었거나 오래전에 치유되었다고 확신한다. 그들은 낮은 수준의 우울증과 불안을 겪을 수도 있고 감정적인 좌절을 겪거나 충격적인 기억을 경험할 수도 있다. 하지만 그 어떤 것도 그들이 인생을 잘 살아가는 데 방해가 되지는 못한다. 회복력은 외상에서 회복해 정상적인 삶을 살고 PTSD의 고통에 빠지지 않게 하는 중요한 능력이다.

회복력의 역설

회복력이 트라우마 회복에서 중요한 만큼 전환에서도 중요한 걸림돌이 될 수 있다. 회복력은 실제로 우리가 PTG로 나아가는 것을 막을 수 있다. 왜 그럴까? 그 이유는 회복력이 있는 사람들은 적응력이 있고 역경에 대처할 수 있기 때문이다. 그들은 좋은 대응 기술을 가지고 있다. 회복력은 항상성을 가지게 해주므로 비극이 닥치기 전의 우리가 있던 자리로 돌아갈 수 있게 해준다. 이것은 자신과 사랑하는 사람들이 미래의 고통에서 면역을 얻는 방법이다. 실수하지 말아야 할 것은 회복력이 역경에 대처하고 삶을 살아가는 데 많은 사람에게 도움을 준다는 점이다. 이는 좋은 일이다. 회복력이 하지 못하는 일이 있다면 바로 우리가 겪은 일로 인해 그 경험에서 성장하고 변화하고 심지어 번영할 기회를 허용하는 것이다. 회복력은 그 어느 때보다 강해지고 자기 고통을 중요하게 하고 더 큰 의미와 목적을 촉진하고 증진하며 정서적으로나 영적으로 성장하는 것을 하지 못하게 한다. 즉 PTG를 경험하지 못한다.

흔히 회복력이 있는 사람들은 내 PTG 모델의 처음 두 단계(그들이 고통을 겪고 있고 치료나 다른 형태의 지원으로부터 혜택을 받고 있다는 것을 인정하는 것)를 통과하고 그 후에 빠르게 정상으로 돌아갈 수 있다. 긍정 심리학과 사회적인 기대는 사람들이 그렇게 하도록 격려한다.

하지만 이것은 PTG가 작동하는 방식이 아니다. 그 과정은 우리에게 아주 급진적이고 종종 꽤 충격적인 것을 요구한다. PTG 과정을 거치는 사람들은 부서진 느낌과 쉽게 회복할 수 없다는 감정에서 시작한다. 치유 과정의 첫 단계 시작부터 PTG는 우리가 자기 고통을 인정하지 못하게 하는 장벽을 허물고 그 고통을 전적으로 받아들일 것을 요구한다. 사람들은 갈기갈기 찢어지고 뿌리까지 흔들리기 전까지는 성장하고 변화하는 것을 시작하지 못한다. 회복력의 정의는 '되돌아오고 적응하며 강인하면서도 유연하고 견고하게 강한 능력'이다. 영혼을 뒤흔드는 정도의 심리적 지진은 허용되지 않는다. 회복력은 질서를 갈망한다. 전환은 깔끔하지 않다. 감정은 와해하고 무질서하며 혼란스럽다. 이 감정을 표현하거나 심지어 이름을 짓는 것도 쉽지 않다. 하지만 감정이 표면화하게 허락하지 않을 때 우리는 자신이 겪고 있는 바로 그 경험을 방해하거나 가로막게되며 슬픔, 두려움, 또는 우울함이 표현되는 것을 허용하지 않게 된다. 전환은 가능한 것을 다시 상상하기 위해 예전의 것을 산산조각내도록 요구한다. 고통 속에서 성장하고 다시 태어나도록 헌신하는 것이다. 그러나 이 일은 우리가 의식적으로 그리고 전적으로 자기 고통을 받아들이지 않는 한 일어날 수 없다.

비록 회복력이 있는 사람들이 종종 외상 후에 꽤 높은 수준에서 기능을 계속할 수 있지만 그들의 외상은 묻히고 해결되지 않은 채로 남을 수 있다. 이는 그것이 밝혀지고 처리되어야 할 때 다시 나타날 수 있음을 의미한다. 때로 그것은 가장 예상하지 못했을 때 일어날 수 있다. 즉 그 초기 사건과 무관해 보이는 무언가가 묻혀 있는 트라우마를 촉발하고 벼랑으로 내몰 때 발생한다. 그러한 일은 아이를 가졌을 때나 어렸을 때로 되돌아갈 수 있는 곳을 여행할 때, 아니면 기억 속의 예전에 듣던 노래를 들으면서도 생길 수 있다.

이것은 믿을 수 없을 정도로 회복력 있고 능력 있는 40대 초반의 여성인 내 환자 이사벨에게 일어난 일이기도 하다. 그녀는 둘째 아이가 태어난 직후에 나를 만나러 왔다. 이사벨은 극도로 우울했고 이를 '불안한 혼란'이라고 표현했다. 차차 이야기를 나누면서 그녀가 생각했던 것처럼 산후우울증을 앓고 있는 것이 아니라 오랫동안 잊고 있었던 어린 시절의 경험과 관련된 트라우마 반응으로 인해 고통받고 있다는 것이 우리 둘에게 분명해졌다.

이사벨은 15년 전에 혼자 미국으로 이민을 했고 언어도 거의 몰랐으며 대학에서 경제학을 공부했다고 말했다. 감정적으로 소통할 수 없는 어머니와 복잡한 관계를 맺고 있었지만 이민을 떠날 때 그녀는 그 모든 것을 과거지사로 돌렸다. 그녀는 이민한 나라에서의 삶을 사랑했다. 졸업 후 곧 훌륭한 직업을 찾았고 결혼하게 될 남자도 만났다. 가정을 꾸리고 처음 아이를 갖기 위해 고군분투한 후 이사벨은 어린 소녀 다니엘라를 낳았고, 그녀와 남편은 안정적이고 사랑스러운 가정을 만들기 위해 열심히 노력했다. 다니엘라가 다섯 살이었을 때 이사벨은 다시 임신했다. 출산 예정일이 가까워지면서 그녀는 다니엘라를 돌보는 데 추가적인 도움이 필요하다는 것을 깨달았다. 어머니에게 연락해 자기를 도와준다면 미국으로 오는 여비를 지급하겠다고 제안했지만 어머니는 받아들이지 않았다. 이사벨은 적어도 아기가 태어나기 전까지는 와달라고 애원했다. 하지만 언제나 그러했듯이 어머니는 이사벨의 부탁을 우선순위로 삼기를 거부했고 여러 번의 우여곡절 끝에 끝내 나타나지 않았다.

이사벨은 아기 제시의 출산과 어머니의 거부가 자신을 우울증과 불안에 빠뜨렸다는 것을 인정했다. 제시를 품에 안는 데 어려움을 겪었고, 발가벗은 몸을 만지는 것도 어색했으며, 모유 수유조차 불편했다. 다니엘라를 키울 때는 없었던 일이었다. 그러던 어느 날 오후, 모유 수유를 준비하던 그녀는 불편한 회상을 했다. 한 남자의 모습이다. 그녀는 네다섯 살 정도의 어린 소녀였고 가족 친구의 집 놀이방에 있었다. 방에 들어와서 그녀의 온몸을 만지는 그 남자. 이사벨은 그날에 대해 다른 것은 아무것도 기억하지 못한다고 말했다. 그 일에 대해 어머니와 이야기하려고 했을 때 어머니는 말을 끊고 그것에 대해 논의하기를 거부했다. 모든 조각들을 조립하기 시작하면서 그녀는 도움이 필요하다는 것을 깨달았다. 그녀는 내게 트라우마를 치유하기 위해 무엇이든 할 준비가 되어 있다고 말했다. 그래서 우울증이 아이들을 돌보는 능력에 영향을 미치지 않고 어린 시절의 기억에 대한 반응이 아이들의 고통으로 이어지지 않도록 말이다.

PTG를 경험하려면 우리 안의 깊은 곳에 묻혀 있던 트라우마를 포함해 모든 것을 밝혀야 한다. 그렇게 함으로써 우리는 트라우마와 관련된 방식을 바꿀 수 있고 자신을 변화시킬 수 있다. 아이러니하게도 가장 회복력이 떨어지는 사람들이나 가장 큰 충격을 받은 사람들이 PTG를 경험할 가능성이 가장 크다. 아마 자신들이 더 잃을 것이 아무것도 없고 삶이 견딜 수 없게 되었으며 무언가가 바뀌어야 한다고 느낄지도 모른다. 심리학자 리처드 테데스키가 말했듯이 "기억하자, 성장으로 이어지는 것은 고통과의 투쟁이지 트라우마를 일으킨 사건 자체가 아니다".

회복력은 초기 유년기에 유익하며 PTG 과정의 결과나 부산물이 될 수도 있다. 우리가 일상생활의 스트레스와 투쟁에 더 탄력적으로 대처할 수 있는 것은 PTG의 과정을 통해서다.

변동 요인 내에서 회복력과 대처 메커니즘은 PTG를 촉진하거나 역설적으로 방해할 수 있다. 다른 요소들은 성장하고 변화하는 우리의 능력을 향상할 수 있다. 이를 염두에 두고 관계적 관점에서 자기(성격 특성 및 속성), 타인(대인 관계), 세계(문화적 맥락)로 나눠 살펴보겠다.

자기

성격 특성과 속성

우리의 성격 특성은 삶에서 일어나는 사건을 직면하는 방식, 그리고 역경에서 회복하거나 성장으로 도약하는 능력에 영향을 미친다. 이는 연구를 통해 증명된다. 노먼 가르메지의 보호 요인 모델은 강인함, 자율성, 사회성, 긍정적인 자존감이 모두 아동기 회복력에 이바지한다는 것을 보여준다. 1950년대 중반 카우아이섬에서 시작된 종적 연구에서 연구자인 에미 베르너Emmy Werner 박사와 루스 스미스Ruth Smith도 위험에 처한 어린이들의 보호 요인을 조사했다. 그들의 가장 중요한 발견은 사교적이고 호기심이 많고 천성적으로 낙천적이며 개방적이고 외향적이며 보호자와 강한 유대감을 형성하는 아이들이 역경에 더 잘 직면할 수 있다는 것이었다.[1]

다른 연구들에서는 더 적극적이고 자율적이며 긍정적인 자아 존중심을 가지고 있고 자기에게 대리인(심리학자들은 이를 '통제의 내적 중심'이라고 부른다)이 있다고 믿는 아이들이 충격적인 경험에서 더 쉽게 회복할 수 있다고 언급했다. 내적 통제, 성취감, 그리고 낙관주의는 그들을 충격적인 사건의 스트레스 후유증으로부터 보호하고 회복력을 키워줄 수 있다. 이러한 성격적 특징은 성인기에도 내내 보호적인 것으로 보인다.

나는 임상 경험을 통해 이러한 요소 중 일부가 어떻게 PTG를 촉진하거나 방해할 수 있는지 보았다. 낙관주의를 예로 들어보자. '현실적인' 낙관주의는 우리가 직면한 혼란을 극복할 수 있다고 믿게 할 수 있다. *내가 가진 자신감, 두뇌, 그리고 지원으로, 내가 할 수 있다는 것을 알아요.* 하지만 너무 많은 긍정으로 우리가 진정으로 느끼는 것을 가릴 수 있다. *천만에요, 정말로 나는 훌륭하거든요!* 그리고 필요한 지원도 받을 수 없게 만든다. *와, 너 좀 봐. 정말 회복력이 좋구나! 정말 빨리 되돌아왔는데!*

이 모든 특성은 우리 자신의 힘과 역경에 직면하고 회복하는 능력에 대해 자신감을 줄 수 있다. 외향적이고 목표 지향적인 것 또한 성장을 강하게 지원할 수 있다. 우리가 에너지와 자원을 외부로 향하게 할 때 무엇을 해야 하는지, 어떻게 일을 성사할 수 있는지, 그리고 누가 관심을 필요로 하는지에 초점을 맞출 수 있다. 하지만 약간의 주의가 필요하다. 이 모든 외향적인 에너지는 때로 우리가 내부를 들여다보는 것을 방해할 수 있고 도움을 요청하고 성장의 가능성을 보는 능력을 제한할 수 있다. 그것은 우리가 속에서 실제로 무슨 일이 일어나고 있는지 얼버무리고 무시하거나 심지어 알아차리지 못하게 할 수 있다.

인지 능력

정보를 받아들이고 효과적으로 사용하는 능력인 인지 과정은 자기 마음과 몸에서 일어나는 일을 이해하고 다른 사람들과 지적으로 상호작용을 하게 해주며 세상에서 일상적으로 작동하도록 도와주는 것으로 보인다. PTG의 한 방법으로서 인지 과정은 우리가 무슨 일이 일어나고 있는지를 파악하고자 하고 고통 속에서 의미를 찾으며 그것으로부터 배우기를 원할 정도로 충분히 괴로울 때 일어날 수 있다. 여기서 인지 변동 요인의 두 가지 예를 살펴보자.

① 성장 사고방식 대 고정 사고방식

연구에 따르면 고정 사고방식fixed mindset이 아닌 성장 사고방식growth mindset을 가진 아이들과 어른들이 투쟁에서 벗어날 방법을 더 잘 생각해 낸다고 한다. 이 용어를 만든 스탠퍼드 대학의 심리학 교수인 캐럴 드웩Carol Dweck은 성장 사고방식이 높은 IQ나 특정한 재능보다 성공에 더 중요하다고 말한다. 성장 사고방식은 파국적인 시나리오 대신 가능성을 본다. 고정 사고방식에서는 실패만 본다. 나는 결코 제대로 된 일을 할 수 없을 것이다. 나는 패배자야. 이 경험에서 긍정적인 것은 전혀 나올 수 없어. 고정 사고방식을 가진 사람들은 자기 지능과 능력이 고정되어 있으므로 자기가 변화하더라도 지금과 절대 다르지 않을 것이라고 믿는다. 만일 변화할 수 있다면 차이가 생길 것인데도 그렇다. 성장 사고방식을 가진 사람들은 자기 실수에서 배울 수 있고 자신이 결심한 것은 무엇이든 할 수 있다고 믿는다. 다시 말해서 만약 그들이 충분히 열심히 한다면 경험을 통해 성장할 수 있다.

그러나 치료사, 멘토 또는 전문가 동료 들이 성장 사고방식을 너무 빨리 강요하지 않는 것과 그 사람이 준비되어 있지 않을 수도 있는 관점의 변화를 강요하지 않는 것이 중요하다. 그렇지 않으면 반대의 효과를 내거나 치료를 다시 받아야 할 수 있다.

② 침입적 반추 대 의도적 반추

강박적인 생각에 사로잡히는 것이 어떤 느낌인지 이해하기 위해 고통스럽거나 충격적인 사건을 겪을 필요는 없다. 무슨 일이 일어났는지 이해하려고 숙고해 보지 않은 사람이 어디 있겠는가? 그들이 무슨 일을 하는 것일까? '반추反芻'는 문자 그대로 마음속의 무언가를 뒤집어 곱씹는 것을 의미한다. 비록 반추가 당연히 PTG에 해로울 것처럼 들리지만 언제나 그런 것은 아니다. 반추는 사실 사건에서 의미를 만들어 내기 위한 시도이자 사고 처리 방식이다. 반추에는 침입적 반추와 의도적 반추의 두 가지 유형이 있다. 둘 다 의미를 만드는 데 중요한 요소다.

침입적(또는 강박적) 반추는 충격적인 사건에 대해 생각하는 것을 멈출 수 없을 때 일어나는 의도하지 않은 과정이다. 여러 연구에 따르면 우리는 한 사건을 머릿속에서 반복적으로 재생하고 부정적인 감정과 세부 사항에 초점을 맞추어 이야기의 모든 측면을 해부함으로써 어떤 일을 과도하게 생각하는데 이 모든 것은 상당한 감정적 고통을 초래할 수 있다.[2] 마치 표면에 떠오르는 생각과 이미지를 통제할 수 없는 것처럼 느끼기도 한다. 침입적 반추는 우리를 과거에 갇혀 있게 한다. 이것은 PTSD나 만성 스트레스 반응으로 이어질 수 있다.[3] 반면에 의도적(또는 건설적) 반추는 경험에서 의미를 이해하고 도출하기 위한 의식적인 노력이다. 이것은 자기실현으로 이어지는 목적성을 띤 자기진단이다. 즉 현재를 알고 앞으로 올 트라우마의 영향을 막기 위해 과거를 연구하는 방법이다. *어떻게 이런 일이 일어났을까? 내가 그것에서 무엇을 배울 수 있을까?* 의도적 반추를 통해 자기 경험의 긍정적인 측면과 상처 속의 지혜를 발견하기 위해 노력하게 된다. 이 두 가지는 모두 우리가 성장을 향해 나아갈 수 있도록 도와준다.

모든 유동적인 요인들과 마찬가지로 이 두 유형의 반추가 언제나 성장을 100% 방해하거나 증진한다고 말하기는 어렵다. 많은 것이 위협의 시기와 강도에 달려 있다. 예를 들어 끔찍한 일이 일어난 직후에 아직도 그 모든 것의 공포로 휘청거리고 있을 때 의도적으로 곰곰이 생각하는 것은 불가능할 수도 있다. 너무 이르다. 그래서 침입적 반추도 대처 방식과 생존 전략이 될 수 있고, 무슨 일이 일어났는지 인정하는 방법이 될 수 있으며, 초기에 경험의 의미를 만드는 데 의도적 반추만큼 중요할 수도 있다. 이 모든 것은 침입적 반추와 의도적 반추 모두 PTG 가능성에 중요한 역할을 한다는 것을 의미한다.[4]

타인

다른 사람들과 관계를 맺는 방법, 특히 어린 시절에 이용할 수 있는 지원의 유형은 어른이 되었을 때 어떻게 트라우마에 대처하는지와 어떻게 치유하는지, 그리고 트라우마로 인해 성장할 수 있는지에 영향을 미칠 수 있다. 외상 전에 가진 자원은 종종 우리 앞길에 다가오는 것을 마주하는 방법을 결정하기도 한다.

대인 관계

트라우마는 관계적이기 때문에 세상과 그 안에서 위치에 대한 명확한 기대를 키울 수 있도록 우리를 돌봐야 하는 사람들의 지지와 사랑과 항상성이 필요하다는 것은 지극히 당연하다. 베셀 반 데어 콜크가 말했듯이 "어렸을 때 얼마나 사랑받았는지는 나중 인생의 모든 종류의 어려운 상황들을 어떻게 관리하는지에 대한 훌륭한 예측 인자가 된다." 그러한 사랑과 지지가 항상 부모에게서 오는 것은 아니다. 부모가 그렇게 해야 할 의무가 있는 것도 아니다. 조부모나 다른 보호자, 선생님, 코치, 멘토 또는 어린 삶에 변화를 준 가까운 친구의 부모와도 연결되었을 수 있다.

어릴 때 천성적으로 외향적이고 사교적이었던 사람들은 성인이 되면서 다른 사람들과 더 쉽게 연결될 수 있고, 이것은 그들이 어려운 상황을 관리하는 데 도움이 될 수 있다. 반면에 어린 시절에 내

성적이었던 사람들은 흔히 불안이나 무력감을 느끼고 충격적 상황이나 만성적인 역경의 영향에 더 취약했다. 이러한 사람들은 잘 적응한 성인으로 성장할 가능성이 작고 나중에 정신 건강 문제를 경험할 가능성이 더 크다.

물론 회복력이나 취약함, 연결이나 고립, 사회성이나 억제 등의 요소가 예측을 제공하긴 하지만 절대적인 것은 아니다. 이는 유년기에도 마찬가지다. 튼튼한 가족이나 지역사회의 유대감과 함께 성장하고 자신감 있고 외향적이며 언제 도움을 요청해야 하는지 아는 것은 우리가 어른으로서 트라우마로부터 효과적으로 회복하는 데 필요한 도구를 제공할 수 있다. 하지만 그것이 꼭 PTG를 향해 가게 하는 자극이 되는 것은 아니다. 심리학자 스티븐 조지프는 『외상 후 성장의 과학』에서 칭한 것처럼 어린 시절 혼란스럽거나 와해한 가정에서 자라나 가장 취약했던 사람들의 외상 후 스트레스의 역사는 나중 인생에서 그들을 PTG의 길로 안내하는 '전환의 엔진'이 될 수 있다.

나는 소외된 지역사회와 말로 표현하기 힘든 만행을 견뎌낸 사람들과 매우 자주 일하기 때문에 이런 모순을 여러 번 봐왔다. 예를 들어 도미니카공화국에서 온 내 친애하는 친구 마리아를 기억할 것이다. 그녀는 혼란스러운 가정에서 자라면서 내부적으로나 외부적으로나 자원이 거의 없었고 학대하는 사람의 손에서 큰 고통을 받았다. 그런데도 성인이 되었을 때 마리아는 자기 경험을 이해하고 고통을 봉사로 바꾸기로 결심하면서 PTG를 선택했다.

애착 유형

우리는 자신, 다른 사람들과의 관계, 그리고 세상에 대해 대부분 어린 시절 우리를 돌볼 책임이 있는 사람들에게 배운다.

이 사람들은 거의 부모나 조부모이지만 신뢰할 수 있는 선생님이나 코치, 멘토 또는 정신적 지도자도 될 수 있다. 어린이로서 가장 가까운 사람들의 말, 행동, 반응을 듣고 보고 모방함으로써 학습한다. 다른 사람들을 관찰하고 그 행동을 반영함으로써 관계한다는 것이 무엇을 의미하는지 배운다. 우리는 다른 사람들이 그들의 몸을 어떻게 대하고 이야기하는지를 주목함으로써 자기 몸에 대한 정보를 얻는다. 우리의 자존감과 자부심은 가족과 가장 가까운 사람들에 의해 우리가 어떻게 대우받는지와 밀접하게 연결되어 있다. 이 모든 것이 우리 몸에 저장된다.

2장에서 논의한 바와 같이 우리가 유년기에 주로 돌보는 사람들과 가지는 관계는 심리학자들이 '애착 유형'이라고 부르는 것으로서 성인기에 특히 삶의 동반자와 자녀들과의 관계에 기초가 된다. 그것은 또한 충격적인 사건에 어떻게 반응하는지를 결정하기도 한다. 어린 시절에 따뜻하고 사랑스러운 부모와 함께하며 안정 애착을 가졌을 수도 있고 정서적인 도움을 받을 수 없는 부모나 보호자에게 자랐을 수도 있다(회피형 애착 유형). 사랑을 보여주거나 일관성이 없거나 보류하는 부모일 수도 있고(불안형 애착 유형), 또는 내 안전을 우려하게 하는 변덕스럽고 안정적이지 못한 환경을 조성하는 보호자였을 수도 있다(혼란형 애착 유형). 유년기에 이렇게 안전하지 못하거나 와해하거나 혼란스러운 애착을 경험한 사람들은 일반적으로 역경 앞에서 더 취약한 동시에 역설적으로 어른으로서 성장의 과정을 더 많이 겪을 가능성이 있다. 안정형 애착 유형을 가진 사람들은 일반적으로 충격적인 사건에 압도당하는 것으로부터 좀 더 보호받지만 PTG를 겪을 가능성은 크지 않다. 왜 그런지 살펴보자.

여러분이 자랄 때 어머니와 따뜻하고 사랑스러운 관계를 맺었고 또래의 좋은 친구들이 있었으며 인생에서 다른 어른들과 좋은 관계를 맺었다고 해보자. 여러분은 자신감이 넘치고 행복했다. 아마도 인생의 동반자와 자녀들과도 건강한 관계를 유지하고 있을 것이다. 여러분은 다른 사람들을 신뢰하고 필요할 때 도움을 요청하고 애정을 주고받으며 자신과 배우자, 그리고 자녀 모두를 대상으로 연결과 독립에 대한 욕구의 균형을 맞추는 것이 어렵지 않을 것이다. 연구에 따르면 안정형 애착 유형은 어린 시절과 그 이후의 삶에서 트라우마의 부작용으로부터 최선의 보호를 제공한다. 여러분은 무슨 일이 있어도 대응할 수 있다고 생각한다.

그러나 동시에 어떤 사건이 너무 충격적이어서 여러분의 자신감과 안정감을 산산조각 내고 무너지게 할 수도 있다. 트라우마를 받은 것이다. 그제야 PTG 가능성이 수면 위로 떠 오른다. 다음은 콜롬비아에서 자란 줄리안의 어린 시절 경험이다. 그는 사랑에 둘러싸여 있었다. 여섯 남매 중 막내였는데 모두가 어린 남동생 줄리안을 사랑했다. 그의 부모는 다정하고 보호적이었지만 아이들이 독립적이고 창의적으로 되도록 격려했다. 작은 마을과 줄리안이 다녔던 학교의 모든 사람이 그를 알고 함께 있는 것을 기뻐하는 것처럼 보였다. 그러나 정치적 분위기는 매우 불안정했고 폭력이 증가하고 강도와 납치가 일상화되면서 줄리안 부모의 우려는 깊어졌다. 그들은 가족들을 마이애미로 데려갔고 그곳에서 망명을 신청할 계획을 세웠다. 부모가 줄리안과 그의 형제들에게 돌아가지 않을 것이라고 말했을 때 줄리안은 그것을 믿을 수 없었다. 왜 아무도 그에게 말해주지 않았는지 알고 싶었다. 친구들, 선생님들, 그리고 그가 너무 좋아했던 학교 수위에게 작별 인사를 하지 못했다. "그들이 매우 걱정할 거야. 내가 일부러 작별 인사도 없이 떠났다고 생각할지 몰라."

줄리안은 우울해졌다. 그는 영어 배우기를 거부했고, 친구도 사귀려 하지 않고 매일 울었다. "그냥 집에 가고 싶단 말이야." 그의 고통은 온 가족을 절망에 빠뜨렸다. 가족들은 줄리안을 너무 걱정했다. 항상 긍정적이고 행복한 줄리안이었다. 그리고 지금 그는 정신적 충격을 받았다. 마침내 1년 후 가족들이 콜롬비아로 돌아와 짐을 챙길 수 있게 되자 줄리안은 제대로 작별 인사를 하게 되었다. 그의 가족들이 인내심과 지지를 보였기 때문에, 그리고 줄리안이 치료에 동의했기 때문에 그는 회복할 수 있었고 마이애미에서 그의 집을 찾을 수 있었다. 요즘 그는 아주 잘 지내고 있다. 줄리안은 예술을 통해 그의 감정을 표현하는 방법을 찾았고 함께 어울리는 친구가 생겼다.

소속감

이것은 매우 명백해 보이는 요소다. 그렇지 않은가? 우리는 자신으로부터, 서로에게서, 그리고 더 큰 문화로부터 단절되어 있을 때 고통을 받는다. 자기보다 더 큰 무언가에 속할 때, 어딘가에 어울린다고 느낄 때, 우리는 무엇이든 훨씬 더 쉽게 대처할 힘을 갖게 된다. 우리는 혼자가 아니다. 물론 어린 시절의 소속감은 우리를 안전하게 해주고 키워주며 사랑하는 것이 일인 부모님이나 다른 사람들에 대한 건강한 애착과 밀접하게 연관되어 있다. 성인으로서 우리는 종종 특정 집단에 속하고 특정 집단과 동일시하는 것을 중심으로 삶을 조직한다. 예를 들어 여러분은 직업 모임이나 자원봉사 단체나 가까운 친구 모임의 일원일 수 있다. 어떤 사람들은 작고 친밀한 그룹에서 편안함을 느낀다. 다른 사람들은 정치 집단, 사회 정의 실현 단체, 자기 성적 선호나 민족성을 지지하고 존중하는 집단, 또는 특정 종교적이거나 영적인 공동체처럼 훨씬 더 큰 범위에 속함으로써 의미를 찾는다. 허먼은 계속해서 다른 사람의 단순한 관대한 행동으로 연결감이 회복되는 때가 온다고 말한다.

UCLA 의과대학의 정신의학 임상교수이자 마인드사이트 연구소의 소장인 댄 시겔Dan Siegel에 따르면 연결성은 변화의 열쇠이며 '정신 질환의 회복에 필요한 기초 요소'다. 그는 우리가 소속되도록 만들어졌으므로[5] 단절은 중독과 우울증의 근원일 뿐만 아니라 일종의 트라우마라고 말한다. 소속감은 정신 건강 문제나 트라우마와 역경에 직면한 어려움에 대한 보호 요인으로 작용할 수 있다.

주디스 허먼은 그녀의 책 『트라우마』에서 다음과 같이 적었다.

> 결속된 집단은 공포와 절망에 대항할 수 있는 가장 강력한 보호책을, 그리고 외상 경험에 대한 가장 강력한 해독제를 제공한다. 외상이 고립시킨다면, 집단은 소속감을 재생한다. 외상이 수치심을 느끼게 하고 낙인을 가한다면, 집단은 증인이 되어 경험을 인정한다. 외상이 피해자를 격하시킨다면, 집단은 그녀를 존중한다. 외상이 피해자의 인격을 부정한다면, 집단은 그의 인격을 회복시킨다.

허먼은 계속해서 다른 사람의 진실하고 관대한 행동으로 연결감이 회복되는 때가 온다고 말한다. 그러면 소속감은 트라우마를 견뎌낸 사람에게 안전감을 제공하고 PTG 과정을 시작할 수 있게 한다.

트라우마는 우리를 다른 사람들과 격리하고 어딘가의 일원이라고 느끼는 것을 막을 수 있다. "나는 사람들과 함께 있어도 외로워요. 아무것에도 도움이 되지 않는 외부자처럼 느껴집니다. 내가 얼마나 상처받았는지 다른 사람들이 알기를 원하지 않아요." 이러한 소속감이 필요한 상황은 누군가를 PTG로 이끌 수 있다. 예를 들어 17명의 목숨을 앗아 간 학교 총격 사건으로 삶이 산산조각 난 알레한드로와 함께 일했을 때, 그는 자기가 다른 사람들이 상상조차 할 수 없는 공포를 겪었기 때문에 종종 단절감을 느낀다고 토로했다. 그는 자주 소외감과 외로움을 느낀다고 말했다.

비록 소속감을 느끼는 것이 다른 사람들과 연결되어 있다고 느끼도록 도울 수 있지만 그것은 또한 우리를 자신으로부터 분리할 수도 있다. 소속은 PTG 과정 일부이지만 성장을 방해하거나 막을 수도 있다. 어떻게 그럴 수 있을까? 소속이 우리를 '편안한 지역'에 머무르게 하기 때문이다. 우리는 충분히 보호받고 있다고 느끼고, 요구가 어느 정도 충족되고 있으면, 이 중 어떤 것을 포기해야 할 위험을 감수하려 하지 않는다. 또한 중요한 사실은 소속감이 우리에게 정체성을 주지만 동시에 개성을 억제하고 집단 전체로부터 자신을 차별화하거나 구별하는 것을 막을 수 있다는 점이다. 그것 자체가 구속과 트라우마가 될 수 있다. 이것의 좋은 예는 뉴욕 브루클린에 있는 초정통파 유대인 밀집 지역에 사는 어린 소녀의 실화를 바탕으로 한 텔레비전 시리즈 〈언오소독스: 밖으로 나온 아이Unorthodox〉가 있다. 자기 문화에서 요구하는 것을 따르도록 강요받았기 때문에, 그녀는 열아홉 살에 마지못해 결혼했고 유부녀가 되어 많은 아이를 낳아야 하는 등의 기대에 부응해야 했다. 1년 후 임신할 수 없게 된 그녀는 브루클린을 떠나 베를린으로 가게 되었고 그곳에서 지역사회에서 느끼던 제약을 벗어나 천천히 새로운 삶을 만들어 갔다.

세계

문화적, 환경적 맥락

지금쯤 우리가 모두 알고 있듯이 트라우마는 진공 상태에서 발생하지 않는다. PTG도 마찬가지다. 트라우마를 만나 그것을 초월할 수 있는지 혹은 심신을 약화하는 외상 후 스트레스 반응에 굴복할 것인지에 영향을 미치는 여러 요인이 있다. 이러한 변동 요인 중 일부는 다음과 같다. 트라우마의 유형(급성이거나 만성), 그 시기와 심각성, 처음 트라우마가 일어났을 때의 나이, 출신 문화와 그 문화가 가지고 있는 자기가 경험한 트라우마에 대한 믿음, 그리고 사회적 계급, 민족, 성별, 종교적 소속, 성적 선호도가 그것이다. 이러한 변동 요인이 PTG 가능성에 어떤 영향을 미치는지 몇 가지를 살펴보겠다.

① 연령, 시기 및 심한 정도

대부분의 연구자는 어렸을 때 트라우마를 경험하면 몸에 더 오래 남아 있고 그것으로부터 치유와 성장이 더 어렵다는 것에 동의한다. 반면에 전투 중에 목격한 것이나 아이를 폭력으로 잃었을 때 겪은 일이 어린 시절에 경험한 그 모든 것을 넘어선다고 말해주는 환자가 있었는데 나는 그 말이 대개 사실이라고 믿는다. 그들은 자신이 과거의 트라우마에서 치유되지 못했을 수도 있지만 새로운 경험의 심각성이 자기를 벼랑 끝으로 내몰아 트라우마를 더욱 키웠고 결국 PTG의 길을 선택하게 되었다고 말한다. 때로 어떤 사건의 시기, 즉 우리가 처한 삶의 단계는 (속담에 나오는 낙타의 등을 부러뜨린 마지막 지푸라기처럼) 성가신 일이나 다루기 쉬운 일을 재앙 같은 일로 격상할 수 있다. 또한 시기 문제는 그 순간에 누군가가 고통을 지혜로 바꾸기 위해 힘든 일을 할 준비가 되어 있고 기꺼이 할 것인지, 아니면 그것이 능력을 벗어난 것인지에 영향을 미칠 수 있다.

② 문화적 신념

우리가 사는 문화와 그 문화의 믿음이 우리가 겪고 있는 트라우마가 인정될 확률을 결정하기도 한다. 치유의 가능성이 우리의 고통을 의미 있게 하는 데 도움이 될 것이다. 다시 말해 일부 지역사회는 다른 지역사회보다 더 개방적이고 치유 과정에 더 많은 도움을 준다. 우리가 사는 문화 체계는 우리에게 가치나 신념을 이해할 언어나 사회가 운영되는 방식에 관한 기대치 같은 일련의 규칙을 제공한다. 대부분의 사람은 그 안에서 일정 수준의 편안함과 안전을 느낀다. 결국 공동체의 환영을 받는다는 느낌과 자신이 더 큰 공동체 일부라고 느낄 때 거기에서 강인함을 얻을 수 있다. 시민들이 행복과 건강과 자유를 누릴 권리를 보장하기 위해 고안된 서비스와 조직이 있을 때 개인과 공동체는 번영할 수 있다. 문화가 트라우마인지 체계를 갖추고 있을 때, 다시 말해, 문화가 트라우마를 인식하고 반응할 때, 다양한 인구의 독특한 요구에 기꺼이 반응할 수 있다. 나는 시민들의 집단적 행복을 무엇보다 중요시하는 부탄에 갈 때마다 문화적인 차원에서 어떻게 이런 일이 성공적으로 일어나는지 확인한다. 부탄 헌법의 일부인 국민총행복은 심리적 안녕, 건강, 문화, 생태적 다양성과 회복력, 교육, 공동체 활력 등을 필수 인권으로 삼아 중요시한다.

또한 문화적 요인에 의해 한 사회 내에서 같은 수준의 중요도를 가진 정체성이 없다고 평가되는 특정 집단에 고통을 주는 일이 일어나기도 한다. 사회 또는 문화에서 자체 트라우마를 인식하지 않거나 처리하지 않을 때도 고통을 일으킨다. 그런 일이 일어날 때 사회에서 부과한 규칙은 실제로 해를 끼칠 수 있고 치유와 성장에 대한 접근을 막을 수 있다. 예를 들어 여성의 권리를 존중하지 않고 여성의 자율성과 독립성을 제한하는 법을 부과한 문화에서 여성은 강간당했다고 신고할 때 생길 파장이 두려워 침묵을 지키게 된다. 결과적으로 그녀는 자기 트라우마로 인해 홀로 감옥에 갇히고 가족과 지역사회의 지원으로부터 따돌림을 받는다. 다른 더 형평성 있는 문화에서는 그녀가 PTG 치료에 접근할 가능성이 훨씬 더 크다. 전체 공동체가 자신들의 종교적 소속, 인종, 성적 지향 또는 이민의 지위 때문에 같은 사회 내에서 더 소외된 다른 공동체가 이용할 수 없는 특정한 자유를 누리기도 한다. 본국에서 폭력을 피해 도망친 난민들은 결국 즉각적인 탈출구가 없는 어려운 환경에서 살게 될 수도 있다. 혹은 운 좋게도 난민을 위한 공간을 만들어 주는 문화에 정착한 사람들은 신체적 필요뿐만 아니라 정신 건강에 초점을 맞춘 조직과 서비스의 도움을 받기도 한다. 예를 들어 내가 고문 생존자를 위한 뉴욕시 벨뷰 프로그램에서 임상 치료를 할 때 우리는 심리적, 사회적, 신체적 서비스를 제공하여 전 세계에서 온 난민을 지원했고, 결국 그러한 도움으로 그들은 지역사회 내에서 번영하게 되었다. 그들은 고국에서 겪은 트라우마와 외국에 정착하면서 생긴 트라우마를 치유할 수 있는 더 좋은 기회를 얻었다.

앞에서 제시한 것처럼 이러한 모든 요소는 성장에 대한 접근을 차단하거나 전환을 향한 문을 열어줌으로써 어떤 식으로든 외상 이후의 경험에 기여한다. PTG를 유도하거나 억제하는 한 가지 요인이란 존재하지 않는다. 즉 개인의 의지와 결단력과 함께 다양한 요소들이 작용하고 있다.

유동적인 요인을 이해했으니 이제 트라우마에 대해 좀 더 자세히 알아보겠다. 지금까지 우리는 주로 개인에게 일어나는 도전적인 사건들에 초점을 맞췄고 이때 트라우마의 근원은 매우 명확했다. 이처럼 명백한 종류의 트라우마일 수도 있지만 모든 트라우마가 그런 것은 아니다. 트라우마는 조상 대대로 전해지는 것일 수도 있다. 우리 안에 너무 깊이 숨겨져 처리되지 않은 채로 묻혀 있는 바람에 고통의 이유가 있다는 것조차 깨닫지 못할 수 있다. 우리가 할 일은 세대 간 트라우마의 순환을 멈출 수 있도록 그것을 발굴하고 치유의 빛을 밝히는 것이다. 다음 장에서는 애당초 세대 간 트라우마가 어떻게 우리 안에 살게 되었는지, 어떻게 하면 거기에서 지혜를 끌어내고 자유롭게 풀어줄 수 있는지 탐구해 보겠다.

5장 —
트라우마의 세대 간 유전

> 집단의 역사에서도 개인의 역사처럼 모든 것
> 은 의식의 발달에 달려 있다.
>
> - 카를 융

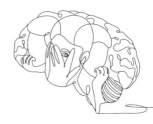

우리를 앞서 살았던 사람들의 트라우마 경험은 우리가 사는 문화에 내재해 있고 PTG의 과정(및 결과)을 더 힘들게 할 수 있다.

이 세대 간 트라우마는 부모, 조부모, 증조부모, 그리고 조상 대대로 거슬러 올라간다. 이처럼 기왕에 존재하는 트라우마는 물리적, 심리적, 사회적으로 전달되며 우리가 삶의 투쟁을 어떻게 다루고 역경에 어떻게 직면하는지를 결정하기도 한다.

내 환자 필라르와 그녀의 딸 아드리아나가 이것의 좋은 예다. 필라르는 세 살 때부터 열세 살 때까지 사촌과 삼촌 등 가족 일곱 명에게 성적 학대를 받았다. 우리가 함께한 첫 번째 상담에서 그녀는 죄책감, 수치심, 무가치함을 느끼면서 자랐고 불안과 우울함으로 가득 차 있었다고 말했다. 그리고 당연하게도 남자들에 대한 뿌리 깊은 의심이 있었다. 필라르는 자기가 과거 경험에 대해 딸인 아드리아나에게 아무 말도 하지 않았음에도 불구하고 이 모든 것이 그녀에게 전달된 것이 두렵다며 나에게 도움을 요청했다. 아드리아나는 자신이 큰 충격적인 경험을 하지 않았음에도 이제 어머니와 같은 두려움을 가지고 있었다. 성인이 된 아드리아나는 남성에 대해 비이성적인 불신과 본능적인 반감을 보였다. 그녀는 왜 이런 일이 일어나는지 알지 못한 채 자신감과 자부심 문제로 고군분투하고 있고 무의식적으로 해로운 인간관계를 만들고 있었다. 아드리아나가 어머니에게 물려받은 트라우마는 미래의 모든 경험과 얽히게 되고 구별할 수 없게 되었다. 마찬가지로 필라르를 학대한 남성들도 어린 시절에 경험했던 학대 행위를 반복했을 가능성이 매우 크다. 그래서 그 남성들 또한 이전 세대 학대의 패턴을 따라갔다. 모든 가해자가 역시 피해자다.

연구와 임상 경험을 통해 아드리아나처럼 가족이나 조상이 트라우마로 고통받은 사람들이 스스로 트라우마를 갖게 되는 경향이 있다는 것이 확인되었다. 우리가 가지고 있는 특정한 믿음, 가치, 원칙은 아무도 모르는 사이에 세대에서 세대로 전해졌을 수 있다. 그리고 그것들은 세상을 이해하는 방식과 그 세계에서 자기 위치를 이해하는 방식, 관계에서 기능하는 방식, 그리고 결정을 내리는 방식을 형성한다.

물론 트라우마만 전달될 수 있는 것은 아니라는 사실도 중요하다. 우리는 선조들의 회복력, 강인함, 기쁨, 지혜를 포함한 모든 종류의 믿음과 경험을 물려받을 수 있다. 이 장에서는 심리학적, 신경학적, 정서적 관점에서 현재의 전달과 세대 간 전달이 어떻게 일어나는지 설명할 것이다.

전염성이 있는 트라우마 : 파급 효과

가족 내에서 또는 집단 내에서 세대에서 세대로 트라우마를 반복하는 이러한 경향은 트라우마를 매우 전염성 있게 한다. 말도 안 되는 소리처럼 들릴 수 있다. 어떻게 몇 년 전에 다른 사람에게 일어난 경험 때문에 영향을 받을 수 있을까? 자기가 직접 경험하지도 않은 일(혹은 태어나기 훨씬 전에 일어난 일)인데도 가능한 것일까? 그리고 어떻게 무의식적으로 트라우마를 다음 세대에 전달할 수 있을까? 아마도 훨씬 더 상상하기 힘든 것은, 단지 트라우마에 대해 듣거나 직접 목격하거나 심지어 저녁 뉴스에서 시청하는 것만으로도 다른 사람의 트라우마에 '걸릴' 수 있다는 사실이다. 실제로 이 두 시나리오 모두 사실이다.

신경학적, 문화적, 세포적 관점에서 트라우마 전염의 증거를 확인할 수 있다. 전염은 수평적으로 전달될 수 있다. 즉 트라우마의 생존자들과 직접적으로 관련되거나 잔혹 행위를 목격하거나 듣는 것에 의해 영향을 받는다. 전염은 또한 수직적으로도 일어난다. 즉 부모,

조부모, 증조부모의 DNA를 통해 유전적으로 트라우마를 물려받을 수 있고 조상 대대로 내려간다.

수평적 전달

① 신경학적 전달

가장 간단한 설명으로 시작하자. 인간은 본래 감정 이입이 가능한 존재다. 우리는 서로의 기쁨과 슬픔을 느낀다. 트라우마는 웃음이 전염되는 것과 같은 방식으로 전염된다. 웃고 있는 아기와 같이 있을 때 무엇이 그렇게 재미있는지 모르면서도 자신도 웃고 있는 것을 알아차린 적이 있는가? 아이의 기쁨은 전염성이 있다! 혹은 불안하거나 슬프거나 충격적인 일을 겪고 있는 사람에 대해 읽거나 이야기를 나누면서 마치 직접 경험한 사람인 것처럼 그러한 감정을 느낀 적이 있을 것이다.

그들의 고통 역시 전염된다. 공감력이 더 강할수록 다른 사람들의 감정과 경험으로부터 더 많은 영향을 받는 것으로 보인다. 《사이언티픽 아메리칸Scientific American》의 한 논문에서는 "PTSD가 있는 사람들과 밀접하게 관련된 사람들의 10~20%가 그 상태에 '걸린다'. 숫자는 연구 및 조사 대상 그룹(예를 들어 치료사, 사회복지사 또는 가족 구성원)에 따라 다르다"라고 발표했다.[1] 이것은 '대리적 트라우마' 또는 '이차적 트라우마'라고 불린다.

어떻게 이런 일이 일어나는 것일까? 뇌가 실제 경험과 상상한 경험을 반드시 구별하는 것은 아닌 듯하다. 네덜란드 흐로닝언 대학의 심리학자 주디스 대니얼스Judith Daniels에 따르면 우리의 뇌는 "감각 기관으로부터 뇌의 기억에 저장할 수 있는 직접적인 입력이 없을 때"에도 여전히 트라우마를 인식할 수 있다고 한다. 그녀는 "시각적 이미지를 처리하는 뇌의 영역이 상상한 시각적 경험을 처리하는 영역과 매우 강하게 겹치기 때문"이라고 설명한다. 즉 정보가 감각에서 직접 나오든, 우리의 상상에서 나오든 상관없어 보인다.[2]

트라우마의 전염에 대한 생물학적 설명은 뇌의 중심에 있는 '거울 뉴런'이라고 불리는 뇌세포에서 찾을 수 있다. 이 '감정적' 뉴런들은 충격적인 무언가를 경험할 때 활성화되는데 더 중요한 점은 다른 누군가의 트라우마를 듣거나 볼 때도 활성화된다는 것이다. 심리학자 대니얼 골먼Daniel Goleman은 이러한 일은 "함께 있는 사람의 감정적 흐름, 움직임, 심지어 의도까지 추적한 다음, 우리 뇌가 다른 사람 뇌와 같은 영역을 휘저어 감지된 상태를 복제함으로써 작동한다"라고 말한다.[3] 우리는 단지 다른 사람들의 트라우마로부터 영향만 받는 것이 아니다. 우리는 자신에게 트라우마를 일으킨다.

② 문화적 전달

또 다른 유형의 수평적 전달은 대리 학습의 한 형태인 '모방 욕망mimetic desire '을 통해 일어난다. 대리 학습은 항상 일어나는 일이다. 이것은 우리가 다른 사람들의 경험에서 배우는 중요한 방법이다. 즉 남들이 하는 일을 보고 듣고 공감하며 다른 사람들이 그러한 행동에 어떻게 반응하는지에 주의를 기울이는 것이다. 20세기 중반 프랑스 철학자이자 역사가인 르네 지라르René Girard는 인간의 욕망이 매우 모방적이라고 믿어 '모방 욕망'이라는 용어를 만들었다. 다시 말해 우리는 존경하는 다른 사람들의 욕망과 그들이 살고 있는 문화를 모방함으로써 원하는 것을 배운다. 지라르는 또한 모방 욕망에 부정적인 면이 있다고 생각했다. 그는 모방 욕망이 폭력으로 이어질 수 있다고 믿었다. 우리는 자기 문화에서 이런 예를 언제나 본다. 어린아이나 10대는 다른 아이와 친구가 되는 것에 관심이 있을 수 있지만 다른 아이들이 그 친구를 놀리고 심지어 괴롭히거나 위협하고 있는 것을 알아챈다. 친구들의 행동을 지켜보는 것은 아이의 생각을 바꾸고 심지어 괴롭힘에 동참하게 할 수도 있다.

우리는 이런 형태의 모방 욕망이 학교 총기 난사 사건에서 최악의 시나리오로 나타나는 것을 너무 자주 보았다. 콜로라도의 콜럼바인 고등학교에서 일어난 첫 번째 대규모 학교 총격 사건 이후 총격범에게 집착하는 젊은이들의 집단적 하위문화가 소셜 미디어에 생겨났다. 그들 중 많은 사람이 살인자가 약한 친구를 옹호하고 괴롭히는 사람들을 제거했다고 미화했다. 연구에 따르면 대부분의 가해자는 때로 극단적인 괴롭힘의 희생자였다.

훨씬 더 심각한 문제는 잔혹 행위를 저지르는 많은 사람이 콜럼바인 총기 난사범의 악행과 악명에 영향을 받았다고 인정한다는 사실이다.[4]

폭력적인 영화나 비디오 게임이 폭력을 일상적인 것으로 만드는지, 특히 아이들이 정기적으로 폭력에 노출될 때 더욱 그러한지에 대해 많은 논쟁이 있었다. 2017년 9세에서 19세 사이의 아동 1만 7,000명을 대상으로 실시된 연구는 폭력적인 비디오 게임을 하는 것과 공격적인 행동을 보이는 것 사이에 강한 상관관계가 있음을 보여주었다.

수직적 전달

트라우마는 세대에서 세대로도 전염될 수 있다. 작동 방식은 다음과 같다. 우리 앞 세대가 그것을 우리에게 물려주었고, 그러고 나서 우리는 무의식적으로 아이들에게 그것을 물려주었다. 이렇게 가족 혈통, 공동체, 그리고 문화를 통해 계속 전달된다. 하지만 과거의 커다랗거나 충격적인 경험만 기억 세포에 각인되는 것은 아니다. 정말로 무엇이든 전달될 수 있다.

여기 간단한 예가 있다. 레온이 태어나기 몇 년 전 그의 할머니는 구조대원이 자리를 지키고 있었음에도 동네 수영장에서 익사할 뻔했다. 할머니는 명백한 정신적 충격을 받았고 레온의 엄마와 그녀의 형제들에게 수영장은 끔찍하고 위험한 장소라고 반복적으로 각

트라우마, 극복의 심리학

인했다. 아이들에게 수영이 금지되었다. 수영장의 출입이 금지되었을 뿐만 아니라 개울, 호수, 바다도 마찬가지였다. 결과적으로 아이들은 모두 물을 무서워하며 자랐고 그 두려움을 자기 아이들에게 물려주었다.

레온이 아버지가 되었을 때 할머니와 어머니로부터 물려받은 그의 두려움은 수영장과 호수의 물 이상의 것을 망라하는 것으로 확대되었다. 어떤 식으로든 인생 자체가 위험하다는 메시지를 내면화했다. 물론 그도 아이들을 물에 가까이 가지 못하게 했다. 수영 말고도 자전거를 타거나 스포츠를 즐기거나 야외에서 모험하는 것마저 절대 허락하지 않았다. 레온은 훨씬 안전한 실내에 있는 것을 선호했다. 레온과 그의 어머니 모두 할머니가 겪은 트라우마의 영향을 받았다. 그리고 그 경험은 몸에 암호화되었다. 특히 레온에게는 트라우마의 렌즈를 통해 세상과 삶을 바라보고 그것을 아이들에게 전달하는 식으로 두려움이 작용했다.

불행히도 이렇게 전염성이 있고 여러 세대에 영향을 미칠 수 있는 세대 간 트라우마의 극단적인 예는 더 찾아볼 수 있다. 2017년, 비영리 단체인 유스 얼라이브Youth ALIVE!의 전무이사인 앤 마크스Anne Marks는 의회 위원회에서 트라우마가 어떻게 확산할 수 있는지 보여주는 한 가지 예로 폭력에 대해 발언했다. 그녀는 발표에서 "폭력으로 생기는 건강 문제가 다친 사람의 상태에만 관계되는 것이 아닙니다. 그것은 폭력의 파급효과일 뿐입니다. 폭력 행위가 유발하는 것은 바로 트라우마의 확산입니다"라고 말했다.[5] 계속해서 앤은 폭력이 질병일 수도 있지만 트라우마는 '사건에서 사람으로, 거리로, 이웃으로, 공동체로, 도시로' 퍼지는 바이러스라고 말했다. 그리고 그녀의 말은 사실이다. 트라우마는 어떤 사건에 대한 한 사람의 반응에만 국한되지 않는다. 트라우마는 개인의 신체적, 정서적 건강에 영향을 미치면서 내부로 이동하지만 또한 그 사람의 가족, 사랑하는 사람들, 그들이 낳은 아이들, 그리고 문화적, 역사적 조상을 공유하는 사람들의 삶에 끊임없이 침투한다. 연구에서 알 수 있 듯이 그것은 과거 세대에서 가족으로, 가족에서 미래 세대로, 고대 문화에서 현대 문화로 확산할 수 있다. 실제로 트라우마는 개인, 가족, 지역사회에 광범위한 영향을 나타내기도 한다.

폭력은 트라우마와 분명한 관련이 있으며, 흔히 폭력 행위를 당한 바로 그 사람의 손에서 일어난다. 국립 사법 연구소에 따르면 아동 학대와 방치는 "미래의 청소년 범죄와 성인 범죄 가능성을 거의 30% 증가시켰다". 좀 더 최근의 연구에서는 청소년 범죄자의 75%가 어린 시절에 신체적인 학대를 당했다고 보고했다. 그리고 유년기에 학대받은 56%의 아이들이 나중에 폭력 행위를 저질렀다.

여기에 더해 성폭력과 가정폭력 피해자들은 계속해서 학대받는 상황에 놓일 가능성이 염려스러울 정도로 높다. 이 모든 것은 우리가 자신과 다른 사람들에게 가하는 반복되는 순환을 가리키며 (충격적인 사건이나 상황을 거듭 반복함으로써) 트라우마를 거의 필연적인 순환 형태로 만든다. 우리가 트라우마를 받았을 때 그 트라우마를 재현하는 강박적인 반복 행동 패턴에 빠지는 것(혹은 사건이 다시 일어날 가능성이 있는 상황에 우리 자신을 집어넣는 것)은 드문 일이 아니다. 결국 이 트라우마는 학대, 폭력, 괴롭힘 또는 중독이 전염되는 패턴을 만든다. 여러 연구에서 이것을 증명한다. 내 생각에 가장 흥미로운 연구 중 하나는 내 멘토이자 동료인 케네스 하디Kenneth Hardy에게 나온 것이다. 그는 자신의 책 『상처받은 10대Teens Who Hurt』와 중요한 논문인 「인종 트라우마의 숨은 상처 치유Healing the Hidden Wounds of Racial Trauma」에서 인종차별로 인해 겪는 부당함이 트라우마의 반복되는 순환에 어떻게 기여하는지 조명했다.[6] 또한 어린 시절에 신체적으로 또는 성적으로 학대받은 성인에게서도 그 증거를 볼 수 있다.

이러한 증거는 특히 제대로 기능하지 못하는 관계에서 가장 명백하게 나타난다. 나는 이러한 예를 자주 본다. 아버지나 할아버지의 손에 고통을 받은 여성들이 학대하는 남성들에게 끌리는 것이다. 그리고 내 환자 필라르의 이야기가 보여주듯이 흔히 이러한 남자들은 폭력적인 가족 구성원에게 반복적으로 학대를 당했던 사람이고 자기 아이들을 학대한다. 그 아이들은 나중에 또 자기 아이들을 학대한다. 선수들은 다르지만 경기 자체는 본질적으로 똑같다. 한 사람의 인생에서 한 가지 사건은 그 과정에 있는 다른 사람들에게 영향을 미칠 수 있다. 다행히도 순환을 깨는 방법이 있다. 한 사람의 치유만으로도 과거와 미래 세대까지 치유할 수 있다. 이는 다음 장에서 논의할 것이다. 트라우마는 개인과 가족뿐만 아니라 역사적으로 공동체와 문화 내에서도 광범위한 결과를 초래한다.

① 역사적 트라우마

세대 간 트라우마는 개인과 가족 차원에서뿐만 아니라 공동체 차원에서도 발생하며 역사적으로 전체 집단의 고통에 기여한다. 현대의 신비주의자이자 정신적 스승이며 『공동체 트라우마 치유하기Healing Collective Trauma』의 저자인 토마스 휴블Thomas Hübl은 특히 내가 공감하는 내용으로 그 정의를 덧붙인다.

> 특정 문화나 전통을 가진 사람들이 자기 집과 땅을 빼앗겼을 때, 도서관이나 묘지 혹은 종교 시설이나 성지가 모독당하거나 부정당했을 때, 언어나 의식 또는 관습이 금지되거나 막히거나 잊힐 때, 자기와 그 집단이 분리되거나 굴욕을 받거나 잔혹한 일을 당하거나 고문 또는 살해되었을 때, 트라우마 상처는 박해한 자와 박해받은 자 모두를 포함하는 집단적인 정신적 흉터를 남기며 여러 세대에 걸쳐 운반되고 전파될 것이다.

이 내용은 원래 홀로코스트 생존자들의 아이들과 제2차 세계대전 동안 수용소에 수용된 일본인 아이들의 경험을 묘사하기 위해 만들어졌다. 하지만 '역사적 트라우마'란 억압, 희생, 또는 거대한 집단 트라우마에 노출된 모든 집단의 경험을 의미한다. 하지만 당연하게도 훨씬 큰 의미가 있다. 왜냐하면 트라우마는 그저 처음에 잔혹 행위를 경험한 사람들의 몸에 암호화되어 묻히는 것이 아니기 때문이다. 미국 원주민 사회복지사이자 부교수이며 정신 건강 전문가인 마리아 옐로 호스 브레이브 하트Maria Yellow Horse Brave Heart 박사는 역사적 트라우마에 대해 "대규모 집단 트라우마에서 발생하는 *생애와 세대에 걸쳐 누적된 감정적, 심리적 상처*"라고 말한다.

역사적 트라우마가 얼마나 널리 퍼져 있는지에 대한 아이디어를 제공하기 위해 다음과 같은 몇 가지 예를 들어보겠다. 홀로코스트에서 살아남은 유대인들, 튀르키예에서 집단 학살을 당한 아르메니아인들, 크메르 루즈의 손에 놓인 캄보디아인들, 아르헨티나의 더러운 전쟁Dirty War에서 '실종된' 사람들의 고문과 살해, 북미 및 남미와 호주 및 기타 지역 원주민에 대한 식민지화의 영향, 1990년대에 인종청소로 고통받거나 세르비아인들에 의해 강제로 추방된 수백만 명의 코소보 알바니아인들, 북미와 유럽의 노예무역, 그리고 미국에서 인종차별과 노골적인 차별을 계속 경험하는 흑인들과 유색인종들 등.

그 집단이 무엇이든 간에 그러한 상처에 대한 반응을 브레이브 하트 박사는 '역사적 트라우마 반응'이라고 부르고, 심리학자이자 연구자인 에두아르도 두란Eduardo Duran은 '영혼의 상처'라고 부른다. 이 둘은 같은 것으로서 공동체의 정신과 집단 의식에 깊은 사기 저하 효과를 만들어 낸다. 증상으로는 흔히 약물과 알코올 남용의 높은 발생률, 우울증, 불안, 외상 후 스트레스 반응, 신체적 질병, 자살 충동, 그리고 무가치한 느낌 등이 있다. 『영혼의 상처 치유Healing the Soul Wound』라는 책의 저자이기도 한 두란은 이 상처가 다음 세대에 의해 치유되어야 한다고 믿는다. 우리는 이에 대해 6장에서 다룰 것이다.

> 몸에 상처가 난 것이 아니라 영혼 안에 상처를 안고 있다면 무엇을 할 수 있을까? 그리고 그러한 영적인 상처가 자신뿐만 아니라 자기 삶에 있는 모든 사람에게 존재한다면 무슨 일이 일어날까? 개인적인 트라우마를 경험했든 안 했든 간에 우리는 모두 가족적이고 문화적인 고통의 유산에 의해 영향을 받는다. 최근 연구에 따르면 트라우마는 개인에게 심각한 영향을 나타내는 것과 마찬가지로 집단에도 동일한 영향을 미치는 것으로 나타났다. 트라우마는 가족, 세대, 공동체, 국경을 넘나든다.
>
> — 토마스 휴블, 『공동체 트라우마 치유하기』

② 체계적인 트라우마

역사적 또는 집단 트라우마를 경험하는 많은 문화 집단과 민족 집단은 그들을 무력하게 하고 권리를 부정하기 위해 고안된 제도

(법, 정책, 문화적 편견)에 의해 고통이 장기화한다는 것을 발견한다. 이것은 공동체 내에서 외상 후 스트레스를 증가시킨다. 체계적인 트라우마는 불의와 억압을 영구화한다. 특정 집단의 사람을 대상으로 하고 착취하고 소외한다. 그리고 불평등을 성문화하고 정당화하고 유지하기 위한 법을 제정한다. 체계적 외상은 강제 이주, 격리, 식량 불안정, 부적절한 의료, 환경적 불공평, 유아 교육 및 일자리 기회의 불평등 등을 포함한다.

이것의 한 가지 극명한 예는 미국 흑인들의 경험이다. 인종차별적 증오와 경찰의 잔인한 위협이 흑인 공동체에 가해진다. 흔히 아이들, 특히 아들이 집을 떠날 때마다 부모는 두려움과 불안에 잠긴다. 비록 노예제도가 1865년 이후로 불법화되었지만 그 유산은 문화에서 다양한 방식으로 이어지고 있다. 보스턴 대학의 인문학 교수이자 여러 책의 저자인 이브람 엑스 켄디Ibram X Kendi에 따르면 흑인들은 체계적인 인종차별이 어느 정도 그들의 잘못이라고 믿게 되었다. 흑인의 태도와 행동에 본질적으로 뭔가 잘못된 것이 있어서 '노예가 되고 분리되고 대량으로 투옥된' 이유가 되었다는 것이다. 켄디는 "흑인들이 자신에게는 아무런 문제가 없다는 것을 아는 것이 매우 중요하다. 흑인들은 집단으로서 인종차별적 트라우마에서 치유될 필요가 없다. 흑인에게 필요한 것은 오직 인종차별적 트라우마에서 해방되는 것이다"라고 말한다.[7]

유전된 행동 패턴

나는 홀로코스트 생존자 2세대로서 1세대, 2세대, 3세대 생존자를 중심으로 한 트라우마 전파에 관한 연구 결과를 뜻밖이라고 여기지 않는다. 레이철 예후다Rachel Yehuda가 수행한 것과 비슷한 몇몇 연구는 우리가 어린 시절에 그러한 유전의 원인을 반드시 알지 못한 채 부모나 조부모 또는 증조부모의 수치심, 두려움, 죄책감에 의해 영향을 받을 수 있다는 것을 보여준다.[8] 홀로코스트가 자손들에게 미치는 영향에 대한 2019년의 또 다른 연구는 두 명의 생존한 부모가 아이들에게 트라우마적인 심리적 증상과 유전적 변화를 일으키는 데 기여했다고 보고했다.[9] 트라우마 경험의 세대 간 전파가 예외 없이 우리가 트라우마로 고통받을 운명이라는 것을 의미하지는 않는다. 이러한 연구들에서는 우리의 취약성에 주목하지만 전파는 회복력과 강인함의 원천으로 작용할 수 있다. 예를 들어 두 연구에서는 나이 든 부모와 조부모를 돌보는 역할을 한 생존자의 자손이 홀로코스트를 경험하지 않은 부모의 자손보다 보살핌에 더 크게 헌신을 한다는 것을 보여주었고 부모의 상태에 대해 더 높은 불안감을 보여주었다.[10]

나는 특히 홀로코스트 생존자의 트라우마를 전문으로 하는 임상 심리학자인 이리트 펠젠Irit Felsen의 연구에 공감한다. 몇 년 전 한 학회에서 그의 강연을 들었다. 그녀는 생존자의 자녀가 타인의 비인간성과 잠재적인 공격성을 얼마나 예리하게 인식하고 있는지 이야기했다. 그들의 선조가 제2차 세계대전 이전과 전쟁 동안 직면했던 잔혹 행위를 고려할 때 수긍이 간다. 이것 때문에 생존자의 자녀는 대처 메커니즘으로서 모든 상호작용을 인간적으로 행하는데, 흔히 평균적으로 기대할 만한 행동을 넘어서 만인에게 미치는 심오한 요구와 능력을 보여준다고 그녀는 말한다. 예를 들어 식료품점 점원의 '가장 친한 친구'가 되기도 하고 교수에게 넘치는 정을 표현하기도 한다. 펠젠은 "때로는 유머를 사용하거나 칭찬과 작은 선물을 제공함으로써 특이한 매력을 보이기도 하고 때로는 강제적인 성적 상호작용 등 부적절한 수단을 통해 나타나기도 한다. 이러한 행동은 개인적인 유대감을 끌어내는 식으로 낯선 사람 사이에서 더 큰 안전을 느끼려는 전략이다"라고 말한다.

전쟁 기간에 많은 유대인은 운이 좋은 경우에도 식량 부족에 시달려야 했고 최악일 때는 극심한 굶주림과 기아를 겪어 종종 식량에 대한 불안 관계를 형성하게 되었다. 《영양 교육과 행동 저널Journal of Nutrition Education and Behavior》에 실린 간략한 연구에서 연구원인 에이미 신들러Amy Sindler, 낸시 웰먼Nancy Wellman, 오렌 바루크 스티어Oren Baruch Stier는 이것을 사실로 입증하는 몇 가지 구체적인 사례를 발견했다. 생존자들은 (음식이 상했더라도) 음식을 버리는 데 어려움을 겪었고 음식을 과도하게 저장하는 경향이 있었으며 음식을 사기 위해 줄을 서는 것에 어려움을 겪었다. 또한 음식을 쉽게 구할 수 없을 때 불안을 느꼈다.[11] 그 부족 심리가 전해졌기 때문에 2세대가 지난 지금도 그들의 자녀와 손자까지 식품 저장고를 유지해야 하고, 항상 충분히 먹을 수 있도록 보장해야 하며, 흔히 자기 사랑을 보여주는 방법으로 다른 사람들에게 음식을 제공할 무의식적인 필요를 느끼는 것으로 보인다. 나는 개인적으로 내 가족, 그리고 함께 자란 다른 많은 유대인 가족에게서 이런 일이 일어나는 것을 목격했다. 홀로코스트 생존자의 자손이기도 한 펠젠 박사에 따르면 그는 코로나19 팬데믹 동안 특히 어려운 시간을 보냈다고 한다. 잠재적으로 의료 서비스에 접근할 수 없고 충분한 음식과 공급 물품이 없다는 두려움이 자기 부모가 홀로코스트 동안 겪은 일에 대한 기억을 촉발했다.[12]

홀로코스트 생존자의 자녀, 손자, 그리고 심지어 증손자까지도 종종 부모나 조부모의 불안과 슬픔을 흡수한 것처럼 느낀다. 어떤 사람들은 어른들에게 느끼는 격렬한 헌신이나 사랑과 함께 다가오는 예감, 즉 걱정, 두려움, 불안의 기운을 떠올린다. 이러한 감정이 표현되는 방식 중 한 가지는 펠젠 박사가 '훈련된 공감 도우미trained empathic helpers'라고 부르는 것으로서 부모의 감정 상태에 날카롭게 적응한 상태가 되는 것이다. 불행하게도 그들은 자기 욕구에 집중하면 부모를 해칠 것이라는 두려움이 생겨 자신의 감정적 욕구를 돌보거나 심지어 인식하는 것조차 별로 능숙하지 않다. 이것은 종종 삶에서 다른 사람들과 관계를 맺는 방식에 영향을 미친다. 즉 그들은 타인의 고통에 극도로 공감할 수 있다. 그리고 그만큼 타인의 고통과 자신을 구별하는 데 어려움을 자주 겪는다. 다른 사람에게 지나치게 관여하는 때도 있고 완전히 분리하는 때도 있다.

또한 생존자의 자녀 중 다수가 자기가 애초에 경험하지 않았던 사건, 자기 것이 아닌 감정, 그리고 어떤 방법으로든 흡수한 것에 대해 회상한다고 보고한다. 나는 그러한 경험을 잘 알고 있다. 나는 외조부모인 나나, 랄루와 매우 친밀했는데 가족 가운데 이 두 사람만이 나치의 죽음의 수용소에서 살아남았다. 그들은 전쟁 중에 큰 고통을 받았다. 그래서 비록 내가 개인적으로 전쟁을 경험한 것은 아니지만 그 일에 대해 상세한 지식을 가지고 있다고 느낀다. 나는 때로 극심한 박해를 받는 기분과 전쟁 중이라는 느낌이 드는 꿈을 꾸곤 한다. 나는 전투와 관련된 두려움과 불안, 도망쳐야 할 필요성 같은 것을 맛보고, 냄새를 맡고, 내 몸에서 그 에너지를 느낄 수 있다. 내 사촌 중 몇몇도 비슷한 경험을 했다.

우리 조상들의 유산

그렇다면 내가 전쟁을 전혀 경험하지 않고도 원격으로 알 수 있게 된 방법은 무엇일까? 나는 나나와 랄루에게서 트라우마의 잔여물을 물려받았고 그것을 지니고 다니며, 그것이 세상과 세상 안의 내 위치에 대한 견해를 제공했다. 내가 경험한 세대 간 트라우마는 조부모님이 살아 계실 때 받은 노골적이거나 부지불식간에 영향을 준 메시지가 작용한 결과다. 그들이 들려준 이야기와 느낀 고통, 전해 준 지혜를 통해 그들이 겪고 목격한 트라우마와 인종 학살을 절대 잊지 않게 된 것이다. 사랑받았던 손녀로서 외조부모의 이야기 뒤에 숨겨진 감정은 그들이 떠난 지 한참 후에도 나에게 남아 있었다. 어떤 이야기는 견디기 힘들었다. 다른 이야기에는 고난에서 나온 지혜와 기쁨이 가득했다. 이 모든 이야기는 평생 내 안에 살아 있다. 심리치료사이자 랍비인 티르자 파이어스톤Tirzah Firestone은 그녀의 책 『상처에서 얻은 지혜Wounds into Wisdom』에서 어린 시절 심적인 경계는 매우 투과성이 있다고 말한다. 가족 구성원이 충격적인 사건을 경험한 뒤 그것을 받아들이지 못하거나 치유하지 못할 때 무심코 아이에게 경험을 전달하게 되며 그것은 "향후 성인의 트라우마 이미지를 위한 저장고가 되는, 아이의 발달 중인 자아에 축적돼서 아이의 삶을 형성할 수 있다".[13] 이 모든 과정은 무의식적이며 흔히 소리 없이 일어난다.

예를 들어 술을 마시면 폭력을 쓰는 아버지가 있는 가정에서 자란 아이는 삶의 예측 가능성을 신뢰하는 것이 불가능해진다. 아이는 자기 안전을 지키거나 항상 사랑받는 일은 다른 사람에게 의존할 수 없다는 것을 배운다. 왜냐하면 아버지가 술이 깨면 상황이 지극히 좋을 수 있고 아버지가 술에 취하면 지극히 추하게 변할 수 있기 때문이다. 그리고 언제 무슨 일이 일어날지 예측할 방법이 없다.

하지만 여기에 문제가 있다. 이 아이는 안전하지 않은 환경에서 살아남기 위해 자기 행동을 적응시킬 뿐만 아니라 무의식적으로 경험하고 있는 것을 내면화한다. 그것은 결국 본인의 아이들을 양육하는 방식에도 영향을 미치고 자기를 안전하게 지켜준 적응적인 행동뿐만 아니라 여전히 트라우마에서 발생한 해결되지 않은 감정들을 자녀에게 전달하면서 영향을 미칠 수 있다. 부모의 무의식적인 트라우마 반응의 결과로 아이들은 특별한 트라우마를 경험하지 않고도 어디선가 갑자기 나타난 모든 종류의 감정적, 행동적 증상을 스스로 보일 수 있다. 이는 흔히 정신 질환으로 분류된다. 만성 우울증, 경계선 인격장애 등과 같은 정신과적 진단으로 좁혀지기도 하는데 이는 실제로 해결되지 않은 역사적 또는 세대 간 트라우마의 영향일 수 있다. 헝가리계 캐나다인 의사이자 중독 전문가인 가보마테 박사도 이에 동의한다. 그는 대부분의 정신 질환은 "우리가 사는 사회의 비정상에 대한 정상적인 반응"이며 대부분의 정신 건강 상태는 "해결되지 않은 어린 시절의 트라우마에서 비롯된다"라고 말한다.[16] 마테의 설명은 내 임상 경험에서 비롯된, 내가 진실이라고 믿는 것과 일치한다. 즉 실제로 대부분의 정신 질환은 해결되지 않은 트라우마이며 이는 세대에서 세대로 전달될 수 있다.

후성유전학의 발견

오랫동안 과학자들은 유전적으로 물려받은 것은 바뀔 수 없다고 믿었다. 유전자 코드에 기록된 것이 행동, 건강, 그리고 세상을 살아가는 운영 방식을 결정한다는 것이다. 예를 들어 만약 어머니나 아버지처럼 수줍음을 타거나 사회생활에서 불안해한다면 항상 그런 식일 것이다. 이것은 DNA에 암호화되어 있으며 자신이 누구인지 말해준다. 만약 오랫동안 알코올 중독자가 이어진 가계에서 태어났다면 이는 자기도 알코올 중독자가 될 위험이 훨씬 더 크다는 뜻이고, 결국 건강을 유지하기 위해 그러한 경향과 싸워야 할 것이다. 그러나 지난 몇 년간 연구를 통해 다소 놀라운 사실이 밝혀졌다. 바로 유전자만이 지금의 여러분을 만든 것이 아니고 외부 및 환경적 요인도 역할을 한다는 사실이다. 그리고 실제로 자기 행동을 수정함으로써 유전자에 표현된 정보(살아온 운명)를 바꿀 수 있는 능력이 생긴다고 한다.

이 좋은 소식은 위스콘신 매디슨 대학의 정신의학 및 심리학 교수이자 건강한 정신 센터the Center for Healthy Minds의 설립자인 리처드 데이비드슨Richard Davidson에 의해 확증되었다. 그는 수줍음을 물려받는 것이 종신적인 선고가 아님을 증명하기 위해 실험을 고안했다. 리처드와 그의 연구팀은 로봇 로비Robie를 이용하여 어린이의 '부끄러움에 대한 유전적 성향'이 환경의 결과로 바뀔 수 있는지 확인했다.[15] 그들은 수줍음을 타는 아이들이 로봇 로비와 상호작용의 결과로 나중 인생에서 더 외향적으로 성장하게 된 것을 발견했다. 계속해서 데이비드슨은 공동 작가 대니얼 골먼과 함께 쓴 그의 책 『명상하는 뇌Altered Traits』에서, 마음이 뇌를 변형시키고 성격 특성을 장기적으로 변화시키는 능력을 향상할 수 있다고 제시했다.[16]

이 모든 것은 후성유전학epigenetics이라고 불리는 과정을 통해 일어난다. 후성유전학은 행동과 환경이 어떻게 유전자 발현의 변화를 일으킬 수 있는지에 관한 연구다. CDC에 따르면 후성유전학(글자 그대로 '유전학 위에'라는 뜻이다)은 DNA 위에 놓여 있는 추가적인 명령어 층으로서 DNA 서열 자체의 정보를 변경하지 않으면서도 DNA의 형태, 기능, 표현을 화학적으로 변화시킨다. 다시 말해 후성유전학적 변화는 가역적이며 DNA 서열을 바꾸지는 않고 단지 신체가 읽고 표현하는 방식을 바꿀 뿐이다. 즉 환경적 독소, 식단, 운동 습관, 스트레스 수준 등과 같은 환경이나 생활 방식 선택은 DNA를 바꾸지 않은 채 어떤 유전자가 켜지거나 꺼지는지에 영향을 미칠 수 있다. 그리고 이러한 변화는 다음 세대로 전달될 수 있다. 후성유전학에 대해 가장 잘 알려진 설명은 대자연(더 구체적으로는 꿀벌)에서 나왔다. 일벌과 여왕벌은 같은 DNA를 가지고 있지만 다른 식단을 먹는다. 꿀벌의 애벌레에 관한 2018년 연구의 수석 연구원인 폴 허드Paul Hurd에 따르면 애벌레가 여왕으로 변하는 유일한 이유는 특정한 식단에 반응하여 유전자가 켜지거나 꺼지는 방식 때문이다.[17] 본질적으로 행동이 DNA를 바꾸지 않으면서도 유전자 발현을 수정할 수 있다는 것을 보여준다.

이것을 인간과 트라우마에 적용해 보자. 만약 누군가가 어렸을 때 성적 학대를 받았지만 그 이후에 트라우마를 치유하기 위한 작업을 한 경우라면 그 트라우마의 유전적 표현('분자 수준의 흉터')을 끄는 것이 가능하다는 뜻이 된다. 이 일이 일어나면 그들은 더 이상 그 트라우마를 후손에게 전가하지 않을 것이고 치유의 길을 걷게 된다. 자신의 트라우마를 치유할 때 다른 사람을 치유하게 된다. 그렇다면 다른 사람이 치유될 때 세상의 치유가 시작될 수도 있다.

뉴욕 마운트 시나이 의과대학의 정신과 및 신경과학 교수이자 트라우마 스트레스 연구 책임자인 레이철 예후다는 후성유전학과 PTSD 분야의 전문가다. 그녀는 제2차 세계대전 이후에 태어난 홀로코스트 생존자의 자녀들을 연구했고, 부모의 회복력과 대처 전략에도 불구하고 그 자녀들은 부모가 홀로코스트의 영향을 받지 않은 아이들보다 우울증과 불안에 더 취약하다는 것을 발견했다.[18] 또한 아이들이 트라우마를 직접 경험하지 않고도 생존자에게 존재하는 것과 동일한 스트레스 호르몬 불균형이 있다는 것도 발견했다.[19]

예후다는 9·11 사태 때 세계무역센터에서 대피해야 했던 여성들을 대상으로 벌인 조사를 포함해서 임신 중에 충격적인 경험을 한 여성의 자녀들에 관한 연구도 수행했다. 이 연구는 지속해서 그 자녀들이 여러 가지 신체적, 정서적, 행동적 문제로 고통을 겪는다는 것을 보여주었다. 특히 임신 제3분기에 산모의 트라우마가 일어났을 때 심했다. 한 여성이 임신해서 언어나 문화를 모르는 다른 나라로 강제 이주를 당했다고 가정해 보자. 그녀는 뒤에 너무 많은 것을 남겨두고 떠나야 했고 앞으로 무엇으로 살아야 할지 확신하지 못한다. 그녀는 안전하지 않다고 느끼고 충분히 보호받지 못한다고 느끼며 극심한 고통의 순간을 겪을 수도 있다. 이는 분명히 그녀의 건강에 영향을 미친다. 그녀가 겪고 있는 불안과 우울증은 아이의 유전자 정보와 유전자 발현을 바꾸는 식으로 자궁 내 아기에게 전달될 것이다. 엄마의 고통 때문에, 트라우마 때문에, 그리고 자궁에서의 어려움 때문에 아이는 생존 반응을 지니고 태어날 것이다. 아이는 엄마의 불안감을 자기 신경계로 흡수했다. 자신의 환경이 안전하지 않다는 것을 알게 된 것이다. 몇몇 종단적인 연구에 따르면 그 아이는 자라면서 불안과 우울증을 경험할 가능성이 크다.[20]

나는 9·11 사태 직후에 상담했던 몇몇 여성에게서 약간 다른 방식으로 그러한 증거를 보았다. 루시아가 좋은 예다. 건물이 무너진 후 그녀는 세계무역센터 107층에 있는 식당인 〈윈도 오브 더 월드〉에서 일하던 남편을 찾기 위해 온두라스에서 정신없이 달려왔다. 루시아가 맨해튼에 도착했을 때 그녀는 임신 7개월 상태에 있었다. 그녀는 영어를 하지 못했다. 그녀는 어디로 가야 할지 누구와 이야기해야 할지 몰랐다. 도움을 받게 될 즘에 극도의 불안과 두려움이 그녀의 건강에 영향을 미치기 시작했다. 루시아는 곧 아이를 낳

왔는데 아이는 놀람 반응, 만성적인 과민성, 달래지지 않음, 모유 수유 때 가슴을 붙잡기 어려워 함 등 여러 조절 장애의 징후를 보였다. 이 모든 증상은 아이가 자궁에서 트라우마를 받았을 것임을 보여준다. 루시아와 그녀의 아이 모두 트라우마를 치유하기 위한 심리적인 도움이 필요했다.

좋은 소식은 만약 엄마가 자신의 상황에 적응할 수 있고 자신과 아이에게 사랑스럽고 안전한 환경을 제공할 수 있다면 그녀가 어린 아이의 유전자에 있는 정보를 바꾸고 체계적인 조정을 할 수 있다는 것이다. 그 결과 앞으로 살아갈 믿음과 경험을 바꿀 수 있는 더 좋은 기회도 가질 수 있을 것이다. 루시아가 아이에게 안전한 애착을 제공하는 것은 아이가 나중에 고통받을 가능성을 줄일 수 있다.

비록 이러한 연구가 아직 비교적 초창기에 있지만 후성유전학은 트라우마로 고통받는 사람들에게 큰 희망을 준다. 만약 정말로 DNA에 손대지 않고 유전 정보를 수정할 수 있다면 그것은 트라우마가 자동으로 종신형 선고가 될 필요가 없다는 뜻이 된다. 그것은 우리가 트라우마의 영향을 영원히 경험할 운명이 아니라는 것을 의미한다. 비록 트라우마가 신체적, 정신적, 그리고 감정적으로 영향을 주지만 우리는 스스로 결과를 바꿀 수 있는 능력을 갖추고 있다. 그 힘은 유전적인 차원에서 치유할 뿐만 아니라 미래 세대로의 전염도 막는다.

신경가소성의 희망

내가 정말 좋아하는 관련 개념으로 신경가소성neuroplasticity이 있는데 이것 역시 희망으로 가득 차 있기 때문이다. 신경가소성은 성장, 재편성, 그리고 다시 배선을 통해 자신을 회복시키는 뇌의 능력을 말한다. 뇌는 경험에 기초하거나 학습이나 부상에 반응하는 식으로 새로운 시냅스 연결을 형성할 수 있는 능력을 갖추고 있다. 트라우마는 전체적인 삶에 악영향을 미칠 수 있지만 우리는 그 피해를 되돌릴 수 있는 능력이 있다. 한때 고정되거나 영구적이라고 생각했던 것들, 즉 유전학과 뇌의 배선은 생각보다 더 변하기 쉽다. 트라우마가 우리 몸에 살아 있는 것처럼 우리는 고통의 세대 전달 회로를 깨는 데 도움이 되는 신체의 고유한 지혜에도 주목해야 한다. 그리고 자신의 신체적, 정서적, 정신적 상처뿐만 아니라 가족, 공동체, 그리고 지구의 상처까지 회복시키는 치유에도 주목하자.

세대 간 성장을 상상하기

트라우마에서 PTG로 나아가기 위해서는 트라우마의 세대 간 및 역사적 전파를 의식해야 한다. 우리가 물려받은 자동적인 무의식 반응, 신념, 결정을 기꺼이 변화시켜야 한다. 더불어 세대 간 외상은 PTG 과정에 전념하지 않고는 치유하기가 매우 어렵다. 그런데도 선조들의 고통에 짓눌리는 것은 흔히 PTG로 가는 여정을 더 어렵게 할 있다. 일단 세대 간 트라우마로 인한 고통이 견딜 수 없게 되고(막힌 느낌) 건강하지 못한 행동을 반복하고 불안과 우울증으로 어려움을 겪게 되면 PTG 프로세스를 시작하는 길이 열릴 수도 있다.

나는 세대 간 트라우마에 영향을 받은 사람들을 상담하고 치유의 다른 쪽으로 갈 수 있도록 도와주는 과정에서 그들이 첫 번째 단계인 인식의 단계, 그리고 심지어 두 번째 단계인 각성의 단계까지 통과한다는 것을 알게 되었다. 하지만 세 번째 단계인 '존재의 단계'는 까다로울 수 있다. 왜냐하면 그 시기는 자기를 보는 방식과 세상을 이해하는 새로운 방법을 고려하도록 초대받는 때이기 때문이다. 그들은 창의적으로 되고 호기심을 가지고 다른 관점에 대해 개방적으로 되도록 요구받는다. 여기가 그들이 자주 막히는 곳이다. 그들은 수 세대에 걸쳐 가족 DNA의 일부였던 것과 동일한 반복적인 믿음을 가지고 고정된 사고방식으로 살아왔다. 이러한 믿음과 존재의 방식은 너무나 뿌리가 깊어서 세상을 다른 방법으로 보는 것이 불가능하다고 느낄 수 있다. 일단 이 일을 할 수 있게 되면 네 번째 단계인 존재의 단계로, 그리고 나중에는 전환의 단계로 나아갈 수 있다.

만약 역사적 트라우마를 심리적, 유전적으로 다루지 않는다면 우리는 고통 속에 갇혀 있을 것이고 세계와 그 안에서 자기 위치에 대한 새로운 관점을 찾는 것이 더 어려울 수도 있다. 예를 들어 많은

트라우마, 극복의 심리학

홀로코스트 생존자들과 그 후손들은 평생 자신이 되뇌었던 이야기를 넘어서는 것이 상당히 어렵다는 사실을 알게 된다. "나는 홀로코스트의 희생자다. 나는 그 전쟁의 생존자다. 나는 박해를 받는 유대인이다." 자라온 이야기가 무엇이든 간에 그것은 몸에 살아 있고 자기를 정의하는 정보다. 그것이 바로 자신에 대해 가지고 있는 인식을 넘어 다른 것을 상상하기 어렵게 할 수 있다.

그런데도 트라우마의 순환, 즉 고통의 강박적인 반복을 멈추기 시작하는 유일한 방법은 자기 상처를 인식하는 것이다. 그 일은 PTG 과정에 전념할 때 일어난다. 쉽지는 않지만 자신을 위해서가 아니라 후손들을 위해서 하고 있다는 것을 기억하는 것이 도움이 된다. 우리는 물려받은 고통의 전염을 멈출 수 있고 고통 없이 지혜를 전달할 수 있다. 그것이 후성유전학의 아름다움이며 PTG의 가능성이다.

내가 환자들과 자주 공유하는 예는 모세가 유대인들을 이집트에서 데리고 나와 약속의 땅으로 인도하는 이야기다. 모세가 유대인들을 구출하여 자유로 이끌 때 그들은 400년 이상 노예 상태로 지냈다. 랍비의 가르침대로라면 사막을 지나 이스라엘로 들어가는 길은 일주일이면 쉽게 갈 수 있는 아주 짧은 거리였다. 대신 그들에게는 40년이 걸렸다. 왜 그랬을까? 현자들은 이를 심리학적, 정신적 관점에서 조명한다. 그들이 준비되지 않았기 때문이다. 유대인들은 이집트에서 노예였던 기성세대가 모두 죽을 때까지 말 그대로 원을 그리며 사막을 떠돌았다. 광야에서 새로 태어난 신세대에게는 구세대가 가진 노예 정신이 없었다. 그들은 자유롭게 태어났다. 구세대는 옛 삶을 버릴 준비가 되어 있지 않았기 때문에 약속의 땅에 들어갈 수 없었다. 그들은 칭얼거렸다. "음식을 달라. 우리는 약속의 땅에 갈 수 있다고 믿지 않는다. 물이 없다. 물을 달라. 이집트로 돌아가자. 그곳에서 우리는 안전했다. 거기 삶이 더 편안했다." 그들은 이집트에서 겪은 고통에서 오는 트라우마와 두려움을 안고 새로운 국가를 시작할 수 없었다. 그러나 젊은 세대는 변화했다. 그들은 자유를 받아들일 준비가 되어 있었다. 그들은 새로운 관점에 열려 있었고, 오래된 것과 새로운 것을 통합했으며, 준비가 돼 있었다.

내가 환자들에게 말하듯이 약속의 땅에 들어가기 위해서는, 즉 PTG의 5단계인 성장과 지혜, 인식을 습득하기 위해서는 자신을 가로막는 신념을 버려야 한다. 우리는 전환이 일어나는 데 필요한 감정적인 죽음과 그에 따른 재탄생을 경험해야 한다. 그것이 40년이 걸리지 않기를 바란다. 하지만 그렇게 느끼더라도 사막에서의 40년이 여행자들에게 개인적인 성장과 영적인 자유를 향한 여정에서 모든 거짓과 장애물을 벗어나는 데 필요한 많은 조처를 할 수 있게 해주었다는 것도 기억하자. 약속의 땅으로 가는 길은 정말 시간과 헌신과 노력이 필요하다.

6장 —
집단 트라우마에서 집단 성장으로

> 사려 깊고 헌신적인 시민들의 작은 모임이 세상을 바꿀 수 있다는 것을 절대 의심하지 말자. 정말로 그것만이 유일하게 할 수 있다.
>
> - 마거릿 미드

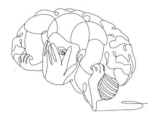

1장에서 이야기했듯이 트라우마 회복과 성장의 단계는 개인 차원뿐만 아니라 집단 차원에서도 성공한다. 집단 트라우마는 집단 치유를 해야 하며, 집단 치유에서 집단 성장이 나온다. 집단 트라우마(9·11 테러, 코로나19 팬데믹의 대유행, 자연재해, 대량 학살, 인종 불평등 등)는 결국 우리를 더 강하게 하고 더 공감하게 하며 더 동정심이 많은 방식으로 연결하고 공동체로 성장하도록 할 수 있다. 우리는 더 큰 목적의식을 가지고 우선순위를 재편성하는 방법으로 그 경험에서 빠져나올 수 있다. 다른 사람이나 한 그룹과 다시 연결해 도움을 요청하거나 거꾸로 다른 사람에게 도움을 제공하는 것은 공동체로서 성장할 기회를 준다.

우리는 개인적인 트라우마 경험에 대해 많은 이야기를 했다. 하지만 트라우마는(심지어 개인적으로 깊이 느끼는 경험도) 항상 관계적이라는 사실을 기억하는 것이 중요하다. 그리고 그 말은 트라우마가 관계적으로 치유될 수 있다는 뜻이다. 제도적인 관점에서 보면 개인과 제도는 떨어져 있는 것이 아니므로 한 사람에게 영향을 미치는 것은 모든 가족적, 공동체적, 문화적 차원에도 영향을 미친다. 주디스 허먼의 말처럼 트라우마는 기본적인 신뢰 관계가 붕괴한 '인간 연결의 위반'이기 때문에 치유와 변화를 위해서는 그 연결을 회복해야 한다.

집단 트라우마는 개인적인 트라우마와 크게 다르지 않다. 그것은 단지 더 큰 규모로 일어날 뿐이다. 비록 집단 내의 개인들이 동일한 충격적인 사건에 대해 매우 다른 반응을 보일 수 있지만 집단 트라우마는 집단의 경험, 즉 트라우마로 공유된 정신을 중심으로 한다. 그 집단은 단순히 개인이 모인 것 이상이다. 다시 말해 고유의 정체성을 가진 집단의식이 된다.

그렇다면 집단 트라우마란 무엇일까? 집단 트라우마는 일반적으로 개인, 가족, 지역사회 및 국가에 상상할 수 없는 고통을 초래하는 모든 재앙적 사건 또는 중대한 혼란으로 정의되며 이를 해결할 수 있는 체계나 자원이 없는 것을 말한다. 그것은 큰 혼란을 일으키는 특이한 사건일 수도 있고 공동체나 문화에서 집단으로 견뎌내는 만성적이고 지속적인 부당함일 수도 있다.

불행하게도 역사 속에서 일어난 여러 일이나 최근의 사례를 생각해 내려고 열심히 고민할 필요가 없다. 다음은 가장 확실한 몇 가지 예다. 코로나19 팬데믹과 뉴욕시의 9·11 사태, 허리케인 카트리나와 다른 자연재해가 발생한 도시와 주, 국가 규모의 파괴, 에이즈의 유행, 기후 위기, 홀로코스트, 다른 여러 대량 학살, 망명을 원하는 사람들의 강제 이주, 그리고 인종차별, 성차별, 능력주의, 계급주의, 외국인 혐오, 성전환 및 동성애 혐오 등 온갖 주의 주장과 공포로 자행되는 폭력 행위 등 사례의 수가 끝이 없고 압도적으로 느껴질 정도다.

사회학자 카이 에릭슨Kai Erikson이 그의 책 『새로운 문제들: 현대 재난에 대한 인간의 경험A New Species of Trouble: The Hman Experience of Modern Disasters』에서 제시한 바와 같이 개인 트라우마는 정신에 타격을 주지만, *집단 트라우마는 공동체가 안전과 지원의 장소라는 생각을 갈기갈기 찢으며 우리의 기본적인 소속감에 타격을 준다.* 개인 트라우마는 세상과 그 안에서 자기 위치에 대한 가정을 산산조각 낸다는 의미에서 파열이지만, 집단 트라우마는 전체 집단의 정체성과 신념 체계에 의문을 제기하는 의미에서 위기다. 개인 트라우마는 과거로부터 몸에 저장된 처리되지 않은 감정이지만, 집단 트라우마는 공유된 집단적 역사의 조각으로서 나타난 것이며 분열과 고립을 일으키고 문화를 이루는 낱낱의 구조를 해체한다. 치유를 위해서는 우리가 공유한 과거가 현재에 완전히 통합될 수 있도록 화해해야 하고 그래야 세대 간 트라우마의 순환을 깰 수 있다.

코로나19 팬데믹은 세계 모든 지역의 거의 모든 사람에게 영향을 준 트라우마 공유의 완벽한 예다. 나는 이 전염병이 세계가 안전하고 공평한 곳이라는 우리의 집단적인 가정을 산산조각 냈다고 해도 과언이 아니라고 생각한다. 우리를 위해로부터 보호하기 위한 체계가 존재한다거나 최소한 전문가들이 문제를 해결하고 전염병의 확산을 막을 수 있는 기술을 가지고 있을 것이라는 가정 말이다. 2020년 초 나는 (세계 행복 축제에서 연설하기 위해) 유럽으로 갈 내 비행기가 미국을 드나드는 수천 개의 다른 항공편들과 함께 취소되었다는 이메일을 불신의 눈으로 바라보았던 것을 기억한다. 게다가 뉴욕은 봉쇄되었다. 유럽은커녕 길 아래 식료품점조차 가지 못했다.

몇 주가 몇 달이 되고 몇 달이 몇 년이 되면서 모두가 갈망했던 정상이 돌아오지 않는다는 것이 명백해졌다. 우리가 삶에 대해 가지고 있다고 생각했던 통제력은 완전한 환상이 아니었다 치더라도 기껏해야 제한적이었다. 놀랄 것도 없이 정신 건강 핫라인에 전화가 급증했다. 내가 봐야 할 환자가 세 배나 증가했고 사망자 수가 증가함에 따라 평소보다 더 많은 사람이 불안감과 우울증을 호소했다(2021년 초 기준 40% 증가에 도달했다). 학교와 운동장, 교회와 쇼핑센터, 이웃집, 심지어 친지들의 집도 더 이상 안전한 피난처가 아니었다. 모두 바이러스의 잠재적 번식지였다.

사람들은 다양한 방식으로 반응했다. 뉴질랜드에서 첫 감염이 보고되었을 때 뉴질랜드인은 위험을 무릅쓸 만큼 적당히 안전하다고 여겨질 때까지 완전히 격리되었다. 미국과 같은 일부 나라의 국민들은 엄격한 프로토콜을 따라야 할 필요성과 극도로 독립적인 국민성을 조화시키기 위해 고군분투했다. 두려움, 불안, 그리고 회의론은 이웃과 때로는 심지어 가족 구성원들끼리도 서로 맞서게 했다. 전염병은 백인과 흑인 시민 간, 빈부 간, 선진국과 신흥국 간의 격차를 첨예하게 부각했다. 식료품점 점원, 청소 노동자, 대중교통 종사자, 우편 및 택배 서비스 종사자, 의사, 간호사, 병원 직원과 같은 필수 노동자는 집에서 쉴 수 있는 선택권이 없었고 매일 위험에 뛰어들었다. 흑인과 유색 미국인은 백인 미국인의 두 배에 달하는 비율로 병들어 죽었고 전 세계 수백만 명이 슬픔에 잠긴 채 생존하려고 힘겹게 버티었다.

이 글을 쓰는 지금도 팬데믹의 영향은 계속되고 있으므로 트라우마와 절망에서 어떤 성장이 일어날지 말하기에는 너무 이르다. 그러나 지금까지 알고 있는 것은 집단적 상처의 단단한 껍질 틈으로 빛이 나오기 시작했다는 점이다. 때로 인간 상황에 대한 공감과 더 많은 상호 연결을 만들려는 욕구를 일깨우기 위해서 거의 견딜 수 없을 정도의 비극적인 집단 경험이 필요한 경우도 있다. 우리는 이미 다정한 행동의 여러 예를 보았다. 교사들은 학생들(특히 어려움을 겪고 있는 가정의 학생들)이 필요로 하는 도움과 자원을 얻을 수 있도록 의무 이상으로 노력한다. 마을 사람들은 지역 사업체가 문을 닫지 않고 유지되도록 음식과 제품을 주문한다. 자원을 나누는 이웃들(예를 들어 #pandemicoflove 운동)은 때로 집에 갇혀 있는 사람들에게 여분의 음식, 기저귀, 옷, 약이나 책, 게임을 익명으로 배달한다. 수백만 명의 사람들이 마스크를 쓰고 거리를 유지하는 것 역시 자신뿐만 아니라 접촉하는 사람들을 보호하기 위한 다정한 행위다.

미묘한 공격, 보이지 않는 상처, 도덕적 상해

그러나 모든 집단 트라우마가 전염병이나 테러 공격 또는 자연재해만큼 명백한 것은 아니다. 트라우마는 보이지 않고 은밀하게 나타날 수도 있다. 그것은 지배적인 문화가 '자기 자리'를 유지할 목적으로 더 큰 공동체에서 떨어져 나간 특정 집단의 사람들에게 가하는 미묘한 공격 형태로 나타날 수 있다. 존 제이 형사사법 대학의 케빈 나달Kevin Nadal 교수는 수년간 미묘한 공격microaggressions에 관해 이야기하고 글을 썼다. 그는 미묘한 공격을 '역사적으로 소외된 집단에 대한 일종의 편견을 전달하는 것으로서 일상적이고 은근하며 의도적인(종종 의도적이지 않은) 상호작용이나 행동'이라고 정의한다. 케빈 나달 교수는 미묘한 공격과 편견, 폭력 같은 명백한 차별적 행위 사이의 차이는 미묘한 공격을 저지르는 사람들이 자신들이 하는 일이 해를 끼치는 것임을 모를 수도 있다는 점이라고 한다.

미묘한 공격은 학교에서 아이를 괴롭히는 반복적이고 은근한 행동에서부터 흑인, 유색인, 원주민, 이민자, 장애인, 여성, LGBTQ+로 알려진 사람들에게 일상적으로 발생하는 은밀한 차별에 이르기까지 모든 것이 될 수 있다. 이러한 공격은 흔히 언어적이거나 비언어적인 무시, 공격, 배제, 그리고 체계적인 공격을 포함한다. 일반적인 예는 다음과 같다.

- 신호등에 정차했을 때 흑인이 운전하는 차 옆에 서게 되면 백인이 자기 차 문을 잠근다.
- 미국의 라틴계 사람에게 그가 미국에서 태어나지 않았다고 믿고 영어를 정말 잘한다고 말한다.
- 백화점에서 판매직원이 두 흑인 여성을 따라다닌다. 왜냐하면 그 여성들이 무언가를 훔치고 있거나 그곳에서 쇼핑할 정도로 돈이 많지 않다고 여기기 때문이다.
- 허락 없이 누군가의 휠체어를 만진다.
- 요청하지 않았는데도 장애인은 도움이 필요하다고 가정한다.
- 퀴어나 트랜스젠더의 신체나 성생활에 대해 사생활 침해적인 질문을 한다.
- 길거리에서 여성의 신체와 옷차림에 대해 음담패설을 늘어놓으며 괴롭힌다.

미묘한 공격은 은근하고 흔히 일상생활의 일부이지만 보이지 않는 상처는 끔찍한 만행을 참거나 목격한 개인과 집단 내에서 흔하게 발생한다. 참전 용사, 폭력 정권에서 탈출한 난민, 가정폭력으로 고통받은 사람들은 흔히 다른 사람은 눈치채기 힘든 부상(생리적으로나 심리적으로나)에 시달린다. 이러한 부상에는 PTSD와 외상성 뇌손상뿐만 아니라 수치심, 절망, 분노, 죄책감, 후회, 그리고 타인과 연결이 불가능해지는 상태가 있다.

나는 '도덕적 상해moral injuries'라는 용어를 심리학자이자 시각 예술가로 전쟁 기자, 사진작가, 인권 운동가, 퇴역 군인들과 함께 일했던 내 소중한 친구이자 동료인 잭 사울Jack Saul에게 처음 들었다. 그는 이것을 '전쟁에 수반되는 도덕적 투쟁'이라고 말했다. 잭은 도덕적 상해를 '도덕적 고통과 도덕적 고충의 부당한 분배'라고 정의한다. 원래 이 용어를 만든 임상정신과 의사 조너선 셰이Jonathan Shay는 도덕적 상해를 "위험도가 높은 상황에서 합법적인 권위를 가진 사람에 의해 발생한 옳은 것에 대한 배신"이라고 말한다.[1] 다시 말해 그것은 우리의 가장 깊은 윤리 규범과 타인이나 자신을 믿는 능력에 가해지는 도덕적 판단이다. 이러한 상해는 어떤 사람이 한 일, 그 사람이 당한 일, 또는 그 사람이 올바르고 정당하다고 믿는 모든 것에 반하는 것을 목격한 일 등에 의해 일어날 수 있다. 저널리스트 다이앤 실버Diane Silver는 이를 "사람의 정체성, 도덕성, 사회와의 관계를 꿰뚫는 깊은 영혼의 상처"라고 부른다.[2]

어떤 사람이 말했듯이 많은 군인은 '손에는 피가 흐르고 마음에는 수치심을 가진 채' 전쟁에서 돌아온다. 자기 도덕률에 어긋나는 명령(그리고 그들이 자기 국가의 윤리 강령이라고 믿는 것에 어긋나는 명령)을 따른 것이 PTSD와 도덕적 상처를 초래했다. 나는 아프가니스탄 전쟁의 참전 용사와 대화를 나눴던 것을 기억한다. 그는 자신과 동료 군인이 돌아왔을 때 미국 국민으로부터 인정받지 못한 것이 고통을 가중했다고 말했다. 그들은 자유를 위해 싸웠다고 믿었으나 그들의 노력은 인정받지 못했다.

티르자 파이어스톤은 자신의 저서 『상처에서 얻은 지혜』에서 다른 부대원들과 함께 팔레스타인 마을의 가족들을 향해 중대한 폭력 행위를 저지른 젊은 이스라엘 군인 애브너의 이야기를 재조명한다. 애브너 하사는 파이어스톤에게 자신이 마을 사람들의 집을 점령하고 괴롭히는 저격팀을 책임졌다고 말했다. 어느 날 밤 그와 다른 군인은 한 집에서 나오는 날카로운 비명을 들었다. 그들은 총으로 창문을 부수고 안을 들여다보았다. 침대에서 떨어진 것이 분명한 노파가 바닥에 누워 고통스러워하고 있었다. 그는 계속해서 말했다. "우리는 헬멧을 쓰고 총을 들고 들여다보고 있었습니다. 그러고 나서 복도 끝에서, 그 할머니 가족들의 머리가 튀어나오는 것을 보았죠. 그들은 놀라서 경직되어 있었습니다. 우리를 무서워한 것이죠. 나를 무서워했어요." 상황이 정말 꼬였다는 것을 깨닫고 군인들은 떠났다. 애브너는 그냥 거기 서서 혼잣말을 했다. "도대체 내가 뭘 하고 있는 걸까? 누굴 위해 내가 이러는 거지?" 애브너는 파이어스톤에게 자신의 도덕적 딜레마가 복무하는 동안 계속 악화했다고 말했지만 간신히 군 복무는 끝마칠 수 있었다. 그의 도덕적 상처는 계속되었고 비슷한 심리적 외상을 경험한 퇴역 군인들의 모임에 합류한 뒤에야 비로소 치유되기 시작했다.[3]

도덕적 상해는 강간, 인종 폭력, 괴롭히기, 따돌림을 포함하여 해를 가하는 모든 행위를 포함한다. 다른 사람에게 고통을 주거나, 그 일이 일어나는 것을 보고 아무것도 하지 않거나, 막을 힘이 없는 것에 대해 그러한 행위의 가해자와 목격자 모두 죄책감, 수치심, 그리고 분노로 고통받을 수 있다. 우리는 다른 사람들이 새로운 친교 '형제'를 괴롭히거나 학대할 때, 이에 대해 외면하고 침묵한 형제회의 젊은 대학생에게서 이러한 예를 본 적이 있다.

의사인 옥시리스 바봇Oxiris Barbot은 미국 공중보건협회에 기고한 글에서 백인 경찰관의 무릎에 깔려 조지 플로이드가 살해된 것을 통해 흑인 사회에 자행된 집단적인 상처를 다음과 같이 묘사했다.

미국 최대의 공중 보건 기관을 이끄는 유색인종 여성으로서 코로나19 대유행으로 갖가지 끔찍한 일이 진행되며 건강 불평등이 계속해서 불안을 일으킨 가운데 플로이드 씨의 죽음은 여기에 더해진 누적된 상해를 나타내기 때문에 **나에게** 다르게 느껴진다. 이러한 축적은 유색인종 공동체에 잔인한 대가를 요구한다. 우리의 자료가 이러한 결과를 예측할 수 있지만 막을 수는 없다. 이는 마치 우리가 예방할 수도 있었던 충돌을 슬로 모션으로 보는 것과 같다. 그러면서도 그 충돌을 멈추게 할 힘은 없어서 그 잔해가 우리를 괴롭힌다.[4]

도덕적인 상해는 오직 도덕적인 회복에 의해서만 치유할 수 있을 뿐 개인적인 치료만으로는 치유할 수 없다. 자기 용서만으로는 충분하지 않다. 그러한 상처가 가져다주는 수치심과 죄책감으로 고통받는 이들은 자기 가치를 다시 찾고 인간성을 되찾기 위해 집단의 검증과 인정, 그리고 인식이 필요하다.

트라우마에서 치유로의 전환

우리가 어떤 종류의 트라우마에서 고통을 받더라도 치유를 향한 길은 인정하는 것(나는 당신이 말하는 것을 듣고 진정 집중하고 있다), 검증하는 것(나는 관점의 공유까지는 아니더라도 당신의 관점에서 사물을 본다), 그리고 인식하는 것(나는 동의하지는 못하더라도 당신이 나에게 말하는 것이 진실하다고 받아들인다)을 포함한다. 이 세 가지 모두는 자신과 공동체 내부에서도 나와야 하고 외부 세계, 특히 트라우마에 대해 무언가를 할 수 있는 사람이나 모임에서도 나와야 한다. 다른 사람이 우리를 보아야 하고 들어야 하며 괴로워하는 고통을 목격해야 한다. 개인의 경우와 마찬가지로 어떤 문화나 공동체에서도 트라우마에 대한 검증과 인정이 없어서 고통과 희생자 상태 그대로 남아 있을 수 있다. 성장이 일어나기 위해서는 이러한 트라우마가 조명되어야 한다.

예를 들어, 아르메니아 사람들은 20세기 초 튀르키예 정부에서 자행한 대량 학살로 인해 끔찍한 고통을 받았다. 아르메니아인들은 그들이 견뎌낸 고통을 인정할 수 있고 실제 인정도 하지만 튀르키예 정부에서 다음처럼 말할 때까지는 진정한 치유가 시작될 수 없다. 우리는 대량 학살을 확인했고 인정한다. 우리는 그 일이 일어났다는 것을 알고 책임을 진다.

트라우마 격리, 지역사회 치유

침묵은 고통을 증가시키고 이야기를 공유하는 것은 치유를 가져온다. 공동체는 가족 단위만큼 적을 수도 있고 국가만큼 클 수도 있으며, 흔히 어떤 면에서는 트라우마 역사를 공유하는 사람들의 집단이다. 치유하기 위해서 우리는 공유한 과거와 화해하고 그것을 현재에 완전히 통합해야 한다. 그렇게 할 때 우리는 과거의 고통에 얽매이지 않고 미래로 나아갈 수 있고 미래 세대를 트라우마의 순환에서 자유롭게 할 수 있다.

검증, 인정, 인식

내 환자 에바와 에밀리오는 아이들과 함께 스페인에서 미국으로 이주한 직후 나에게 상담하러 왔다. 그들은 형제자매, 부모, 조부모, 이모, 삼촌으로 이루어진 친밀한 대가족의 일부였으며 모든 가족은 다른 가족이 하는 모든 일(공동체 행사, 저녁 식사, 축하, 여행)에 참여하기를 기대했다. 보통 스페인에서 아이들은 이틀에 한 번씩 조부모의 집을 방문한다. 첫 상담에서 그들은 자신들이 '강제로' 스페인을 떠나야 했다고 말했다. 마이애미로 이사하고 싶지 않았지만 몇 달 전에 할아버지가 아이 중 두 명을 성적으로 학대했다고 의심했기 때문에 그렇게 해야만 했다.

학대에 관한 소문이 살고 있는 도시 전체에 빠르게 퍼졌고, 아이들을 더 큰 피해에서 보호하기 위해서는 떠나야 한다고 느꼈다. 할아버지는 모든 것을 부인했다. 점점 더 많은 사람이 그 이야기를 하기 시작했다. 그가 다른 사람들도 학대했을 가능성이 있다는 것이 밝혀졌다. 우리가 치료를 시작했을 때 할아버지는 기소되었고 나중에 감옥으로 보내졌다.

에바와 에밀리오가 지난 5년 동안 삶이 산산조각이 났다는 것을 인정하고 (적어도 자신들만큼은) 근본적으로 받아들이기 위해 열심히 노력했지만 진정한 치유와 PTG를 막고 있는 무언가가 있었다. 에바는 나에게 설명한 대로, 그녀의 아들이 그가 참아왔던 학대를 묘사한 녹음을 가지고 왔다. 그 녹음에서 아들은 할머니가 그 일의 목격자였다고 언급했다. 할머니는 그 일이 일어나는 것을 보았다. 에바는 소름이 끼쳤다. 그녀는 나에게 말했다. "나는 이 녹음을 할머니에게 보여주고 싶어요. 그녀가 이것을 들어봤으면 좋겠어요. 그녀가 내 아이의 학대에 연루되었다는 것을 인정하기를 바랍니다. 내가 원하는 것은 그녀가 '그래, 인정한다. 나는 그 일이 일어나고 있다는 것을 알고 있었다'라고 말하는 것 오직 하나뿐입니다." 에바는 할머니가 무슨 일이 일어났는지 확인하고 인식하기를 원했다.

비록 인정했다는 소식은 오지 않았지만 에바와 에밀리오의 가족은 공동체에 도움을 청하기 시작했다. 공동체에서는 편안함을 제공하고 에바 가족이 전한 경험을 주의 깊게 들어주었고, 에바의 가족은 다시 다른 사람들(랍비, 지역사회 지도자, 다른 가족과 친구)과 연결되었다. 에바의 가족은 새롭게 확장된 공동체가 자신들의 이야기를 인정하고 믿고 반응과 증상을 확인하고 이해, 사랑, 그리고 수용으로 응답하는 것처럼 느꼈다.

체계적인 차원에서도 치유가 일어나려면 검증, 인정, 인식이 필수적이다. 티르자 파이어스톤은 우리에게 전 세계적인 인정의 중요성을 상기시킨다. 그녀는 "우리가 혼자가 아니라는 것을 알 때 마음속 깊은 곳의 무언가가 변한다. 현실을 공유할 인간의 눈과 귀가 없다면 우리의 고통은 무의미해지고 견딜 수 없게 된다"라고 썼다. 테러리스트의 공격이나 대량 학살, 기타 잔혹 행위로 고통을 당한 사람들은 자신들의 이야기를 하고 자신들이 목격한 것을 증언하며 그들에게 가해진 공포를 세계에서 인식할 수 있도록 하는 데 책임을 느낀다. 파이어스톤이 제안한 것처럼 그렇게 "비인간적인 집단 학살의 과정을 되돌린다." 그러한 행위를 인식하는 사람들은 '인간성을 회복하는 힘을 가진 눈'이다.

1999년 12월 독일 총리 앙겔라 메르켈은 아우슈비츠 비르케나우 기념관에서 '독일인들이 저지른 야만적인 범죄에 대해 깊은 수치심'을 표현하는 감동적인 연설을 했다. 수백만 명의 유대인들이 겪은 경험을 확인하고 인식했으며, 그러한 인정에 따라 많은 배상과 보상 프로그램이 시행되었다.

공유한 경험을 통해 연결하기

집단 트라우마는 사회적, 정치적, 문화적, 종교적 수준에서 나타나는 해체, 고립, 분할로 특징지어진다. 그리고 그것은 집단적인 경험을 통해서만 치유될 수 있다. 특히 소외된 사람들에게 집단의 중요성은 아무리 강조해도 지나치지 않다. 예를 들어 퀴어와 성전환자는 스스로 전적으로 안전하다고 느끼지 않는다고 말한다. 어느 정도 법적 보호를 누리고 있는 공동체와 문화에서도 남자다움이나 성차별 또는 이분법적 성 편견이 존재하지 않는 곳은 없는 듯하다. 물론 그들이 비방과 고문의 표적이 되는 국가나 문화에 살고 있다면 안전은 더욱 결여된다. 하지만 겉으로는 수용적인 문화에서조차 LGBTQ+ 개개인들은 자기가 어떻게 받아들여질지 혹은 어떤 상황이 어색하거나 심지어 폭력적으로 변할지 전혀 알 수 없어서 흔히 극도로 경계하는 상태에 있다고 말한다.

나는 난민 및 이민자 커뮤니티에서 일하고 있으며 나 자신도 이민자다. 그들은 나와 비슷한 곤경을 겪는다. 불법적으로 입국한 사람들은 종종 수준 이하의 모욕적인 조건에서 일해야 하고 반격할 수단도 없이 여러 가지 학대 행위를 견뎌야 한다. 불법적으로 입국했든 합법적으로 입국했든 간에 많은 이민자는 편견과 인종차별, 그리고 흔히 추방이라는 매우 현실적인 위협에 직면한다. LGBTQ+ 공동체와 마찬가지로 이들은 자신과 가족을 걱정하며 지속적인 초경계 상태에서 살고 있다. 이 때문에 간혹 함께 모이기도 쉽지 않다. '동성애자라고 밝히는 것' 자체가 당국이나 혐오 단체에게 신호를 줘서 더 해를 끼칠 위험에 처하게 될 것이라는 두려움이 따른다. 그러나 소외되고 억압받는 사람들에게 공동체를 찾는 것은 흔히 비슷한 경험 같은 자기 이야기를 하고 다른 사람들의 이야기를 들음으로써 자기 경험이 검증되는, 중요한 첫 번째 단계다. 새롭게 발견된 이 소속감은 그들에게 희망, 기쁨의 감정, 힘과 목적이 생긴 느낌을 제공한다.

집단적인 슬픔

한 집단의 사람들이 자연재해, 테러리스트의 공격, 혹은 공동체에서 사랑받는 누군가의 죽음과 같은 충격적인 사건으로 깊은 영향을 받았을 때 슬픔 속에서 연대하는 것은 서로의 치유를 도울 수 있다. 우리가 겪고 있는 것을 이해하는 사람들과 연대하는 것은 자신

트라우마, 극복의 심리학

의 이야기를 나누고 다른 사람들과 공감하며 자신의 고통은 물론, 타인의 고통까지 인정할 수 있게 해준다. 나는 브롱크스에서 암이나 당뇨 같은 만성 질환 때문에 가족을 잃은 사람들을 위한 집단 치료 프로그램을 운영했는데, 그곳의 환자들에게서 이런 말을 반복적으로 들었다. 그들은 자신들이 공유하는 독특한 경험 때문에 모임에서 위안을 찾을 수 있으며 마음을 열고 이해할 수 있다고 말했다. 그들은 모임 내에서 인정받고 치유를 경험했다고 느꼈다.

충격적인 사건이 일어나면 그 일로 몇 달, 몇 년, 심지어 몇 세대에 걸쳐 가족, 공동체, 그리고 한 문화가 집단적인 트라우마로 고통을 받기 시작할 수 있다. 우리는 우리가 잃은 것, 우리가 가지지 못했거나 받지 못한 것에 대해 슬퍼한다. 또 우리가 사는 문화에 의해 우리(그리고 조상)에게 가해진 해를 슬퍼한다. 또는 지배적인 문화에 있는 사람들은 우리나 조상이 타인에게 가한 고통에 대해 슬퍼한다. 슬픔은 흔히 그러한 억압의 이름을 짓고 이야기를 나누고 감정을 자유롭게 표현할 수 있을 때 온다. 하지만 슬픔이 사람들을 하나로 모을 수 있는 것처럼 그것은 또한 사람들을 갈라놓을 수 있다.

슬픔은 고립시킨다

끔찍한 비극을 함께 겪은 사람들은 슬픔에 싸여 있지만 슬픔으로 인해 분리되기도 한다. 왜 그럴까? 그 이유는 사람들이 자기 경험 속에서 너무 외롭고 흔히 본인 감정을 표현할 수 없기 때문이다. 심지어 모임의 다른 모든 사람이 같은 것을 경험하고 있다는 것을 알면서도 그렇다. 기억하자. 트라우마는 고립과 해체와 분열을 일으킬수 있다. 우리가 항상 서로 슬픔의 과정을 이해하는 것은 아니며 의심할 여지 없이 아무도 우리의 슬픔을 이해하지 못할 것이라고 두려워할 수도 있다. 그 결과로 트라우마는 가족과 공동체를 갈라놓을 수 있다.

슬픔은 독특하다

모든 사람은 다른 모습으로 슬퍼한다. 모두 각자 고립된 세계에서 자기만의 독특한 방식으로 슬퍼하고 있으므로 때로 서로 연결할다리를 세울 수 없다. 코로나19 팬데믹은 이것을 명백하게 보여준다. 가족의 모든 구성원은 격리 상태에서 각자의 방식으로 상실과불확실성과 예측 불가능성에 대응했고 때로는 서로 대립했다. 어떤이들은 계속 연결하고 사회적이 되고 싶어 하지만 다른 이들은 혼자 있고 싶어 했다. 일부는 낙관적이었고 다른 사람들은 부정적이고 두려워했다.

나는 부부나 가족이 슬퍼할 때 그들이 항상 서로 이해하는 것은아니며 심지어 그 과정을 받아들이지도 못하는 것을 발견했다. 부모 중 한 명은 공개적으로 슬퍼하고 감정을 주체하지 못하며 고통속에서 제 역할을 거의 할 수 없지만, 다른 부모 한 명은 그 일의 언급 자체를 피할 수 있다. 이들은 무감각해지고 계속 살아가려 자신을 떠민다. 하지만 다른 가족들은 서로를 지지하기 위해 의식적이고 의도적인 일을 하고, 심지어 그 고통 때문에 함께 더 강해질 수도 있다.

마이애미의 작은 동네인 서프사이드의 해변 건물이 붕괴해 거의 100명이 죽고 수많은 주민이 이사를 가야 했을 때 나도 이러한 증거를 직접 보았다. 나는 희생자들의 가족과 생존자들과 함께 일했다. 그들 중 대다수는 라틴 아메리카에서 미국으로 이주한 유대인과 라틴계 사람들이었다.

공동체 전체가 엄청난 슬픔을 겪었다. 어떤 사람들은 있을 수 없는 일이 일어난 것에 대해 통곡했다. "내 아이들, 배우자, 부모님 없이 어떻게 살 수 있을까요? 왜 이런 일이 일어났을까요? 건물이 내 위로 무너져 내렸으면 좋겠습니다. 나도 죽고 싶어요." 다른 사람들은 자기 고통의 무게로 무너진다. 또 다른 일부는 집단적인 부정 속에서 겉보기에 무관심해 보인다. "우리는 괜찮아요. 우리는 지지 모임이 필요하지 않습니다."

비극이 일어난 초기에 조 바이든 대통령이 지역사회에 경의를 표하러 왔을 때 그를 만날 기회가 있었고 그의 말은 나에게 정말 큰 영향을 미쳤다. 그는 자기가 겪은 상실과 슬픔에 대한 경험을 가지고 희생자들의 가족과 붕괴에서 살아난 생존자들에게 서로의 과정에 관용을 베풀고 서로를 지지하고 다른 사람의 과정을 비판하거나 판단하지 말라고 격려했다. 그리고 모든 사람이 다른 모습으로 슬퍼한다는 것을 기억하라고 했다.

바이든 대통령이 말한 것은 매우 중요하다. 사람들은 각자 자기만의 시간, 자기만의 양식, 그리고 심지어 슬픔이 무엇인지에 대한 자기만의 이해를 가지고 있다. 서프사이드에는 전적인 참여를 원하는 사람들이 있었다. 그들은 상실에 대해 아주 상세하게 이야기하고 싶어 했다. 부검 보고서와 사진을 보고 법의학자뿐만 아니라 피해자 유해를 발견한 응급구조대원과도 대화를 나누었다. 다른 사람들은 신문과 TV에서 그 사건에 관해 이야기하면서 언론에 노출되기를 원했다. 그들은 자기 분노를 표출하고 법적 대리와 배상을 요구하고 싶어 했다. 또 다른 이들은 그 일에 대해 생각하거나 논의하기를 원하지 않았다. 그들은 어떤 세부 사항도 알고 싶어 하지 않았고 그 장소를 방문하는 것도 거부했다. 그리고 마지막으로 직장을 그만두는 사람, 결혼식이나 휴가 계획을 취소하는 사람, 주 밖이나 심지어 국외로 이사할 준비를 하는 사람도 있었다. 그들은 기억하는 것을 멈추고 싶어 했다. 그들은 다시 시작하기를 원했다. 이 모든 것이 슬퍼하고 있는 모습이었다.

슬픔은 표현되지 않은 사랑과 같다

어떤 사람이 자기 슬픔을 놓지 못하는 이유 중 하나는 그 슬픔이 잃어버린 것과 연결해 주기 때문이다. 어떤 면에서는 충실한 유대감과 같다. 잠재의식적으로 자기가 슬픔을 멈추면 그것은 더 이상

신경 쓰지 않는다는 것을 의미하며 이미 그 사람이나 상황을 잊었다는 것을 뜻한다. 예를 들어 만약 여러분이 이민자이고 남겨두고 온 것, 즉 나라, 때로 가족, 친구, 문화를 더 이상 슬퍼하지 않는다면 여러분은 자기 뿌리로부터 단절된 셈이다. 서프사이드 붕괴 이후 일부의 사람들은 고통이 사라지면 잔해 속에서 죽은 가족을 더 이상 사랑하지 않는다는 뜻이 되므로 고통을 느끼는 것을 멈추고 싶지 않다고 말했다. 그들은 고통을 계속 유지해야 했다. 미소를 짓거나 무언가를 즐긴다면 사랑하는 사람을 배신한 것처럼 느꼈다.

치유의 길

비극적인 사건의 여파로 고통받는 개인이나 공동체는 트라우마 치유에 고유한 시간대를 가지고 있다. 고통에서 의미를 찾고 고통으로 인해 변화하려는 욕구이기도 한 PTG는 시간과 결단력, 인내와 연민을 필요로 한다. 해방을 향해 나아가지만 일직선으로 가는 것은 아니다. 특히 집단 내에서 이뤄질 때 더욱 그렇다. 성장은 개인과 집단이 그것을 실현하기 위해 신체적, 감정적, 그리고 영적인 헌신을 했을 때 그러한 치유 과정에서 나온다. 하지만 가끔은 방해하는 것이 생기기도 한다.

1. 과다하고 너무 빠를 때

집단 트라우마에서 지혜와 성장을 찾으려는 열망 때문에 모임에게 너무 빨리 시작하도록 강요하는 때가 있다. 내가 9·11을 겪은 이후에 발견했듯이 PTG는 서두를 수 없다. 나는 맨해튼 한복판에서 쌍둥이 빌딩이 무너지는 것을 지켜보았다. 도시 전체가 무질서와 혼란, 깊은 집단 트라우마에 휩싸였다. 그래서 빌딩이 무너진 날 저녁에 적십자에서는 심리학자들과 트라우마 전문가들에게 연락을 취했고 우리에게 생존한 희생자들을 지원해 달라고 요청했다. 그 무렵 나는 이미 전쟁 난민, 고문 생존자, 이민자, 그리고 트라우마와 회복에 대한 정치적 박해를 받은 사람들을 대상으로 여러 연구를 하고 있었다. 트라우마와 PTG의 전환하는 힘에 관해서도 글을 쓴 적이 있었다. 그리고 당연히 내 사적인 고객들과 환자들에게 그 과정이 잘 진행되도록 도왔다. 나는 준비가 되어 있었다. 첫 주에 우리는 밤낮으로 일했다. 나는 집에 가지도 않고 잠도 거의 자지 않았다. 그렇게 해서 무엇을 얻었을까? 거의 아무것도 없었다. 우리는 거의 차이를 만들지 못했다. 단지 도우려고 했던 많은 사람을 다시 트라우마에 빠지게 했을 뿐이었다. 왜 그럴까? 어떻게 그럴 수가 있을까? 그 이유는 경험하고 있는 어떤 것으로부터는 치유를 시작할 수 없기 때문이다. 그리고 여전히 트라우마 한가운데 있기 때문이다.

2. '타인'에 대한 의혹

9·11 테러 이후 며칠, 몇 주 동안 우리는 뉴욕 시민들이 연대하여 서로를 지지하는 아름다운 사례들을 목격했다. 공동체는 공유한 경험과 강인함과 회복력을 통해 결속되었다. 사람들이 함께 모여 이웃을 돕고, 비영리단체를 만들어 다시는 방심하지 않겠다고 다짐하며 변화를 위한 창의적인 방안을 마련했다. 치유가 일어나고 있었다. 그리고 그때 두려움이 끼어들었다.

잭 사울이 그의 책 『집단 트라우마, 집단 치유』에서 설명하듯이 때로 충격적인 사건의 여파는 사건 자체보다 더 많은 해를 끼칠 수 있다. 9·11 사건의 경우 '타인'에 대한 두려움이 자리 잡았고 미국에 사는 수천 명의 아랍인과 무슬림들은 같은 비극에 깊은 영향을 받았음에도 불구하고 차별받았다. 사울 박사는 "그들의 목소리는 집단 서사에서 밀려났고 그들의 경험은 결과적으로 무효로 간주되었다"라고 말한다. 우리는 코로나19 팬데믹 동안 같은 일이 일어나는 것을 보았다. 중국의 한 실험실에서 바이러스가 시작되었다는 소문은 모든 아시아계 미국인들을 용의자로 지목했고 그들에 대한 폭력을 놀랄 만큼 증가시켰다. 사실, 집단으로 치유되기 전에는 진정으로 개인적으로 치유될 수 없다. 우리의 행동이 다른 사람들에게 해를 끼치는 한 우리는 결코 치유될 수 없다.

3. 다른 목소리나 경험 배제하기

때로 공동체나 국가에서는 지배적인 문화에 있는 사람들의 경험만을 고려한 채 집단의 고통을 완화할 수 있는 제도를 마련했다고 믿는다. 한 집단을 치유하는 것처럼 보이는 일이 다른 집단의 고통을 악화시킬 수 있다. 현재의 기후 위기에서 오는 트라우마가 좋은 예다. 원주민들은 땅을 이용해 생활하는 능력이 심각하게 훼손되었음에도 종종 기후 논의에서 소외되었다고 느낀다. 그 이상으로 원주민들은 권력자들이 시행한 해결책들이 그들이 여러 세대 동안 가지고 있던 가치, 지혜, 깊은 이해에 비추어 이해되지 않는다고 느낀다.[5]

또 다른 좋은 예는 1980년대와 1990년대의 에이즈 위기 동안 일어난 일이다. 흑인 게이 운동가 필 윌슨Phill Wilson에 따르면 에이즈는 백인 게이 남성의 질병으로 특징지어졌지만 "내가 겪고 있던 전염병은 그렇게 보이지 않았다"라고 말했다. 흑인 HIV 공동체는 HIV 연구에서 제외되었다. 그래서 윌슨은 '흑인 기관과 개인들을 참여시키고 동원하여 전염병에 맞서게 함으로써 흑인 사회의 HIV를 종식하기 위해' 스스로 생각과 행동의 두뇌 집단이라고 설명한 흑인 에이즈 연구소를 공동 설립했다.

4. 힘 있는 자의 확인 부족

물론 심각한 불의나 파괴적인 자연재해의 희생자가 되었다는 것을 집단적으로 인정하는 것이 중요하다. 그 공유한 경험의 일부가 되는 것은 집단 치유를 향한 첫 번째 단계다. 그러나 집단적 외상이 외부 집단에 의해 검증되고 인식되지 않는 한 가급적 쉽게 손상을 복구할 힘이 있음에도 불구하고 그 집단을 완전히 치유할 수는 없다. 앞서 언급한 에바와 에밀리오는 스페인의 긴밀한 공동체에서 왔지만 그 공동체는 가족의 상처를 치유하는 데 필요한 지원과 검증을 제공할 수 없거나 원하지 않는다는 것을 발견했다. 그들이 마이애미로 이사하고 나서야 그들을 환영하고 필요한 확신을 주는 새로운 공동체를 발견했다.

하지만 이러한 일이 흔하게 일어나지는 않는다. 흔히 이민자나 난민은 새로운 나라에 들어올 때 자기 출신국에서 일어나고 있는 일을 충분히 인식하지 못한다. 다시 말해 새로운 공동체에서는 그들이 겪고 있는 트라우마를 인식하지 못해 치유하는 데 훨씬 더 어려움을 겪게 한다.

5. 외부 세력의 방해

우리는 자연적으로 그리고 유기적으로 공동체에서 슬픔과 치유를 위해 함께 모이는 여러 사례들을 볼 수 있지만 그들은 법적, 재정적 또는 정치적 문제에 집중하도록 강요당하는 식으로 방해받는다. 이것의 대표적인 예는 마이애미의 서프사이드 건물 붕괴에서 발견된다. 변호사와 판사, '전문가'들이 의견을 제시하고 가족들이

법적 문제에 집중하도록 강요하면서 치유의 과정이 중단되었다. 이것은 희생자 가족과 생존자들 사이에, 아파트 소유자들과 세입자들 사이에, 돈이 있는 공동체 구성원과 없는 공동체 구성원 간 관계에, 지역 주민들과 외부인들 사이에, 그리고 마지막에는 기념관을 만들고 싶어 하는 사람들과 그들을 지지하기를 거부하는 사람들 사이에 긴장과 반발을 불러일으켰다. 그들 집단의 안전은 뚫렸고 그들 연결의 신성함은 단절되었다.

집단적 연결

복구하기

두려움이 시작되고 신뢰가 무너지고 가족과 이웃 간의 연결이 끊어지면 회복과 치유가 시작되기 전에 이러한 연결을 다시 구성하고 구축하는 것이 필수적이다. 잭 사울과 신경정신과 의사 주디스 란다우는 일반적으로 공동체가 심리사회적 외상 후에 집단적 회복력과 회복을 구축할 수 있는 특정 주제를 제안했다.

공동체를 구축하고 사회적 연결성을 강화하기

란다우 박사는 이것을 '치유의 매트릭스'라고 부르는데 이전에 가졌던 관계를 개선하거나 강화하고 새로운 관계를 만들어 내는 곳이다.*

공동체의 경험과 반응에 관한 이야기를 집합해서 들려주기

우리가 겪은 경험에 관한 이야기는 집단적인 경험을 살아 있게 만든다. 집단적인 경험 안에서 다른 사람의 트라우마를 만지는 것은 집단적인 치유를 가능하게 한다. 어떤 사람이 자기 경험을 공유할 때 다른 사람들도 자기 경험을 공유하는 것이 안전하다고 느낀다. 그렇게 치유는 고립이 아니라 공동체에서 일어날 수 있다. 이러한 이야기를 말하는 것은 침묵한 사람들을 포함하고 증폭시켜야 한다. 그들을 집단으로 끌어들임으로써 집단과 개인 사이의 분열, 트라우마가 조장하는 외로움과 분열을 깰 수 있다. 이것이 개인과 집단 사이의 상호 의존성을 인식하고 집단적 고통을 인식함과 동시에 집단 치유를 향해 나아가는 방법이다.

삶의 리듬과 일상을 재정립하고 집단 의식에 참여하기

비록 '정상'으로 돌아가는 일은 거의 일어나지 않지만 일상과 의식에 참여하는 것은 공동체에 어느 정도 정상을 찾았다는 느낌과 안정감을 제공할 수 있다. 이것은 공동체가 함께 생각해 내는 새로운 관행이나 일상이 될 수도 있고 과거에 그들을 지탱해 주거나 달래주었던 일이 될 수도 있다. 예를 들어, 서프사이드 건물이 붕괴했

---

* 자세한 내용은 잭 사울(Routledge Publishing, 2014)의 『집단 트라우마, 집단 치유 Collective Trauma, Collective Healing: 재난 후 지역사회 복원 촉진』을 참고하라.

을 때 해당 공동체에서는 사람들이 모일 기회를 주기 위해 거의 곧 바로 조직을 스스로 만들었다. 조직적으로 하루에 두 번 같은 장소에 모여 서로의 이야기를 듣고 경험을 공유하고 당면한 상황과 다음 단계에 관한 생각을 교환하기 시작했다. 그런 식으로 모이면서 일상이 생기고 치유를 위한 의식이 만들어졌다.

새로운 희망을 가지고 미래에 대한 긍정적인 비전에 도달하기

집단 회복력은 좀 더 긍정적인 미래를 다시 생각하는 것도 일부 포함한다. 예술, 음악, 연극, 춤과 같은 창의적인 매체를 통해 앞으로 나아가는 방법을 알아내는 것은 치유 과정에 도움을 줄 수 있다.

집단 치유에서 오는 집단 성장

PTG의 5단계 모델은 개인의 고통뿐만 아니라 집단적, 체계적, 문화적 트라우마에도 작용한다. 이러한 단계들을 고립과 마비에서 벗어나 더 이상 자신이 다른 사람과 분리되지 않고 함께 집단적 지혜를 열어 모두에게 의식과 변화를 가져오는 집단적 여정으로 생각하자.

1단계: 전적인 수용

불교에서 가르치듯이 치유하기 전에 먼저 우리가 고통받고 있다는 것을 받아들이고 고통의 원인이 있다는 것을 인정해야 한다. 치유의 길을 택하기로 했다면 그 길의 끝과 그곳에 이를 길이 존재한다는 것을 인식해야 한다. 하지만 중요한 것은 고통을 그냥 넘길 수 없다는 점이다. 사실 아이러니하게도 현실에 저항하고 부정할수록 고통은 더 커진다.

PTG의 첫 단계가 바로 전적인 수용인 이유다. 고통을 근본적으로 받아들이는 것이 치유의 길로 가는 첫걸음이다. 이렇게 수용을 공유하는 것은 충격적인 사건의 영향을 경험한 공동체 내에서 집단적으로 일어난다. 이것은 집단적 차원에서 무엇을 의미할까? 우리가 공동체로서 겪고 있는 감정, 느낌, 반응, 상황을 인식하고 이름을 붙여야 한다는 뜻이다. 이 말인즉슨 일어나고 있는 일을 더 이상 피하거나 부인할 수 없다는 뜻이다. 예를 들어 전염병을 생각해 보자. 그 전염병이 현재 특정 공동체에 어떤 영향을 미치고 있는가? 그들이 공유한 경험은 무엇인가? 위기에 처한 사람들은 자기감정을 가지고 같이 앉아서 그들의 이름을 짓고 그러한 감정이 몸 어디에 사는지 확인할 수 있다. 그러나 집단에서는 공동체 내에 가장 널리 퍼져 있는 감정을 식별해야 한다. 이것은 두려움, 혼란, 분노, 고립인가? 두려움, 갈망, 좌절감인가? 공동체 구성원들이 함께 대화를 통해 자기 경험을 인정하고 수용하는 것이 치유와 공동체의 성장을 위한 첫걸음이다.

흔히 매우 다르고 심지어 반대되는 이야기도 있다. 하지만 함께 겪은 충격적인 사건을 공유하며 다양한 목소리를 한데 모으는 것에는 아름다움이 있다. 여기에는 여당과 야당이 포함되고 이성애자와 LGBTQ+, 지배적인 문화에서 온 사람과 억압받거나 소외감을 느끼는 사람, 노조원과 고용주도 포함된다. 양측이 느끼는 고통과 괴로움을 인정하고 각자가 짊어진 책임을 인식하는 것이 바로 깊이 경청하고 연민하는 급진적인 행동이다.

2단계: 안전과 보호

전적인 수용 단계를 넘어서기 위해서는 더 많은 치유가 일어날 수 있는 안전한 동아리를 만들어야 한다. 이 단계는 트라우마가 가져오는 고립, 단편화, 마비, 해리에 대응할 준비가 되어 있으므로 집단 환경 내에서 우리 자신에게 탐색하고 감정을 표현할 수 있는 권한을 부여하는 단계다. 이것은 집단 경험 내의 내부적인 안전감이다. 그 안에서 우리는 충분히 보호받는다고 느낄 뿐만 아니라 슬픔을 처리하고 목격자가 되고 다른 사람들에게 증언할 수 있을 만큼 가치 있다고 느낀다.

흔히 이것은 그 집단이 외부의 간섭을 제한할 때 더 안전하다고 느끼는 것을 의미한다. 서프사이드 건물이 붕괴한 후 첫 한 달 동안 유대인과 라틴인, 거주민과 피서객, 부자와 가난한 사람, 흑인과 백인, 동성애자와 이성애자, 젊은이와 노인 모두가 모여 집단적 슬픔을 나눴다. 그 순간 도움을 준 것은 그들이 만든 동아리였다. 나는 지원을 제공하는 심리학자 중 한 명이었고 증언하기 위해 그곳에 있었지만 응급구조대, 성직자, 종교 및 지역사회 지도자와 함께 지역사회의 일부이기도 했다. 전 세계의 다양한 공동체와 단체의 사랑과 지지가 쏟아져 그들이 안전과 보호를 받고 있다는 느낌을 강화했다. 동시에 희생자의 가족들은 그들만의 자원을 함께 가질 수 있도록 서로 안전한 동아리를 만들었다. "외부에서 온 누군가가 우리에게 무엇을 해야 하는지 또는 어떻게 느껴야 하는지를 말해줄 필요는 없다. 우리가 무슨 일을 겪고 있는지 아는 사람은 우리뿐이다. 우리의 경험은 그들의 경험이 아니다." 외부의 지식이 아예 없었던 것은 아니지만 그들이 공유한 경험의 강인함에는 무엇인가 있었다.

중남미 난민들을 연구하며 깨달은 것 중 하나는 안전과 보호를 제공하려면 그들의 문화적 관점과 언어를 유지해야 하고 이국적인 해결책을 강요하지 않도록 주의해야 한다는 사실이다. 나는 그들에게 무엇을 먹는지, 어떻게 치유하는지, 의례는 어떻게 하는지, 공동체 안에 어떤 자원이 있는지 질문할 때 스페인어를 사용했다.

좀 더 체계적이거나 문화적인 차원에서 안전한 공간을 만들게 되면 억압하거나 부정하거나 분리하는 대신에 사회가 해야 할 어려운 대화를 할 수 있다. 예를 들어 허리케인 카트리나가 뉴올리언스를 파괴했을 때 지역사회 조직자들은 주민들의 이야기를 듣고 무엇이 필요한지를 이해하고 고통을 증언할 수 있는 안전한 공간을 제공하기 위해 도시와 외곽 지역의 다양한 인구집단의 대표하는 사람들을 모았다.

3단계: 새로운 이야기

흔히 이 단계에서 공동체는 과거에 효과가 있었던 것이 더 이상 작동하지 않는다는 것을 깨닫는다. 이제 새로운 존재 방식과 새로운 패러다임과 새로운 집단 정체성을 창조할 것을 고려할 때가 된 것이다.

이것은 이전 단계의 자연스러운 확장이다. 사람들은 자기 이야기를 개인적이고 공동체적인 차원에서 말할 수 있을 만큼 아주 안전하다고 느꼈지만 이제 그들은 이야기를 확장하고 함께 무엇이 가능한지를 보고 있다. 그들은 무엇이 효과가 없었고 무엇이 고통을 주었는지 알고 있다. 이제 새로운 것을 상상할 시간이다. 잭 사울은 이것을 '대화 과정'이라고 부른다. 이 과정에서 모임은 '이야기를 숨 쉬게 함으로써 열리게' 된다. 사람들이 겪었던 어려움에 대한 정적인 이야기에서 역동적인 이야기로 이동하는 것이다. 공동체는 집단적 과거의 '제한된 이야기에서 벗어나 더 자유로운 미래를 향해 나아가는 방법'으로서 서로 대화를 통해 이를 수행한다. 이 재생 단계에서는 모든 것이 다뤄진다. 즉 그들이 어떻게 집단적인 이야기를 하고 어떻게 자신을 정의하고 자기가 누구인지 설명하기 위해 어떤 종류의 이야기를 사용하고 어떤 미래를 추구해야 할지가 주제가 된다. 그들은 가족적, 문화적, 국가적, 그리고 세계적인 차원에서 수행해 온 자신들의 트라우마에 대한 담론과 이야기를 바꿀 수 있다는 것을 깨닫기 시작한다. 그리고 그 깨달음으로부터 그들은 더 많은 자유를 가지고 자기 이야기와 미래를 다시 상상하고 다시 만들고 재구성하기 위해 모일 수 있다.

폴 포트 정권과 크메르루즈에 의해 사랑하는 사람들을 잃고 대량 학살을 피해 뉴욕의 브롱크스와 로스앤젤레스에 정착한 캄보디아 난민들은 자신들이 누구인지 다시 생각하고 재정의하는 아름다운 예를 보여준다. 미국에 온 후 캄보디아 사람들은 새로운 고향에서 천천히 지속할 수 있는 공동체를 만들기 시작했다. 그들은 새로운 도시와 새로운 언어에 익숙해져야 했고, 그들 중 다수가 새로운 생계 수단을 찾아야 했다. 난민들은 어떻게 살아남고 적응하고 심지어 번창할 수 있는지를 알아내기 시작했다. 그들은 자신들이 전쟁에서 살아남아 새로운 상황과 새로운 삶을 만들 수 있게 해주는 힘과 자원, 그리고 회복력을 가질 수 있다는 것을 깨달았다.

4단계: 통합

이것은 집단 트라우마가 불러온 집단적 재설정인 '양쪽 혹은 모두'의 단계다. 집단에서는 충격적인 과거를 인정하고 그것이 그들의 삶과 조상과 아이들의 삶에 어떻게 영향을 미쳤는지를 인정한다. 더 나아가 그러한 과거를 그들의 결론을 좌지우지할 이 순간의 현실로 인정하는 것이 아니라 집단 정체성의 일부로서 국민의 역사로 인정한다. 이제 과거는 기억하고 배울 것이 된다. 하지만 이제 집단은 새롭고 진정한 존재의 방식으로 통합할 준비가 되었다.

캄보디아인들은 남겨두고 온 많은 것들, 즉 충격적인 과거를 포함한 그들의 문화와 의식을 새로운 고향에 통합하는 방법을 찾아냈다. 그들은 자기 유산에 대해 자랑스러워했고 미국인들이 맛보고 느끼고 경험할 수 있는 방식으로 공유하기를 원했다. 캄보디아인들은 축제를 열고 곡을 연주하고 예술을 전시하고, 토속 음식을 파는 작은 동네 식당을 열었다. 또 오래된 방식(지혜와 지식의 세대)을 새로운 방식과 통합하여 젊은 세대가 자기 권리를 행사해 지도자가 되도록 도왔다. 그들은 캄보디아 방식과 새로운 미국 문화를 결합한 새로운 정체성을 발견했다.

과거(집단으로 견뎌낸 모든 고통과 괴로움)를 통합해야만 우리는 현재 삶을 완전하게 살아갈 수 있다. 조상들의 상처를 의식적으로 통합하는 것은 그것을 재구성하고 그 상처 안에서 지혜를 추출하며 자녀들과 손자들을 위해 세대 간 트라우마의 순환을 깰 수 있게 해준다.

5단계: 지혜와 성장

통합에서 지혜와 성장으로 나아가는 것은 쉬운 일이 아니며 개인이나 공동체를 위해 꼭 필요한 자연스러운 진보도 아니다. 그러나 진실은 집단 트라우마(9·11 테러, 팬데믹, 가족의 비극)가 우리를 더 강하고 더 공감적이며 더 온정적으로 만드는 연결자 역할을 할 수 있다는 것이다. 우리는 더 큰 목적의식과 새로운 우선순위를 가지고 경험에서 빠져나올 수 있다. 개인이나 여러 사람에게 도움을 요청하거나 제공하는 식의 연결이야말로 우리에게 공동체로서 성장할 기회가 된다. 이 연결은 사회의 많은 소외된 구성원들이 겪고 있는 보이지 않는 상처와 고통을 일으킨 사람들의 행동을 조명한다.

지혜와 성장에 전념하기 위해서는 더 높은 수준의 의식과 깊게 경청하는 노력, 그리고 집단으로서의 이해가 필요하다. 이 단계에서 공동체는 그들의 혈통, 조상, 그리고 과거 문화의 지혜를 불러오도록 초대된다. 과거에서 어떻게 정보를 얻었는가? 집단이 빛을 발하게 할 수 있는 과거의 상처에 내재한 선물은 무엇인가? 어떻게 반복적인 순환을 계속하지 않고 과거의 트라우마를 인식할 수 있을까?

이 단계에서 중요하게 깨달을 점은 지역사회와 세상에 존재한다는 것의 의미에 대해 전환과 도약, 더욱 연결된 영적인 이해가 필요하다는 것이다. 집단에는 목적의식과 세상에서 하는 일을 재평가하라는 명령이 된다. 집단의 목적은 무엇일까? 집단 전체가 어떻게 봉사해야 하는가? 목적은 고통에서 나온 것이라는 말이 있다. 고통에서 나오는 지혜를 통해 우리는 서로 연결되어 있고 상호 의존적이라는 것을 직관적으로 알 수 있다. 또 우리가 경험하는 고통은 삶의 사명을 알려주는 인간 상태의 일부라는 것도 알 수 있다. 공동체 내의 치유는 세상을 치유하는 첫걸음이 된다.

집단 PTG의 결과로 집단, 사회, 문화는 자신들에 대한 이해가 증진하고 출신과 공유한 역사에 대한 의식이 높아지게 될 것이다. 공동체 일부가 될 때 우리는 서로에 대해 더 많은 관용과 더 의미 있는 관계를 맺으며 집단으로 더 깊은 목적의식을 발달시킬 수 있다. 트라우마를 받아들임으로써 우리는 명확성과 새로운 수준의 자기수용을 얻었다. 우리는 우리 이야기를 비난과 죄책감에서 성장과 지혜로 바꾸었다. 공통된 비전과 여러 가지 목표는 일반적으로 공동체에서 다른 사람을 돕는 행동을 수반한다. 이를 통해 집단은 내부로부터 복구하고 치유할 수 있다.

2부에서는 각 단계가 어떻게 발전하고 그 안에서 무슨 일이 일어나며 어떻게 실천할 수 있는지를 살펴보면서 PTG의 단계를 더 깊이 파고든다. 개인적으로나 집단적으로 삶의 상황에 그 단계들을 적용하는 방법을 명확히 얻을 수 있을 것이다. 초대장이 지금 여러분에게 보내졌으니 필요할 때마다 이곳으로 다시 돌아오면 된다.

　　　　　　　　　　　　　　　　　　　　　트라우마, 극복의 심리학

트라우마 회복 후 성장하는 5단계 프로젝트

2

단계를 지나
나아가기

7장 —
인식의 단계 : 전적인 수용

> 자기 마음을 들여다봐야 시야가 확 트인다.
> 밖을 보는 사람은 꿈을 꾼다. 안을 들여다보
> 는 사람은 깨어난다.
>
> - 카를 구스타프 융

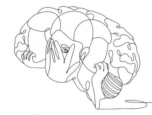

인식의 단계 : 주요 테마

취약함 - 사악하고 산산조각이 난 세상의 연약한 자아. 무방
비하고 무력하고 약하다.

격리 - 무관심한 세상의 버려진 자아. 고립되고 가치 없고 절
망적이다.

마비 - 혼란스럽고 무의미하며 반응이 없는 세상의 당황한
자아. 마비되고 와해하고 무질서하다.

첫 번째 단계인 전적인 수용은 끔찍한 일이 일어났고 트라우마
속에 있다는 것을 깨달았을 때, 충격적인 사건의 여파로 시작된다.

더 이상 모든 것이 괜찮은 척할 수 없다. 모든 것이 통제할 수 없는 것처럼 느껴진다. 자기가 누구인지, 어떻게 일이 돌아가는지, 어떻게 다른 사람들과 관계를 맺어야 할지 알 수가 없다. 과잉 경계 상태에 있거나 해리될 수도 있다. 악몽에 시달리기도 하고 트라우마가 마음속에 계속 재생되기도 한다.

트라우마는 유산, 이별, 실직, 신체적이거나 감정적인 학대, 끔찍한 사고 등 모든 유형의 경험에서 비롯될 수 있다. 학교 총기 난사 사건에서 살아남은 청년 알레한드로의 이야기는 확실히 더 극적이다. 그의 세상 전부와 자아상이 함께 부서졌다. 이 단계에서 정신적 충격을 받은 사람은 말 그대로 *체계의 붕괴*를 경험한다.

무언가 충격적인 것(그것이 재앙적인 사건이든, 견디기에 너무 고통스럽든, 직장에서 해고당하든 상관없이)을 경험할 때 우리는 의식적으로 또는 심지어 무의식적으로 계속 살아갈 수 있는 대처 메커니즘을 개발할 수 있다. 이러한 적응적인 행동은 우리를 고통으로부터 해리, 부정, 분리해서 고통, 상실, 괴로움을 느끼지 않고 삶을 계속 사는 식으로 기능하게 한다. 어떤 때 이러한 메커니즘은 매우 정교하기도 하고 어떤 때는 매우 단순하기도 하다. 이 체계는 잠시, 심지어 몇 년 동안 작동할 수도 있다. 그러다가… 작동을 멈춘다. 이제 이러한 체계는 여러분을 돕는 대신에 해를 끼친다. 하지만 여기에 문제가 있다. 이러한 일이 일어나도 체계가 작동을 중지한 것을 꼭 알 수 있는 것은 아니다. 마치 거실에 난 불을 끄기 위해 정원 호스를 잡는 것과 약간 비슷하다. 호스는 완벽하게 작동했다. 불이 꺼졌다. 하지만 호스를 완전히 틀어놓았고 물이 계속해서 차오르지만 눈치 채지 못한다. 이제 여러분을 구해야 할 바로 그 물에 빠져 익사하기 직전이다. 집을 구하기 위해 만든 전략이 사실 상황을 더 악화시켰다.

내 동료 심리학자이자 소중한 친구인 베네수엘라 출신의 카롤리나 아르벨라에스Carolina Arbelaez는 이러한 역설적인 행동을 표현하는 훌륭한 방법을 가지고 있다. 다음은 그녀가 내게 공유한 내용이다.

> 트라우마에서 심리적 방어나 대처 메커니즘은 사람들이나 마을이 단절되거나 통신이 어렵지 않도록 재난 지역에 건설하는 임시 다리와 같다. 하지만 다리는 영원히 거기에 머물러 있고 더 안정적이고 진정한 복구를 가능하게 하는 더 깊고 심오한 해결책을 추구하지 않는다. (거의 같은 방식으로 우리는 더 건강하고 더 안정적이고 진정한 삶으로 데려갈 트라우마에 대한 더 깊고 더 진정한 해결책을 뒤로 미룬다.)
>
> 우리는 일상적인 기능을 계속하기 위해 절반만 수리하는데 이것은 우리에게 '정상'이라는 잘못된 느낌을 준다. 그러나 내부 상황은 다른 이야기가 펼쳐진다. 고통의 어둠과 습기는 내면에 피어난 곰팡이의 성장을 돕는다. 그것은 삶의 의지를 갉아먹

는다. 햇살 아래로 나가려 하지 않는다.

어떤 인식을 하는 것은 우리가 피해를 '보는see' 것을 허용한다. 탈출에는 에너지가 필요하다. 자기 세포에 얼마나 많은 그만 살아라, 너는 나쁘다, 너는 가치가 없다 같은 메시지를 욱여넣었던가? 날마다 상처에 신경 쓰지 않고 '정상'인 척 걸으며 가장을 하고 평가절하되고 '잊히며', 영원한 혼돈의 벽장에서 얼마나 많은 상처를 입었던가?

카롤리나가 지적했듯이 대처 메커니즘(임시 다리)은 실제로 우리가 매일 작동하도록 설계된 단기적인 해결책에 불과하다. 하지만 다리가 무너지고 방어 메커니즘이 작동을 멈출 때, 그리고 지금 겪고 있는 고통이 능숙하게 피했던 고통보다 더 심각해질 때, 이때가 바로 항복할 순간이다. 알코올 중독자 갱생회의 표현을 빌리자면 우리는 바닥을 쳤다. 모든 것이 엉망이 되었고 주변에 있는 것을 견딜 수 없게 되었고 무언가가 바뀌어야 한다는 것을 깨달았다. 이제 존재의 깊은 구석에 묻혀 있는 상처에 '관심'을 가져야 할 때다. 어제, 지난주, 혹은 수년 전에 일어난 일에서 비롯되었을 수도 있는 이 상처들이 지금 매우 생생히 살아 있다는 것을 근본적으로 받아들여야 할 때다. 우리는 인식의 단계 중 전적인 수용의 단계에 들어섰다.

6장에서 논의했듯이 전적인 수용은 집단 트라우마나 명백하지만 보이지 않는 상처나 사람들과 지역사회가 짊어진 도덕적 상처를 인정하는 데에도 적용된다. 가족, 공동체, 소외된 사람들, 전쟁으로 황폐해진 국가들은 종종 개인이 하는 것과 마찬가지로 장벽을 세우는데, 이 벽은 그들이 문화적, 체계적 고통을 인정하지 못하게 한다. 주디스 허먼이 말했듯이 "부정, 억압, 그리고 해리는 개인적인 차원뿐만 아니라 사회적인 차원에서도 작동한다". 치유를 시작하기 위해서는 먼저 '피해를 볼' 수 있어야 하고 그다음에는 개인의 고통이 집단의 고통 안에 존재한다는 것을 근본적으로 받아들일 수 있어야 한다. 토마스 휴블은 자신의 저서 『공동체 트라우마 치유하기』에서 그가 말하는 사람들의 '트라우마 특징'을 다음과 같이 묘사한다.

> 마치 거대한 코끼리가 사람이 사는 거실에 앉아 있는 것 같다. 그것을 보거나 인정하는 사람은 거의 없지만 우리는 모두 코끼리의 존재에 영향을 받는다. 지정학에서부터 사업, 기후, 기술, 의료, 연예, 유명 인사 등에 이르기까지 사회의 모든 것은 이 코끼리의 존재와 집단 트라우마의 잔재에 의해 지배되고 있다. **그리고 우리가 그것을 인정하지 않거나 적절하게 다루지 않는 한 코끼리의 몸집은 더 커질 것이다.**

고통을 인식하기

이전에 설명할 수 없는 신경계 조절 장애의 신체적 또는 감정적 증상을 경험했을 수도 있지만 전적인 수용에서 감정과 행동을 의식하게 될 가능성이 더 크다. 심지어 '정상적인' 감정 반응과 조절되지 않은 트라우마 반응을 구별하게 될 수도 있다. 이것이 바로 누군가가 기억하고 인정하는 인식의 단계다.

5장에서 처음 언급한 내 환자 필라르가 이것의 완벽한 예다. 그녀는 어느 날 다섯 살짜리 딸이 자기 앞에 서 있는 것을 보고 돌아서다 얼어붙었다고 말했다. 갑자기 "세상에, 내가 저 나이 때 성적으로 학대받았구나"라고 깨달으면서 거의 숨을 쉴 수가 없었다. "내가 성적 학대의 생존자구나." 그 순간 필라르는 자기가 희생자가 되었다는 것을 받아들여야 할 뿐만 아니라 자기 경험에 이름을 붙이고 그것을 트라우마로 인식하면서 자신뿐만 아니라 딸을 위해서도 치유를 위한 조처를 해야 한다는 것을 깨달았다.

오렌이라고 부를 또 다른 환자인 젊은 남자는 열심히 파티를 즐기거나 술을 마시고 코카인을 하며 밤을 지새우는 것을 좋아했다. 그는 가장 친한 친구가 지적하기 전까지는 (그저 즐겼을 뿐) 자신에게 문제가 있다고 생각한 적이 없다고 말했다. 그 직후 오렌은 친구가 과민반응을 보이고 버렸다고 생각해 친구를 비난하는 부정의 소용돌이에 빠졌다고 한다. 그러던 어느 날 밤새 술을 마시고 차를 몰다가 도로를 벗어나 여러 명의 부상자를 냈다. 병원에 누워 완전히 무능력해진 상태에서 그는 깨달았다. "나는 마약 중독자이고 이 길을 계속 간다면 나는 죽을 것이다."

필라르와 오렌, 그리고 그들과 같은 수많은 사람은 다음과 같이 깨달았다. 고통을 주는 어떤 일이 일어나고 있다는 사실을 받아들이는 것은 급진적인 행동이다. 비록 그것을 잘 표현할 수 없거나(필라르가 그랬던 것처럼) 이름을 지을 수 없더라도(오렌이 그랬던 것처럼) 말이다. 연약해지고, 느끼고 싶지 않은 감정을 참아내고, 보고 싶지 않은 행동 패턴을 보고, 묻어두고 싶었던 경험을 기억하는 데에는 용기가 필요하다. 이 상태는 혼란스러운 상태이며 누구나 산산이 조각난 느낌이 들거나 당황하거나 겁이 날 수 있다. 여기서 결국 나는 더 이상 이렇게 살 수 없다고 말하게 된다. "모든 것이 괜찮은 척하고 싶지 않아. 더 이상 이 중독을 지속하거나 부정할 수 없어." 그런 일이 일어날 때 가족과 단절되고 공동체로부터 고립되고 세상으로부터 버림받고 자기 몸과 감정으로부터 단절되었다고 느끼는 현상은 드문 일이 아니다. 말이 되는 것은 아무것도 없다. 세상은 혼란스럽고 반응이 없다. 다른 누구도 우리를 도울 수 없다. 그것은 우리가 자기 안에서 받아들여야 하는 것이다.

문제는 지속적인 변화가 오직 내부에서만 올 수 있다는 점이다. 절대 외부에서 오지 않는다. 어떤 종류의 변화인지는 중요하지 않다. 그것은 몸이나 마음, 신앙의 변화가 될 수도 있다. 내부에서 나와야 한다. 무슨 일이 일어나고 있음을 깨닫는 것에서 나와야 한다. 베셀 반 데어 콜크 박사가 설명했듯이 트라우마는 자기 안에 살아있는 잔여물이자 치유되지 않을 상처다. 과거의 충격적인 사건을 마치 지금 이 순간에 일어난 것처럼 경험하고 있다. 이것이 트라우마 반응이다. 안으로 들어가서 보고 느끼고 인정하는 것만이 자기가 고통받고 있다는 것을 전적으로 받아들일 수 있는 방법이다. 트라우마는 몸 안에 살고 있다. 오직 자신만이 자기를 잠그고 있는 것을 풀 열쇠와 힘을 가지고 있다. 이것이 바로 전적인 수용 단계가 어떤 사람들에게는 매우 도전적인 과제가 되고 어떤 사람들에게는 자유를 주는 이유다.

가수이자 배우인 레이디 가가는 2020년 오프라 윈프리와 가진 인터뷰에서 이를 매우 잘 설명했다(그리고 다시 오프라 윈프리와 해리 왕자의 TV 시리즈인 〈자신이 볼 수 없는 자기The Me You Can't See〉의 일부로). 나는 그녀가 수년간의 끊임없는 고통 끝에 어떻게 전적인 수용을 받아들이게 되었는지 그 경험을 공유하는 것을 지켜보았다. 그녀는 자신이 열아홉 살 때 익명의 음악 프로듀서에게 반복적으로 강간당했고 임신과 입덧을 할 때까지 몇 달 동안 스튜디오에 갇혀 있다가 부모 집 근처에 버려졌다고 말했다. 레이디 가가는 그 일에 대처할 수 있는 치료사나 아무런 수단도 없었다고 말했다. 그녀의 삶은 빠른 속도로 움직였다. 곧 스타가 되었고 무대에 오르고 여행을 하고 음악을 만들었다. 그렇게 그녀는 모든 것을 마음속에서 밀어냈다. 그러다 회상을 하면서부터 온몸에 극심한 고통을 겪었다. 강간을 당한 후에 겪은 고통과 똑같이 느껴졌다. 통증과 저림이 번갈아 나타났는데 이 두 가지 모두 트라우마 반응이었다. 게다가 그녀는 자해하기 시작했다. 때로 레이디 가가는 벽에 몸을 던지곤 했다. 자기가 느끼고 있던 또 다른 고통을 벗어나 비록 짧은 시간이었지만 약간의 안도감을 얻기 위한 시도였다. 그녀가 오프라에게 말했듯이 이 모든 것은 사람들에게 어떻게 말해야 할지 몰랐기 때문에 행한, 자기가 고통받고 있다는 것을 보여주는 그녀의 방식이었다.

2016년(강간을 당한 지 11년이 지나서) 레이디 가가는 결국 PTSD 진단을 받았다. 심한 통증을 보이는 만성 질환인 섬유근육통이라는 또 다른 진단도 받았다. 연구에 따르면 섬유근육통은 때로 신체적 학대와 PTSD에 의해 발생할 수 있다고 한다. 실제로 참전 용사들을 평가한 한 이스라엘 연구에서 이를 증명했다. 수석 연구원인 의사 하워드 아미탈Howard Amital에 따르면 PTSD와 주요 우울증이라는 두 가지 정신 질환은 심각성 면에서 유사하지만 PTSD와 주요 우울증 간의 관련성보다 PTSD와 섬유근육통과의 관련성이 훨씬 더 강했다.[1]

레이디 가가는 인터뷰에서 자신이 정신병 때문에 휴식을 취하게 되었고 잠시 병원에 입원했다고 인정했다. 며칠, 몇 주가 지나도 거의 소파를 벗어날 수 없었다. 의사들은 그녀가 다시 움직일 수 있는 방법을 찾으려 애썼다. 마침내 의사 한 명이 그녀에게 말했다. "당신은 자신이 매일 고통받으리라는 것을 근본적으로 받아들여야 합니다." 그녀는 그 충고가 우스꽝스럽게 들린다고 생각했지만 동의했고, 천천히 아주 천천히, 고통이 움직일 수 있을 정도로 줄어들기

트라우마, 극복의 심리학

시작했으며, 궁극적으로 다시 공연을 시작할 수 있었다고 오프라에게 말했다. 레이디 가가는 자기 고통을 트라우마 반응으로 전적으로 받아들이고 도움이 필요하다는 사실을 인정하는 것이 어렵기는 하지만 끝이 보이지 않는 고통과 괴로움의 삶을 사는 것만큼 어렵지는 않다고 토로했다.

전적인 수용은 쉽지 않다

정신적 충격은 마치 자신의 중요한 부분을 잃은 것과 같다. 여전히 삶을 믿으며 여전히 사랑받을 가치가 있다고 믿는 자기의 한 부분과 단절되는 것이다. 절망감과 무력감으로 인해 자기가 있는 곳을 근본적으로 받아들이는 것이 불가능하다고 느낄 수 있다. 결과적으로 그 도약을 할 준비가 되어 있지 않을 수도 있다. 괜찮다. 아직 절망에서 벗어날 자원이나 동기가 없어서 그럴 것이다. 수년 동안 많은 환자가 자기가 원하고 누릴 자격이 있는 더 행복한 삶을 살고 싶다는 것을 깨달을 때까지 고통이 누적되고 예측할 수 없는 행동을 하면서 수년 간을 보냈다고 내게 말하곤 했다.

내부에서 일어나는 일

우리가 트라우마에 빠져 처리되지 않은 감정이 몸에 저장되어 있을 때 신경계는 신체적, 정신적, 그리고 심리적으로 영향을 미치면서 생존 모드에 들어간다. 우리는 고통에 대처하기 위해 극도의 각성과 경계, 해리와 무감각, 회피, 동요, 두려움의 상태에 빠지게 되고 감정 조절에도 어려움을 겪게 된다. 이 경우 신체는 다음과 같은 생존 반응을 보일 수 있다.

투쟁

신경계가 극도로 경계하는 상황에서는 모두가 자기에게 반대한다고 믿으면서 동요하고 산만해지고 방어적으로 될 수 있다. 세상은 위험한 곳이 되고 모든 것이 위협적이다. 이런 일이 일어날 때 자기가 배우자, 가족, 친구, 또는 동료에게 싸움을 거는 모습을 발견할 수도 있다. 성질이 나 경고 없이 폭발할 수도 있고 폭력적이며 시끄럽고 노골적으로 공격적으로 될 수 있다. 다시 말해서 사람들은 우리 곁에 있는 것이 정말 어렵다는 것을 알게 될지도 모른다.

도피

그렇지 않은 경우 트라우마 반응은 때로 우리가 다른 사람들 곁에 있는 것을 불가능하게 할 수 있다. 세상은 혼란스럽고 무질서하다. 모든 것이 과한 것처럼 느껴진다. 가만히 참으며 앉아 있기가 힘들 수도 있다. 어떻게 해야 할지 모르는 과민한 신경 에너지를 가지고 있어서 때로 완전한 공황 발작으로 전환될 수 있다. 사람들이 도피 반응을 보일 때 그들은 회피와 주의 산만의 달인이 된다. 조금이라도 불편함을 느끼거나 대립하는 상황에 부딪히면 해리하거나 이탈하며 때로는 물리적으로 방을 떠날 수도 있다. 이 상태에서 중독성 있는 행동(예를 들어 약물과 알코올 사용)은 연결을 끊고 거부하는 일반적인 방법이 된다. 감정을 참고 앉아 있거나 개인적인 것에 대해 논의하기보다는 바쁘게 일에 몰두하고 싶어 한다.

동결

무엇이 마비를 유발하는지 알지 못한 채 고통스러울 때 답답하고 무감각해지는 것을 느끼는 일은 드물지 않다. 동결 대응에서는 모든 것이 불가능해 보인다. 세상은 무관심하고 자신은 흔히 단절되고 친구와 가족으로부터 고립되고 가치 없고 우울하다고 느낄 수 있다. 의사를 결정하려 마음을 먹는 것(혹은 상상력과 창의력에 접근하는 것)이 거의 불가능할 수 있으며 이는 이 상태에서 빠져나가는 길을 찾기 어렵게 한다. 실제로 침대에서 일어나지 못하거나 소파에서 빠져나올 수 없는 날이 있을 수 있다. 레이디 가가의 경험은 동결 상태의 대표적인 예다.

영합

이것은 감정적 상호의존성과 경계의 결여로 반응하는 상태이며 또한 자기가 너무 연약하고 스스로에 대한 확신이 없어서 모든 주체 의식을 포기하는 상태다. 자아의식은 붕괴되었고 세상은 헤쳐나가기에 너무 혼란스러운 장소가 되었다. 이 상태를 경험할 때는 거절(또는 폭력, 해악, 대립)을 너무 두려워해서 의식적으로든 무의식적으로든 누군가를 화나게 할 수 있는 모든 행동을 피하기도 한다. 자신감의 부족이나 두려움으로 반응할 뿐만 아니라 다른 사람들이 자신의 일을 결정하게 하고 어떻게 해야 할 지, 무엇을 믿고, 어떻게 행동할 것인지 정하도록 허용한다. 주체적일 수 없어서 다른 사람들에게 휘둘린다.

전적으로 수용하는 방법

우선 부정적인 감정 그 자체로는 트라우마가 아니라는 점을 이해하는 것이 중요하다. 그것이 무엇인지에 대한 우리의 감정은 포용할 수 있다. 즉 그것은 삶에 대한 반응이나 어떤 식으로든 우리가 접한 무언가에 대한 반응이다. 예를 들어 우리는 지금 정말로 슬프다는 것을 깨달을 수 있다. 우리는 자기 슬픔을 그것이 무엇과 관련이 있는지, 그것이 무엇 때문에 계속되는지 설명해 주는 맥락에 집어넣을 수 있다. 감정적으로 연결되기는 자기 슬픔이 특정한 경험이나 오래된 기억에 덧붙여져 있다는 것을 이해하는 방법을 제공한다. 내 환자 벨라는 깊게 배어 있는 슬픔을 안고 오랫동안 살았는데 그 슬픔에 맞서 싸우고, 피하고, 부인하기를 거듭했다. 궁극적으로 자

- 대처 메커니즘이 작동을 멈췄다.
- 방어 메커니즘(그리고 행동)은 기쁨보다 더 많은 고통과 괴로움을 가져다준다.
- 마비되고 삶에 갇혀 있다.
- 감정에 쉽게 압도당한다.
- 더 이상 이러한 불안의 강도를 참을 수 없다.
- 설명할 수 없는 육체적 고통과 정서적 고통을 경험하고 있다.
- 지긋지긋한 삶이 지친다.
- 관계가 재앙 같다는 것을 인정한다.
- 이 모든 드라마에 지쳤다.
- 더 이상 두려움이나 외로움 속에서 살고 싶지 않다.
- 내가 경험하고 있는 것에 대해 이름을 짓지 못한다.
- 절망적이고 무력감을 느끼고 다른 사람들과 단절된다.
- 어릴 적 트라우마 이야기가 있다는 것을 알게 된다.

기 정신 건강을 위한 싸움의 여러 모습을 비난했다. 벨라는 홀로코스트 생존자 1세대인 나이 든 부부에게 아이 때 입양되었다. 그녀는 자라면서 자기가 항상 어울리지 않는다고 느꼈다. 부모님이 자기를 사랑한다고 믿지 않아서가 아니다. 부모는 벨라를 사랑했다. 하지만 폴란드의 홀로코스트 생존자로서 그들은 벨라가 결코 완전히 이해할 수 없는 과거의 짐을 지고 있었다. 그녀는 나이가 들면서 자신이 가족에 속하지 않는다는 느낌을 떨쳐버릴 수 없었다. 그녀는 자신의 목소리가 없다고 말했다.

명상이나 의식적인 호흡, 자연 속을 걷거나 일기를 쓰거나
심지어 따뜻한 샤워를 하면서도 과거에 발생한 모든 것을 기쁘게 받아들인다.
자기감정에 접촉하기 시작하는 것을 도울 수 있는 인식 연습이 있다.

1

가능한 한 편안하게 앉거나 눕자.
베개에 머리를 눕히거나 담요로 몸을 감싸거나 등을 벽에 기대면 된다.
무엇이든 잠시 그대로 있게 해주면 된다.

2

잠시 동안 자신의 숨결을 느껴보자. 시선을 부드럽게 하고(또는 눈을 감는다)
코를 통해 부드럽게 숨을 들이마시고 입술은 약간 벌려 숨을 내쉬면서,
기분이 좋으면 소리도 내자.
숨을 내쉴 때마다 자신이 온전하고, 한 인격체이며, 괜찮다는 것을 상기하자.

3

호흡이 순환하도록 한다. 즉 그것을 막으려고 하지 마라.
내쉬는 숨을 따라 자연스럽게 들이마시면 내쉬는 숨이 나오게 된다.

4

이 호흡 패턴을 계속하다 보면 자연스럽게 생각과 감정이 떠오를 것이다.
그 생각이 나타나고 머무르고 사라지도록 내버려두자. 아무것도 고치려 하지 말자.
분석하지 말자. 그냥 목격하자.
감정이나 생각이 호흡의 리듬을 어떻게 변화시켰는지 느낄 수 있는가?

5

생각과 감정이 생길 때, 그것의 이름을 댈 수 있는가? 그것을 적고 싶을 것이다.
이 연습 중에 나온 것을 일기로 쓰자.

6

무엇을 발견했는가? 그것을 철저하게 받아들일 수 있는가?
나는 내가 ○○하다는 것을 철저하게 받아들인다.

전적인 수용 연습

트라우마, 극복의 심리학

때로 이러한 연습은 우리가 실제로 행복해질 가치가 있다는 것을 상기시키는 데 도움이 된다. 긍정적인 확인을 통해 필요하거나 원하는 만큼 자주 반복할 수 있다.

- 치료를 시작하는 데 필요한 모든 것을 가지고 있다.
- 나는 나 자신의 인간다움을 허락한다.
- 나는 아무것도 고칠 필요가 없다.
- 나는 나 자신을 가볍게 볼 수 있다.
- 나는 내게 친절하고 내 감정을 부드럽게 받아들인다.
- 내 감정은 타당하고 정당하다.
- 비록 항상 이해하지는 못하지만 내 모든 부분을 받아들인다.
- 나는 사랑받을 가치가 있다.
- 나는 지금 내 기분을 철저하게 받아들일 수 있다.

확인

이런 일이 수년간 계속되다가 어느 날 무언가가 바뀌었다. 훗날 일을 마치고 아파트로 걸어 들어가 주위를 둘러보다가 멈춰 섰다고 나에게 말했다. "그 순간 내가 완전히 혼자라는 것을 정말로 이해 했습니다. 그리고 나는 그 고통을 느꼈어요. 더 이상 부모님을 원망 하거나 해결책을 위해 내 외부를 보고 싶지 않았습니다. 나는 내가 상처받고 슬프고 더 이상 내 감정을 느끼고 싶지 않다는 사실을 인 정할 준비가 되어 있었습니다. 계속 이런 식으로 가고 싶지 않았어 요." 전적인 수용의 그 순간 벨라는 도움을 청하기로 했다.

벨라는 왜, 언제, 어디서 생긴 일인지에 관해 수년 동안 자신에게

이제 자기감정을 확인하고 이름을 짓기 시작했다. 여기 어휘를 확장하는 데 도움이 될 수 있는 목록이 있다.

녹초가 된　분노한　당황한　격노한　압도된　지루한
전율한　감사하는　걱정하는　가치가 없는
의심스러운　질투하는　문제가 많은　혼란스러운　발작적인
행복한　부끄러운　희망적인　놀라는　기쁜
균형이 잡힌　깨진　마비된　자신감 있는　수줍은
긴장한　황홀한　좌절한　짓궂은　조심성 많은　고독한
불안한　흥분한　거절당한　불안한　힘없는
두려운　절망한　아픈　죄의식에 빠진　슬픈　역겨운
고요한　상사병에 걸린　충격을 받은　유쾌한　불편한
걱정하는　실망한　우울한　침울한　영감을 받은

감정의 어휘

말해온 이야기에서 자기감정을 분리하고 앞으로 일어날 일을 그저 느꼈을 뿐이다. 우리가 벨라처럼 할 수 있을 때, 우리 몸에서 그 느낌을 발견할 수 있을 때, 그것을 알아차리고 우리 안에서 나가게 할 수 있을 것이다. 자신과 강한 감정적인 연결을 하는 것은 우리가 언제 감정에 따라 행동해야 하는지 그리고 언제 그것을 단순히 인정하고 놓아주어야 하는지를 알아내는 데 도움을 줄 수 있다. 또한 트라우마를 인식하고 이름을 짓는 데도 도움이 될 수 있다.

일부 사람은 트라우마가 자기 과거와 현재의 행동에 어떻게 영향을 미쳤는지 전적으로 받아들이는 것만으로도 충분하다. 실제로 고통의 원인을 발견하고 이름을 짓고 완전히 받아들이는 것은 상당한 자유를 준다. 하지만 아무리 해방감이 느껴지더라도 이 과정을 거치는 것은 꽤 어려울 수 있다. 섹션의 박스들은 이 단계를 탐색하는 데 도움이 되는 몇 가지 팁이다.

8장 —
각성의 단계 : 안전과 보호

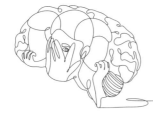

한 가지를 제외하고는 사람에서 모든 것을 빼앗을 수 있다. 인간의 마지막 자유. 주어진 상황에서 자신의 태도를 선택하는 것, 자신의 방식을 선택하는 것.

- 빅터 프랭클

각성의 단계 : 주요 테마

보호 - 자신이 보호받고 짐이 되지 않는 것처럼 느껴진다.

배려 - 세상은 배려를 베풀고 신뢰할 수 있다. 스스로 그렇게 외롭지 않다고 느낀다.

반응성 - 자신이 해방된 느낌. 다른 사람들이 그 사람의 고통을 느낀다. 세상은 덜 혼란스럽다.

이제 우리는 자기가 고통받고 있고 무력하고 절망적이며 막혔다는 것을 철저하게 받아들인 상태다. 우리가 겪고 있는 외로움과 고립감은 삶을 비참하게 하고 있다. 이것이 우리가 겪고 있는 일이라는 것을 깨닫고(그리고 혼자서는 할 수 없다는 것을 인정하고), 다른 사람들의 지원을 받기 위해 그들과 연결할 가능성을 고려하기 시작한다. 이러한 미묘한 사고방식의 변화만으로도 우리는 PTG의 두 번째 단계인 안전과 보호의 영역으로 아주 조금이나마 이동할 수 있다.

하지만 만일 여러분이 충격적인 사건을 경험한 다른 여러 사람과 같다면 편안한 구역을 벗어나 실제로 모험을 감행한다는 생각은 두려움과 마비를 일으킬 수도 있다. 그런데도 철저한 수용에서 자기 고통이 심장을 무겁게 짓누르고 있다는 것을 인식하게 되면 변화할 때가 되었다고 결정할 수 있다. 내가 변할 준비가 되어 있다는 것이다. 하지만 그러기 위해서는 신체적, 감정적, 정력적으로 움직여야 한다.

안전과 보호는 우리가 깨어나기 시작하는 단계다. 여기서 자신, 다른 사람, 그리고 세상을 의식하게 된다. 여기서 각성이 시작되는 것을 경험한다. 이 단계는 움직이고 제거하는 것과 관계가 있다. 즉 안전하다고 느끼는 방향으로 움직이고, 촉발하는 사람들과 장소로부터 자기를 빼내는 것이다.

이 각성 단계는 천천히 그리고 조심스럽게 안전과 보호를 찾는 단계다. 이것은 신뢰하는 누군가에게 다가가 자기가 겪은 일을 공유하기 시작하는 것을 의미할 수도 있다. 여기서 누군가는 치료사, 친한 친구, 가족, 요가 선생님, 멘토 또는 심지어는 사람들의 모임도 될 수 있다. 당신이 이야기를 들려줄 수 있게 힘을 주고 당신을 믿는다고 반응하는 누구든지 가능하다. 그런 일이 있었군요. 우리는 여전히 당신을 사랑하고 감사하게 생각합니다.

아니면 안전하고 보호받는다고 느끼기 위해 가는 실제 장소가 될 수도 있다. 나는 내 환자들에게 특별한 의미가 있고 마음에 평온함과 안전감을 불러일으킬 수 있는 곳을 찾도록 격려한다. 그 장소는 평화와 긍정적인 유대감을 가져다주는 곳이라면 어디든 될 수 있다. 산이나 바다일 수도 있고, 집에 있는 특별한 방이 될 수도 있으며, 심지어 마음속으로 갈 수 있는 상상의 장소가 될 수도 있다. 중요한 점은 세상을 이해하거나 자신을 이해하는 다른 방법이 있을지도 모른다고 고려하게 해줄 안전한 안전지대를 찾는 것이다.

누군가가 안전하다고 느낄 때도 그것이 항상 그들이 감정 표현을 편안하게 느낀다는 것을 의미하지는 않는다. 내 환자 리아나가 처음에 나를 보러 왔을 때 그녀는 갈 길을 잃었고 혼란스러웠고 매우 우울했다. 그녀는 내 사무실에 있는 것이 안전하다고 느끼는 것 같았지만 전혀 말하고 싶어 하지 않는 것처럼 보였다. 내가 종이와 크레용을 건네주자 비로소 그녀는 자신을 표현하기 시작했다. 리아나는 나와 함께 나누고 싶은 이야기의 일부를 적곤 했다. 칼로 자해하는 것을 포함해 여러가지 자멸적인 행동을 해왔다고 썼다. 우리와 함께한 시간 동안 그녀는 최소한 무언가라도 느껴보겠다는 행동이 무감각한 자신을 어떻게 자해하게 했는지 이해하기 시작했다. 즉 다른 사람들에게 말할 수 없었기 때문에 도움을 요청하는 외침이었

　　　　　　　　　　　　　　　　　　　트라우마, 극복의 심리학

으며 자신이 고통받고 있다는 것을 다른 사람들에게 보여주는 방법이었다. 서서히 리아나는 자기감정을 풀어줄 수 있을 만큼 안전하다고 느낄 때 자해를 멈출 수 있다는 것을 깨달았다. 나는 그녀에게 이렇게 말했을 것이다. "나에게 보여줄 필요 없어요. 그냥 표현하세요. 지금 기분이 어떤가요?" 리아나는 마침내 자기 이야기의 일부를 중단하지 않고 공유할 수 있었다. 트라우마 반응을 보일 때 다른 사람들의 동정적인 경청을 받아들이는 것은 매우 어렵지만 필요하다. 리아나의 이야기로 알 수 있듯이 보여주고 지켜봐 주고 들어주는 것보다 더 강력한 것은 없다.

지원 찾기

정말로 우리가 해야 할 말을 들어주는 다른 사람과 연결될 수 있을 때(그것이 단지 가벼운 친구나 우연한 만남일지라도) 세상은 조금 더 다정하고 더 다루기 쉽고 덜 혼란스러워 보인다. 믿을 수 있는 다른 사람과 관계를 맺는 것은 우리가 판단을 받지 않고 말할 수 있게 도와준다. 이 순간에 우리는 안전하고 보호받는다.

이 단계는 내가 수년 전 고문 생존자를 위한 뉴욕시 벨뷰 프로그램에서 일했던 경험을 떠올리게 한다. 나는 전 세계에서 뉴욕으로 온 난민들과 망명 신청자들을 상담했다. 그중 특히 한 사건을 기억한다. 혼란스럽고 겁에 질린 한 청년이 우리 센터로 들어왔다. 그는 영어를 하지 못했다. 내가 스페인어를 말하는 것을 듣자마자 그의 몸이 편안해지는 것을 볼 수 있었다. 일단 그에게 센터가 안전한 곳이고 병원 내의 보호소이며 추방되지 않을 것이라고 말하자 그는 정말 고마워하며 눈물을 흘렸다. 그러고 나서 나에게 자기 이야기를 하기 시작했다. 그는 나를 점점 더 신뢰했다. 그가 너무 상처받기 쉽고 솔직하다고 느낄 정도였다. 나는 치유 과정에서 안전한 장소를 제공하는 것이 얼마나 중요한지 보았다. 여기서 내가 배운 것은 무엇을 말해야 할지, 어떻게 고쳐야 할지 모르더라도 치료 프로그램에 참석하는 것의 힘을 절대 과소평가하지 말라는 점이다. 다른 사람들의 친절과 온정을 받을 수 있고 안전하게 보호받을 수 있는 여러 방법이 있다. 치료사의 사무실에 앉아 있는 것이 전부가 아니다. 힘든 이혼을 겪은 내 환자 중 한 명이 친구와 함께 즉흥 연주와 춤과 명상을 혼합한 5리듬 운동 수업에 갔다. 그녀는 어색하고 어울리지 않은 느낌에 모든 사람이 그녀가 거기에 속한 사람이 아니라는 것을 알아차릴 것이라고 확신하며 그곳에 갔다. 하지만 그녀는 나에게 말했다. "선생님은 내가 참여하지 않을 수 없을 정도로 편안한 공간을 만들어 주었습니다. 원을 돌며 움직이면서 속으로 느꼈던 부끄러움을 울며 모두 털어낸 기억이 납니다. 처음 보는 사람들이 이렇게 안전하게 감싸줄 줄은 상상도 못 했어요. 정말 아름다웠습니다."

요가나 명상 수련회에 가거나 주말 휴가 재충전 워크숍에 참석하는 것도 이러한 안전감을 기르는 또 다른 방법이다. 어떤 사람들은 마을을 떠나 전에 가본 적이 없는 곳으로 가서 위안을 찾기도 한다. 그들은 낯선 사람들의 친절을 받아들이고 다시는 그 사람들을 볼 수 없을지도 모른다는 것을 알고 그들과 일면을 공유하는 것이 어느 정도 더 쉽다는 사실을 발견한다.

다른 사람들의 친절과 연민은 이 단계의 바로 그 기초이며, 어떤 면에서는 사회가 지시하는 다음과 같은 말에 반한다. *기운 내, 강해져야 해. 넘어지면 일어나서 계속해. 감정을 드러내지 마. 그건 네가 약하다는 뜻일 뿐이야. 삶이 아프면 그것을 이겨내고, 그 일에 대해 절대 말하지 마.* 대신에 이 각성의 단계는 우리가 잠시 멈추고 숙고하고 자기감정이 일어나게 하는 데 필요한 공간을 제공한다. 일을 천천히 진행하며 자기만의 속도로 진행할 수 있을 만큼 아주 안전하다고 느낀다. 하지만 이 과정이 옳은 일이라는 것을 알면서도 항상 발을 디딜 수 있을 만큼 쉬운 것은 아니다. 고통과 함께 앉아 실시간으로 그것을 살펴보고 경험하는 것은 용기가 필요하며, 그 모든 것을 다른 사람과 공유하는 것은 훨씬 더 큰 용기가 필요하다. 결과가 항상 깔끔하고 예측할 수 있는 방식으로 나오는 것도 아니다. 그러나 괜찮다! 때로 이 과정은 분노의 폭발, 발작적인 격노, 그리고 쏟아지는 눈물로 자신을 표현한다.

내 환자 리타도 그랬다. 그녀는 팬데믹으로 가족과 몇 달 동안 격리된 후에 어느 날 아침 나에게 전화했다. 그녀는 흐느끼고 있었다.

"도움이 필요해요, 박사님, 저는 죽어가고 있어요, 제가 어떻게 해야 할지 모르겠어요. 내 인생에서 일어난 최악의 일이에요, 나는 절박해요, 박사님과 이야기해야 해요, 곧 미쳐버릴 거 같아요."

그녀가 내 사무실에 도착했을 때는 무슨 말을 하는지 이해할 수 있을 정도로 충분히 침착해져 있었다. 리타는 나에게 결혼한 지 25년이 되었다면서 말을 시작했다. 그녀와 남편 그리고 네 명의 딸은 모두 팬데믹 때문에 집에 있었다. 그것은 드문 일이었다. 어느 날 아침 그녀는 남편의 휴대폰이 몇 번 울리는 것을 듣고 그것을 집어 들었다. (이 상황을 묘사할 때 그녀는 너무 많이 울어서 말을 할 수 없었다.) 간신히 그녀는 남편이 이웃과 바람을 피우고 있다는 증거를 보았다고 내게 말했다! 게다가 남편의 바람은 하룻밤만의 일이 아니었다. 그것은 몇 년 동안 이어졌었다. 그녀는 망연자실했다. 그녀는 다시 울음을 터뜨렸고, 마침내 나를 보고 말했다. "어떻게 해야 할지 모르겠어요. 난 포기하겠어요. 이 문제에 두 손 들었어요. 선생님 손에 달렸습니다. 생각도 제대로 못 하니까 제발 어떻게 해야 할지만 말해주세요." 나는 그녀에게 이래라저래라 하지 않았다. 그건 내 일이 아니다. 나는 온정적으로 경청했고 그녀가 필요로 하는 어떤 방식으로든 감정을 표현할 수 있는 공간을 확보해 주었다.

리타의 이야기가 특이한 것은 아니다. 나는 화가 난 다른 환자들도 내 사무실로 오게 한다. "엄마가 거절해서 너무 화가 나요. 그 일이 일어나게 한 나 자신에게 화가 납니다. 엄마에게 화가 나지만 그

트라우마, 극복의 심리학

녀에게 화를 낼 수는 없어요. 그래서 이제 내 치료사에게 소리를 지를 겁니다." 그들의 감정은 원초적이고 그들도 원초적이었지만 자기를 표현할 방법이 없었다. 그들이 화를 내는 이유는 내가 화나게 해서가 아니다. 마침내 지금까지 자기 내면에 갇혀 있던 진정한 감정을 표현할 수 있을 만큼 안전하다고 느꼈기 때문이다. 이것은 그들이 느끼는 유독한 고통, 분노, 슬픔을 몸에서 씻어내는 방법이다.

나는 거의 제 기능을 하지 못하며 거의 아무것도 느끼지 못하는 다른 환자들도 오도록 했다. 3장에서 언급한 소방관 빌이 좋은 예다. 9·11 테러 당시 응급구조대원이었던 그는 친구들과 동료들을 포함한 수백 명의 사람이 잔해 속에서 끔찍하게 죽은 것을 목격했다. 그는 깊은 고통을 겪었지만 그것에 대해 어떻게 말해야 할지 몰랐다. 빌은 가족이나 동료들과 관계를 끊었다. 술을 많이 마시기 시작했고 누구와도 대화하기를 거부했다. 마침내 자살을 시도한 후 그는 도움이 필요하다는 것을 깨달았다. 빌이 나를 보러 왔을 때 그는 동요하면서도 동시에 자기감정에 무감각하고 분리되어 있었다. 그는 많은 이야기를 하고 싶어 하지 않았다. 그 일은 별것 아니며 자신이 왜 그렇게 비참하게 느끼는지 실제로 설명할 수 있다고 생각하지 않았다. 내 역할은 이러한 과정을 존중하고 그가 자신의 이야기와 감정을 공유할 수 있을 만큼 안전하다고 느낄 수 있는 공간을 만들어, 그의 말을 온정적으로 듣는 것이었다. 함께 있는 동안 나는 빌의 고통을 인정하고 확인했다. "괜찮아요. 여기는 안전합니다. 나는 당신이 얼마나 힘든지 알고 있습니다. 얼마나 고통스러울까요." 나는 빌에게 그가 선택한 어떤 방식으로든 자신을 표현할 수 있다고 안심시켰다. 그는 말하거나 소리치거나 노래하거나 울거나 춤을 추거나 단순히 아무것도 하지 않아도 된다. 특별한 주제는 없었다. 내가 그를 믿는다는 것을 인식하게 하고 어떤 식으로든 판단하지 않고 진심으로 귀를 기울이며 빌을 안심시켰다. 그는 나를 믿고 서서히 마음을 터놓기 시작했다. 물론 이 모든 일이 한 번의 상담에서 이루어진 것은 아니며, 모든 상담이 동일한 것도 아니다. 어떤 때는 공유할 것이 많았고 어떤 때는 마음의 문을 닫았다. 이 모든 것은 트라우마에 대한 정상적인 반응이며 누군가가 이 단계를 통해 치료할 수 있는 정상적인 방법이다.

내부에서 일어나는 일

전적인 수용에서 탐구했듯이 트라우마는 어느 정도 역설적일 수 있다. 우리는 고통받고 있을 때 그냥 혼자 있고 싶고 세상 밖으로 나가고 싶지도 않을 수 있다. 왜냐하면 세상은 위협적이고 혼란스러운 곳이기 때문이다. 아무도 우리가 겪고 있는 일을 이해할 수 없을 것이고, 그것을 설명하기에는 너무 큰 노력이 필요하다. 동시에 우리는 고립이 트라우마 반응을 악화시킨다는 사실, 그리고 고립에서 벗어나 편안하고 신뢰할 수 있는 사람들과 장소를 찾는 것만이 치

트라우마, 극복의 심리학

유의 유일한 방법이라는 사실을 인정했다. 고립은 외로움을 낳고 외로움은 (연결을 위해 설계된) 신경계를 비정상적으로 조절하며, 이는 신뢰를 바탕으로 관계를 구축하는 것을 더 어렵게 한다. 그것은 악순환처럼 느껴질 수 있다. 하지만 이러한 것을 경험했다면 그것이 정상적이고 생리적인 반응이라는 사실을 알아두자.

편안한 영역에서 벗어나 누군가에게 도움을 요청한 후에도 신경계는 여전히 반응 모드에 있을 수 있다. 당장 안전하다고 느끼는 것은 쉽지 않을 수도 있다. 특히 초반에 투쟁-도피-동결-영합 반응을 오가는 것은 흔한 일이다. "내가 간신히 여기(이 치료사의 사무실, 요가 스튜디오, 지원 그룹)에 오긴 했지만 만약 잘못 선택한 일이면 어쩌죠? 내겐 너무 벅찹니다. 아니요, 앉고 싶지 않아요. 음, 여기 좀 있을 수는 있겠지만 날 쳐다보지는 말아주세요. 그것을 감당할 수 없습니다. 오지 말았어야 했는데 그래도 기분은 좋네요. 한번 해봐야겠어요." 자기감정이 사방에 널려 있고 마음을 안정시키기 위해 고군분투하고 있다고 해도 놀라지 말자. 왜냐하면 트라우마는 과거를 떠올리지 않고 살아갈 수 있는 마음의 능력을 망치기 때문이다. 어떤 면에서 나는 그것을 뇌의 두 부분 사이에서 펼쳐지는 춤이라고 생각한다. 즉 암묵적 기억(감정적이거나 무의식적인)의 고향인 편도체와 명시적 기억(현재 실제로 일어나고 있는 일)의 고향인 해마 사이의 춤이다.

암묵적 기억

암묵적 기억은 의식적으로 인지하지 못할 수도 있는 과거에 일어난 일에 관련된 반응이다. 예를 들어 만약 어렸을 때 자전거 타는 법을 배웠다면 그 기억은 멀리 저장되어 있다가 자전거를 타려 할 때마다 표면에 떠오른다. 다시 배울 필요가 없다. 암묵적인 기억이 강한 감정적 내용과 관련되어 있을 때 우리의 감정 뇌의 한 부분인 편도체가 촉발된다. 예를 들어 우리가 두려워할 때 편도체와 뉴런은 그 두려움을 양분으로 삼고 스트레스와 불안은 그러한 신경 연결을 강화한다. 결국 우리가 느끼고 있는 두려움은 우리를 더 불안하고 우울하게 한다. 문제는 편도체가 실제 공포뿐만 아니라 공포에 대한 기억에도 반응한다는 점이다. 이렇게 되면 우리는 트라우마적 관점에서 과거의 가공되지 않은 감정의 렌즈로 세상을 바라보게 된다. 예를 들어 어렸을 때 개에게 물렸다면 개와 접촉할 때마다 두려움을 느낀다.

명시적 기억

명시적 기억은 종종 '선언적 기억'이라고 정의된다. 여기에는 의식적으로 경험한 사실이나 날짜, 시간을 기억하는 것, 시험공부를 할 때 공식을 기억하는 것 등이 해당된다. 명시적으로 그렇게 할 때마다 우리는 해마의 뉴런을 강화하고 증가시키고 사실이 아닌 것을 더 잘 구분한다.

과거에 어떤 충격적인 일을 경험하면 현재의 새로운 기억을 만드는 것은 거의 불가능해진다. 지금 일어나고 있는 일이 전에 겪었던 것을 상기시키면서 오래되고 흔히 무의식적인 기억의 방해를 받기 때문이다. 과학적인 용어로 말하자면 반복에 대한 두려움이 편도체를 커지게 하고 해마를 작아지게 한다.[1] 즉 편도체는 해마를 낚아채서 과거의 무의식적인 기억과 얽히지 않은 새로운 기억을 만들어 내지 못하게 한다. 5장에 나오는 레온의 예를 기억하는가? 그는 아이들이 수영하거나 자전거를 타거나 스포츠를 즐기는 것을 허락하지 않는 아버지다. 그의 어머니는 거의 익사할 뻔한 적이 있어서 아이들에게 물이 위험하다고 설득하는 할머니 밑에서 자랐다. 레옹의 두려움은 자신의 과거뿐만 아니라 어머니의 과거와 할머니의 과거에서 나온 암시적인 기억으로 길러지고 합성되고 강화되었다. 그는 아이들과 함께 두려움으로 채워지지 않은 완전히 새로운 경험을 만들 수 없었다.

미주신경: 우리의 사회적 연결 고리

우리가 워크숍이나 수업에서 기분이 좋거나 달콤한 경험을 하는 방식으로 다른 사람과 연결될 때, 신경계는 그에 따라 반응한다. 신경과학자 스티븐 포지스Stephen Porges는 여기에 도달한 상태를 사회 참여 상태라고 부른다. 애처로운 투쟁-도피-동결-영합 반응은 감소하고 부교감적인 친절-친구 되기 반응은 증가한다. 이것은 포지스가 '사랑의 신경' 혹은 '돌보미 신경'이라고 부르는 복부(또는 앞쪽) 미주신경의 작용을 통해 일어난다. '복부 미주신경 상태'에 있을 때 우리는 몸 안에서 편안함을 느끼고 차분하며 안전하다 느낄 수 있는 현재에 속하게 된다. 미주신경은 안전과 보호의 관점에서 심리적, 영적인 역할을 한다. 그것은 우리가 경험을 얻고 이해하는 것을 도우며 우리를 '장뇌gut brain' 혹은 지혜로운 마음과 연결한다. 그것은 변연계라고 알려져 있으며 포유류 뇌의 일부로서 감정과 학습의 중심이다. 캘리포니아 대학교 버클리의 사회적 상호작용 연구소의 대커 켈트너Dacher Keltner의 연구에 따르면 이것은 우리가 *친절, 관대함, 존경심에 주목할 만한 경향과 함께* 진화했다는 것을 의미한다. 우리는 친절하고 동정심이 있어야 할 뿐만 아니라 다른 사람들의 친절과 동정심을 받는 경향이 있다.[2]

내가 언젠가 읽은 미국의 문화인류학자 마거릿 미드Margaret Mead에 관한 이야기는 켈트너의 연구가 주장하는 것을 입증한다. 다음과 같은 이야기다.

> 한 학생이 인류학자 마거릿 미드에게 "문명의 초기 징후는 무엇입니까?"라고 물었다. 그 학생은 그녀가 토기, 맷돌 혹은 무기라고 말할 것으로 기대했다. 마거릿 미드는 엉덩이와 무릎을 연결하는 신체에서 가장 기다란 뼈인 대퇴골이 치유된 것을 발견할 때마다 고대인들이 진정한 사회로 들어섰다는 것을 알

게 된다고 말했다.

골절된 대퇴골이 치유되려면 약 6주의 휴식이 필요하다. 치유된 대퇴골은 누군가가 다친 사람을 돌보고 사냥과 채집을 해주고 함께 지내며 상처가 나을 때까지 신체적 보호와 동반을 제공했다는 것을 보여준다.

미드는 정글의 법칙(적자생존의 법칙)이 있는 곳에서는 치유된 대퇴골이 발견되지 않는다고 설명했다. 문명의 첫 번째 징후는 치유된 대퇴골에서 볼 수 있는 동정심의 행동이다.

어떤 사람들은 출처가 불분명한 이야기라고 말하지만 나는 그 메시지의 아름다움을 좋아한다. 가장 취약한 사람들에게 친절과 연민을 보여주는 것은 오랫동안 우리 인간성에 내재해 있었다.

안전과 보호를 제공하며 진행하는 방법

때로 상처받았을 때는 다른 사람들의 동정을 받아들이기 어렵다. 도움을 요청하려면 용기가 필요하다. 그렇더라도 마음을 보호하는 갑옷을 부수고 다른 사람들의 친절을 받아들이는 것이 필요하다. 치유를 시작한다는 것은 다른 사람들의 보살핌과 지지에 굴복하는 행위다(비록 짧은 시간이더라도).

이 단계에서는 세 가지 요소가 나타나야 한다. 나는 검증validation,

인정acknowledgment, 인식recognition을 총칭하여 VAR 기법이라고 부른다. 이 기술은 내 중요한 멘토이고 나에게 영감을 주는 일을 계속하는 심리학자이자 교수인 하디의 것을 다듬은 것이다. 이것은 안전과 보호를 만드는 데 필수적이다.

VAR 기법

검증은 동정심 있는 경청과 동의어다. 이야기를 나누고 있는 사람이 진심으로 그것을 듣고 있다고 느낄 때를 말한다. 또한 판단하지도, 무엇을 잘못했는지를 말하지도, 어떻게 느껴야 하는지 지시하지도 않고, 말하는 것을 듣기만 하는 때도 있다.

인정이란 누군가(또는 어떤 모임의 사람들)가 당신의 관점에서 사물을 보는 것을 의미한다. 비록 그들이 완전히 같은 관점을 공유하지는 않더라도 당신의 경험이 당신에게 어떤 영향을 미쳤는지 증인이 되어줄 수 있다.

인식이란 당신이 겪고 있는 고통이 현실적이고 힘들고 그것이 감정적, 육체적으로 영향을 미친다는 사실을 다른 누군가가 받아들이는 것을 의미한다. 그들이 당신의 의견에 동의하거나 같은 방식으로 생각할 필요는 없다. 당신이 어떤 일을 겪든, 어떤 말과 행동을 하든, 그들이 당신을 보고, 듣고, 지지하는 것이 중요하다.

검증과 인정과 인식은 몇 가지 다른 방법으로 표현되기도 한다. 다음은 안전과 보호에서 사용할 수 있는 몇 가지 방법이다.

① 조율

누군가가 "나는 너를 믿어. 무슨 일이 있어도 너를 위해 여기에 있을 거야"라고 말하는 것만큼 위안이 되는 것은 없다. 그들이 여러분이 현재 있는 곳에서 여러분을 신체적, 감정적으로 이해하며 만나고 있다는 사실을 아는 것은 정말 대단한 일이다. 즉 여러분이 느끼는 방식에 조율된 사람을 갖는 것이다. 치료사들은 흔히 '감정적 미러링'을 통해 이 일을 해낸다. 그들은 여러분이 어떻게 느끼는지, 어떤 경험을 겪었는지를 동정적이고 감정적으로 검증, 인정, 인식하는 방식으로 알아채 여러분을 뒤따라 이해한다.

조율은 모든 건강한 관계에서 일어나며, 운이 좋은 사람들은 유아기에 주요 양육자와의 관계에서 시작한다. 아기가 고통받고 있다는 신호를 보내는 유일한 방법은 우는 것이다. 아기를 돌보는 사람이 울음소리에 안아 올리고 달래는 것으로 반응할 때, 아기는 안전하고 보호받는다는 것을 느낀다. 어린아이가 무엇인가를 발견하고 기뻐할 때 어머니가 똑같이 기뻐하면 어린아이에게 지켜보고 있다는 것, 존재한다는 것, 그리고 누군가가 사랑하고 이해한다는 것을 보여주는 행동이 된다. 비록 유아기나 어린 시절에 그런 일이 일어나지 않았다고 해도 어른이 되었을 때 안전한 관계에서 그러한 경험을 재연하는 것은 여전히 가능하다.

감정이 생기고 자기 인식이 성장할 수 있도록 위로와 공간을 주는 부모처럼, 치료사나 멘토, 친구나 가족, 또는 한 집단의 사람들이 여러분을 위해 똑같이 해줄 수 있다. 그들은 여러분이 겪고 있는 것을 인정하고 여러분의 감정을 검증하며 그 경험이 여러분에게 끼친 영향을 인식할 수 있다. 이러한 동정심을 가진 경청은 표현할 필요가 있는 모든 것(소리치기, 울기, 분노하기, 떨기)을 표현할 수 있는 공간을 주고, 여러분이 준비되면 그것을 검토한다. 정신과 의사이자 불교 실천가이며 『트라우마 사용설명서The Trauma of Everyday Life』의 저자인 마크 엡스타인Mark Epstein은 그러한 이해가 "오래전에 잊었던 좋은 패턴으로 안내할 수 있다"라고 말한다. 즉 자기 그림자(부끄러움, 비난, 분노 등)를 의식 속으로 가져오는 것은 자기 재능을 기억하는 데 도움이 된다. 필요한 것이 있다고 인정하는 것이 여러분에게 필요한 것을 요구할 수 있는 첫 번째 단계다.

② 공동 조절

트라우마 상태에 있을 때 감정을 통제하는 것은 정말 어려울 수 있다. 이것은 자신 밖의 모든 사람과 모든 것에 관계를 맺기 어렵게 한다. 우리의 신경계는 제대로 조절되지 않고 있어서 현실적으로 사는 것이 어떤 느낌인지 모델로 삼을 수 있는 사람이 필요하다. 이는 앞길을 따라가는 데 도움을 줄 수 있는 안정적이고 안심되는 어떤 존재를 말한다. 우리는 그것을 '공동 조절co-regulation'이라고 불리는 과정을 통해 할 수 있다. 이 과정에서 한 사람의 신경계는 더 큰 감정적 균형과 신체적 건강을 촉진하는 방식으로 다른 사람의 신경계와 민감하게 상호작용을 한다.

다른 사람들의 말과 행동이 우리의 신경계와 정서적 행복에 해로운 영향을 미칠 수 있다는 사실은 비밀이 아니다. 공동 조절은 그 반대도 경험할 수 있게 해준다. 누군가 침착하게 현재를 살아갈 때 우리 신경계를 그들의 신경계와 일치시킬 수 있고 결국 우리도 현실적으로 현재를 살아가는 데 도움이 될 것이다. 이러한 일은 인간의 상호작용 안에서만 일어나는 것은 아니다. 치료에 도움을 주는 고양이나 강아지, 다른 반려동물과의 관계에서도 공동 조절이 일어난다.

공동 조절을 경험할 수 있는 여러 방법이 있다. 자연과 교감하기, 숲속 나무에서 에너지 받기, 바닷가에 있기 등은 몸 전체를 진정하는 효과를 줄 수 있다. 트라우마 정보에 기초한 요가나 유도식 심상화와 같은 특정한 연습은 평화가 어떤 느낌인지 잠시 맛보게 해줄 수 있다. 치료 과정에서 치료사는 잠시 멈춰 서서 몇 번의 호흡을 시킨 다음 따라 하게 하거나 춤을 추게 하거나 심지어 뛰어다니게도 만든다. 온정적으로 경청해 주는 헌신적인 친구와 차 한잔을 마시거나 산책하는 것이 불안을 조금 덜어주는 데 필요할 수도 있다.

비슷한 경험을 한 뒤 다른 쪽으로 빠져나온 타인들 앞에 서는 것은 자기감정을 조절하는 강력한 방법이 될 수 있다. 누군가가 가능성과 성장을 모델로 보여줄 때 우리는 스스로 그것을 보기 시작한다. 다른 사람들과 공감하는 것은 종종 자기감정을 조절하는 법을 배우는 데 도움을 준다. 《요가 인터내셔널》의 어느 기사는 암 생존자들이 함께 요가를 연습하는 것이 "그들이 직면한 감정적 혼란과 신체적 도전으로부터 휴식을 제공한다"라고 밝혔다. 자닌은 뇌종양을 치료하며 때로 불안과 공포 상태에 빠졌다. 그녀는 암을 겪고 있는 다른 여성들과 요가 수업을 하는 것이 감정을 관리하고 자기 몸과 더 사랑스러운 방식으로 연결하는 데 도움이 되었다고 믿는다. 그녀는 "그룹 경험에서 위안을 얻었고 모든 사람이 함께 이동하도록 초대하는 것처럼 보였다"라고 말했다. 이는 그 자체로 치유 효과가 컸다.[3]

누군가를 대상으로 자기가 겪은 일이 어렵고 고통스러웠다는 것(그리고 분노, 수치심, 두려움 또는 해리가 정상적인 반응이었다는 것)을 인식하게 함으로써 자기 경험을 증명하고 트라우마를 검증·인정·인식하게 할 수 있다. 그리고 동시에 자기비판도 부드럽게 할 수 있다.

③ 몸의 소리를 듣기

솔직하게 자기 고통을 다른 사람이 목격하도록 허용하는 것은 우리 안의 깨진 부분을 인식하는 데 도움을 줘서 몸, 마음, 그리고 정신과의 관계 치유를 시작하게 해준다. 자신이 경험한 것에 대해 검증과 인식을 시작할 수 있고 트라우마가 몸에 남긴 상처를 탐구할 수 있다. 첫 번째 단계에서 우리는 이미 고통받고 있다는 것을 전적으로 받아들였다. 이제 우리는 안전하다고 느끼고 다른 사람들에게 보호받고 사랑받는다고 느끼기 때문에 천천히 자신에게도 똑같이 할 수 있다.

때로 자기 내부의 빛을 보기 위해서는 다른 사람들의 검증과 인식이 필요하다. 다른 사람과 연결되고 그들의 이야기를 듣고 사회적으로 참여하는 것은 자신을 사랑하고 다른 사람의 눈을 통해 자기 가치를 보는 능력에 강력한 영향을 미칠 수 있다. 반 데르 콜크 박사의 말처럼 트라우마는 몸 안에 존재하기 때문에 상처를 인정하고 치유하기 시작하는 것은 몸을 통해서 이루어진다. 우리는 다른 누군가를 위해 하는 것처럼 부드럽고 친절한 방법으로 무엇이 표면으로 나타나든 존중하면서 몸이 요구하는 것에 깊이 귀 기울이는 것을 배울 수 있다.

우리 몸 안에서 안전하다고 느낄 때 생각, 감정, 감각과 관계를 맺고 현재의 순간으로 돌아올 수 있다. 의식적인 호흡 기술, 요가, 명상 가이드, 그리고 여러 신체 인식 연습을 사용해서 이를 수행한다.

④ 취약성

자신과 다른 사람에게 전적으로 정직하고 기꺼이 실패를 인정하며 고통을 공유하지 않고서는 우리의 경험이 진정으로 인정받고 검증되고 인식될 수 없다. 이는 안전지대에서도 쉽게 할 수 있는 일이 아니다. 안전지대 안에서도 신뢰와 솔직함이 필요하다. 여러 문화권에서 취약성을 약점과 동의어로 본다. 그들은 취약성을 부끄러운 것으로 본다. 하지만 실제로는 정반대다. 취약성을 드러내려면 용기가 필요하다.

인기 강연자이자 연구원이며 뉴욕 타임스의 베스트셀러 작가인 브렌 브라운Brené Brown은 수치심과 취약성에 대해 글을 썼다. 그녀는 취약성이야말로 자신이 노출되도록 허용하는 '극심한 고통의 행동'이라고 부른다. 취약성의 문제는 우리가 방금 말한 것이나 공유하려는 것에 대해 다른 사람들이 어떻게 반응할지 모른다는 것이다. 그럼에도 우리는 말하고 공유한다. 왜냐하면 브라운이 말했듯이 취약성은 서로에게, 그리고 자신에게 돌아가기 위해서 우리가 찾아야 하는 통로가 되어주기 때문이다. 취약함은 우리가 내면과 연결할 수 있는 유일한 방법인 '전적인 솔직함'에 대한 약속이다. 그리고 브라운은 진정한 연결이 인간 경험의 본질이며 내가 이 책에서 말했듯이 우리의 고통을 치유하는 핵심 요소라고 상기시킨다.[6]

우리는 스스로 인식하지 못하는 것을 치유할 수 없다. 그리고 아마도 고통을 감추고 감정을 안에 가두는 데 오랜 시간(심지어 인생 내내)을 보냈을 것이다. 고립, 두려움, 수치심, 비밀, 그리고 불신은 자신을 감싸고 있는 감정적인 갑옷의 일부다. 우리가 세상을 덜 위협적이고 더 수용적인 것으로 보기 시작함에 따라 그 갑옷은 너무 무거워서 견딜 수가 없게 되었다. 취약할 정도로 용감해진다는 것은 방어를 고정하는 매듭을 느슨하게 하기 시작했다는 뜻이다. 이 일은 흔히 감정적인 집 안 청소를 하고 무엇이 연결과 치유를 방해하

가짜 인격 뒤에 숨기

다른 사람들과 함께 있는 것이 너무 무섭다고 느낄 때,
종종 그들이 찬성할 것이라고 여겨지는 방식으로 행동하면서
가짜 인격을 만든다.

감정을 밀어내기

여러분이 느끼는 것을 견디기는 쉽지 않다. 그것이 견디기 힘들어지면
감정을 무시하고 밀어내고 거부하고 억누르게 된다.

책임 전가

다른 사람이나 어떤 상황 때문에
이렇게 행동하거나 느낀다고 생각하는 것은 흔한 일이다.

…할 때까지만 해도 괜찮았어요.

자신을 무장하는 방식

는지 목록을 작성하는 것을 포함한다.

내 환자 켈리는 극도로 마음을 닫고 모두에게 어떤 상황에서도 자신을 개방하거나 노출하는 것을 두려워했기 때문에 다른 사람들과 교류하기 위해 소위 '대리인'을 내세워 자신을 무장시켰다. 상담하러 왔지만 결코 그녀의 진실하고 취약한 모습이 아니었다. 결과적으로 켈리는 실제 경험하는 것과 그녀의 삶에 존재하게 되는 것을 놓쳤다.

이 단계에서 여러분은 자기 직감을 듣고 존중할 수 있게 되었다. 여러분이 특정한 사람이나 경험에 대해 생각할 때, 몸에서 느낄 수

신체적, 감정적 갑옷을 벗기 위해서는 먼저 자신이 무엇을 느끼고
어디에서 그것을 느끼고 있는지를 확인하는 것이 중요하다.
그런 다음 촉각과 호흡을 사용하여 몸의 긴장을 풀기 시작하자.

1. 불편하거나 촉발하는 상황에 부닥쳤을 때는 잠시 멈춘다. 여러분의 갑옷은
   물리적으로 어떤 느낌인가? 특히 어디가 두껍거나 무겁게 느껴지는가? 어깨,
   턱, 목, 가슴 중 어느 쪽에서 가장 많이 느끼는가? 잠시 시간이 지나고 몸을
   조금 움직일 수 있는가? 어깨를 귀 쪽으로 움직였다가 풀어보자. 그리고 전부
   털어버리자.

2. 시간이 더 있다면, 발과 발목부터 시작해서 다리 쪽으로 올라가면서 마사지
   를 해주자. 그리고 팔, 어깨, 목, 머리에 집중한 다음 눈, 이마, 볼, 입 주위를
   부드럽게 마사지해 준다.

3. 주의 깊게 호흡하는 연습을 하자. 몸을 마사지하며 자기가 집중하고 있는 곳
   으로 호흡을 향하게 한다. 부드럽게 들이마시고 완전히 내쉬면서 지금 느끼
   고 있는 긴장감을 부드럽게 풀어주자.

4. 여러분이 신뢰하는 누군가에게 연락해서 이야기를 나누고 무슨 일이 일어나
   고 있는지 설명하고 신경계를 진정하는 데 필요한 지원을 받아보자.

무장을 해제하는 방법

있는 즉각적인 부정적 반응을 가져본 적이 있는가? 그렇다면 그러
한 반응을 놓아줘야 한다는 뜻일 수도 있다. 우리는 모두 극성기를
훨씬 넘긴 것들을 껴안고 있다. 예를 들어 독이 되거나 촉발하는 관
계, 그리고 자해, 중독, 품위를 떨어뜨리는 직업처럼 자기를 처벌하
는 방식이며, 이는 충격적인 과거를 상기시키거나 자존감을 떨어뜨
리는 것들이다.

때로는 아직 다른 사람들 앞에서 솔직하고 취약성을 드러낼 준비가
되어 있지 않았지만 세상으로 모험할 준비가 끝났다고 느낄 때가 있다.
이 경우 다음을 고려할 수 있다.

- 동네 산책하기
- 지역 농산물 시장에 가거나 마을을 돌아다니기
- 아침 일찍 자연 속을 걷거나 해변을 걷기
- 카페에 앉아 일하거나 일기를 쓰기
- 요가, 춤, 음악이나 무술 수업을 듣기
- 노래하기, 흥얼거리기, 구호 외치기 등 소리와 진동을 몸에 전달하는 것이라면 어떤 것이라도 해보기
- 회복 요가나 명상 가이드 같은 심도 깊은 이완 기술을 탐구하기
- 차갑게 샤워하거나 차가운 물을 얼굴에 튀기거나 얼음 그릇에 손을 넣기
- 깊고 느리고 의도적인 호흡 연습하기

이 중 무엇을 실행하든 트라우마 반응을 유발하거나
활성화하는 상황에서는 중단해야 한다.
예를 들어 명상 중에 눈을 감는 것이 불안하게 한다면 눈을 뜨고 하자.

안전과 보호를 위한 준비가 되었는가?

이 단계는 탐색하기가 쉽지 않다. 그것은 우리가 세운 장벽을 계속 제거하고 마음을 가린 갑옷을 벗기며 벌거벗고 날것으로 서 있기를 요구한다. 이제 우리를 묶는 것은 아무것도 남아 있지 않다. 더 이상 숨을 곳이 없다. 이제 우리를 감옥에 가두었던 마비(즉 트라우마 후에 갇혔다는 느낌)에서 벗어나 우리를 잡으려고 내뻗은 팔 쪽으로

여기 트라우마 치료에 도움이 될 수 있는 다양한 치료법, 치유술,
실천의 목록이 있다. 선택한 양식과 관계없이
다음 중 하나의 조건이 있어야 한다. 즉 이 일을 하기 위해
도움을 제공하는 사람으로부터 안전과 보호를 제공한다는 느낌을 받고
신뢰해야 한다. 또한 여러분의 몸에 귀를 기울이고
도움이 필요할 때 발생하는 경보나 촉발요인에 주의를 기울여야 한다.

- 기능적 생활 지도Trauma-informed meditation
- 내부 가족 시스템IFS, Internal Family Systems
- 감각 운동 심리 치료Sensorimotor psychotherapy
- 가속 해소 요법Accelerated Resolution Therapy
- 체성 경험Somatic Experiencing
- 감정에 초점을 맞춘 치료Emotionally focused therapy
- 신경 피드백Neurofeedback
- 정서적 자유 기술Emotional freedom technique
- 환각제 보조 심리치료Psychedelic-assisted psychotherapy
- 안구운동 감작 및 재처리EMDR, Eye movement desensitization and reprocessing
- 놀이 요법Play therapy
- 현실 요법Reality therapy
- 트라우마 인지 요가Trauma-informed yoga
- 트라우마 인지 명상Trauma-informed meditation
- 급속 해소 요법RRT, Rapid Resolution Therapy
- 행동 요법ACT therapy
- 가속 경험적 동적 심리치료AEDP, Accelerated Experiential Dynamic Psychotherapy
- 인지행동치료CBT, Cognitive Behavioral Therapy
- 변증법적 행동 치료DBT, Cognitive Behavioral Therapy
- 최면 요법Hypnotherapy
- 사이크PSYCH-K
- 침술Acupuncture
- 미주신경기술Vagus nerve technique
- 마음 챙김 기반 스트레스 감소MBSR, Mindfulness Based Stress Reduction
- 에너지 치유 요법Energy healing therapy
- 집단 치료Group therapy
- 장기 노출 치료Prolonged exposure therapy
- 내러티브 노출 요법Narrative exposure therapy

치료 양식

트라우마, 극복의 심리학

몸을 움직이는 것은 머릿속에서 벗어나 에너지를 끌어올릴 수 있는 훌륭한 방법이다. 특히 수치심, 불안감, 그리고 반복되는 두려움에 사로잡혔다고 느낄 때 도움이 된다. 다음은 몇 가지 제안 사항이다.

1. 여러분의 몸이 능력이 있다는 것을 상기시킬 수 있는 어떤 종류의 신체적인 연습을 선택하자. 아마도 여러분은 생각했던 것보다 더 강할 수도 있다. 걷고 수영하고 활동적인 요가 수업을 하고 자전거를 타보자.

2. 만약 그런 생각에 압도당한다고 느껴진다면, 걷기 명상 같은 간단한 것부터 시작해서 발과 마음에 주의를 기울이자. 마음을 집중해 한 번에 한 걸음씩. 이 것은 약간의 자신감을 줄 수 있고 마음을 현재의 순간에만 집중하게 만든다.

3. 몸이 무엇을 느끼는지 주목하자. 때로 신체 스캔body scan 즉 감각을 찾아 몸을 훑는 것은 어느 부위가 긴장하고 뭉쳐 있는지 확인하는 데 도움을 주고 특정 근육을 느슨하게 만들어 줄 수 있다.

4. 노래하고 춤추고 웃고 실없는 놀이를 하자. 잠시 멈춰 서서 지금 자기 몸에서 경험하고 있는 것에 집중해 보자. 해석하지 마라. 그냥 무슨 일이 일어나든 느껴보자.

5. 비록 회복 요가 수업이나 명상 가이드 같이 휴식을 취하고 회복하는 연습을 하는 것이 좋은 생각처럼 들리기는 하지만 너무 많은 고요함과 충분하지 않은 활동은 여러분을 다시 반추의 나라로 데려갈 수 있다. 대신 자기 머리에서 벗어나 신체로 들어가기 위해 더 활기찬 무언가로 시작하자.

몸을 움직이기

나아갔다. 우리가 두려움과 고립보다 취약성과 연결을 선택했을 때 우리는 자신의 창의성을 받아들이고 새로운 가능성을 상상하고 더 이해할 수 있게 된다. 그리고 사랑스러운 세상에 자신을 열 준비를 할 수 있게 된다.

9장 —
형성의 단계 : 새로운 이야기

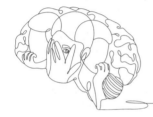

> 우리의 일은 이야기를 부정하는 것이 아니라 결말을 거스르는 것이다. 강하게 일어서서 우리의 이야기를 인식하고 우리가 생각하는 곳에 도달할 때까지 진실을 우렁차게 말하는 것이다. 이런 일이 일어났고 이야기가 어떻게 끝날지는 내가 선택할 것이다.
>
> - 브렌 브라운

형성의 단계: 주요 테마

지원 - 합리적인 세상에서 자아는 강화되고 힘을 얻었다고 느끼고 '거기에' 있다.

검증 - 자아는 수용적인 세계에서 가치가 있다고 느낀다. 가치 있고 격려를 받았고 희망적이다.

관점 - 자아는 이해할 수 있다고 느끼는 세계를 탐험하며 참여하고 있다. 창의적이고 호기심이 많다.

전적인 수용과 안전과 보호는 PTG를 향한 여정에서 중요한 단계다. 이러한 단계들을 탐색함으로써 우리의 고통이 어떻게 우리를 고립시키고 비참하게 만들었는지를 예리하게 인식할 수 있었고 더 이상 고통받고 싶지 않다는 것을 인식할 수 있게 되었다. 일단 다른 사람들에게 손을 뻗칠 수 있을 정도로 안전하다고 느꼈을 때 우리는 이야기를 할 수 있었고 상처를 치유하기 시작했다. 다른 사람들과 관계를 맺는 것은 과거의 경험이 우리를 어떻게 규정했고 어떻게 삶을 제대로 살지 못하게 제한하거나 방해했는지를 더 의식하도록 도와주었다.

큰 진전을 이루었고 이제 앞으로 나아가 변화와 성장에 전념할 준비가 되었다. 하지만 그러기 위해서는 이 형성의 단계를 거치는 것이 중요하다. 왜냐하면 이 단계는 우리가 어떻게 성장하기를 원하는지, 자기 안에서 무엇을 키우고 싶은지 알아낼 수 있는 곳이기 때문이다. 여기가 진정한 변화를 추진할 수 있는 곳이다. 이 단계는 우리의 삶을 다시 상상하고 재건하는 시기다.

사람들이 안전과 보호의 단계를 마치게 되면 자신에 대해 수천 번 이야기했던, 자신과 세상은 더 이상 작동하지 않는다는 낡은 패러다임이 깨진다. 옛 삶은 거의 남아 있지 않다. 사라졌다. 산산이 부서졌다. 돌아갈 길은 없다. 앞으로 나아가는 길만이 남아 있다. 그들은 트라우마 경험의 층을 허물고 각각의 방어를 처리하고 해결했다. 이제 마치 처음 보는 것처럼 사물을 볼 기회를 얻게 되었고 거기에서 신선하고 새로운 느낌을 받을 수 있다. 마치 베일이 벗겨진 것 같아 더 이상 생존 모드에서 세상을 보지 않아도 된다. 좋은 소식은 그들이 새로운 정보를 수집하면서 어쩌면 트라우마 이전에 중요했던 것을 떠올리고 신념 체계를 재구성하고 그것을 새로운 현실이나 새로운 정체성으로 구체화할 수 있다는 것이다.

형성의 단계야말로 우리가 다시 시작할 기회를 얻는 과도기적이고 탐구적인 시기다. 이것은 새로운 관점을 떠올릴 수 있는 중요한 단계다. 낡은 신념을 대체할 새로운 신념을 시도한다. 우리의 이야기를 다시 쓴다. 그리고 완전히 새로운 정체성을 상상한다(그리고 궁극적으로 창조한다). 모든 단계와 마찬가지로 이는 단독으로 발생하지 않는다. 치료사와 믿을 수 있는 다른 사람들의 도움으로 나타난다. 여기서 기억해야 할 중요한 것은 이 패러다임의 변화가 여전히 이론적이며 아직 내재되거나 실행되지 않았다는 것이다. 삶과 세계를 재건해 평화를 찾기 위한 관문이라고 생각해 볼 수도 있다. 이 무대를 새로운 삶을 위한 의상 예행연습이라고 간주하자.

모든 이를 위한 것은 아니다

어떤 사람들은 급진적인 수용과 안전과 보호를 달성하고 거기서 여정을 멈추기도 한다. 그 이유는 자신이 경험한 고통이 스스로를 뿌리까지 흔들지 않아서 지금과 근본적으로 다른 어떤 것도 될 필요가 없었기 때문일 것이다. 치료사와 가족이나 친구들로부터 그들이 원했던 검증, 인정, 인식을 받으면서 그들은 트라우마를 뒤로하고 이전의 삶으로 되돌아갈 수 있었다. 그들은 충격적인 사건이 삶을 산산조각 낸 것이 아니라 좀 더 회복력을 갖도록 해준 일시적인 좌절이라고 여길 수 있었다.

회복력에 관해 이야기했던 4장의 의사 미란다를 기억할 것이다. 그녀는 여기에서 설명하는 것의 좋은 예가 될 수 있다. 역경에도 불구하고 삶이 조각나지 않은 사람이다. 그녀는 어머니의 죽음에 지속적으로 깊은 영향을 받고 있었지만 자신이 무너지는 것을 용납하지 않았다. 그녀는 정상으로 돌아가는 방법을 알고 있었다. 미란다는 자기 가족과 환자들을 돌보는 강인하고 해결책을 추구하는 능력 있는 여성이다. 그녀의 충격적인 경험은 자신과 세계에 대한 핵심적인 신념을 파괴하지 않았기 때문에 그녀의 대처 기술은 계속해서 작동했다.

다시 구성하기와 다시 상상하기

나는 오랫동안 트라우마 회복을 대단히 아름답고 통찰력 있는 순간이라고 생각했을 뿐만 아니라 수많은 바윗길과 막다른 길이 있는 영웅의 여정이라고 생각했다. 사람들이 겪는 고통과 괴로움은 자기가 누구인지에 대한 통찰력을 준다. 그들이 길을 따라가다 만나는 사람들(치료사, 멘토, 친구, 영적 스승)은 비록 길이 어려울 수 있지만 그들의 상처에서 지혜와 성장이 나올 수 있다는 것을 알게 해준다.

안전과 보호 단계에서는 신뢰의 보호 테두리 안에서 더 수용적인 세상을 발견했고 그 느낌은 만족스러웠다. 이제 이 단계는 전환이 어떤 느낌인지 맛보게 한다. 이 단계로 접어들면서 이미 사람들과 더 많이 연결되고 촉발은 줄어든 상태다. 더 침착해지고 신경계의 반응도 줄어들었다. 마음이 확장되고 있다는 사실과 자기가 성장과 변화의 과정을 계속하기 위한 초대를 받아들일 준비가 되어 있다는 사실을 발견했을 수도 있다.

나는 이 단계가 새로운 시작이고, 이 단계에서 세상에 나가 무엇이 가능한지 볼 수 있다고 생각한다. 지금까지 해온 일이 끝나면 우리의 세계관은 더 미묘한 차이를 보일 수도 있다. 세상은 더 이상 둘 중 하나가 아니고 양쪽 모두가 된다. 모두 좋은 것도 아니고 본질적으로 나쁜 것도 아니다. 사람들은 친절할 수 있지만 동시에 잔인할 수도 있다. 이러한 새로운 관점은 삶의 복잡성을 수용한다.

하지만 먼저 무엇이 될 수 있는지 상상하기 전에 과거의 것을 기꺼이 완전히 버려야 한다. 불행하게도 우리가 트라우마에 반응할 때는 자기 상상력에 접근할 수가 없다. 트라우마는 새로운 가능성을 구상하고 문제에 대한 창의적인 해결책을 찾는 능력을 무력화한다. 지난 장에서 얘기했듯이 우리를 지켜준 방패를 떨어뜨리고 우리를 트라우마에 묶어놓은 갑옷을 벗어버린 채 형성의 신비에 항복할 준비를 해야 한다. 이 단계는 섬세하고 취약한 시기로서 자극적이면서도 동시에 무서운 시기가 될 수 있다. 겉보기에 무한한 가능성의 시기에 접어들고 있고 긴박감도 느낄 수 있지만 우리는 속도를 줄일 필요가 있다. 자신에게 인내심을 갖고 새로운 가능성과 새로운 사고방식이 생겨날 수 있는 공간을 마련해야 한다. 그런 식으로 무엇이 옳고 무엇을 지켜야 하는지 그리고 무엇을 버려야 하는지 결정할 수 있다.

좋은 소식은 혼자서 이 단계에 들어갈 필요가 없다는 것이다. 신뢰할 수 있는 사람들과 함께 지지받는 안전지대 내에서 가능한 것을 탐색한다. 지원 시스템은 경청할 뿐만 아니라 새로운 것을 시도하도록 격려하려고 여전히 존재한다. 일이 잘 풀릴 때는 손뼉을 치고 흔들릴 때는 기운을 차리도록 한다. 재건하는 데 필요한 경험과 지식을 보유하는 임시 구조로 발판과 같은 지지대를 사용하자. 한 환자가 자신이 다시 태어날 준비가 되었을 때 나를 산도産道를 통과하도록 인도해 줄 사람으로 생각한다고 말한 적이 있다. 그리고 트라우마의 치유는 실제로 재구성과 재탄생을 통해 이루어진다. 결국 지금까지 믿었던 모든 것, 자신, 다른 사람, 그리고 세상에 대한 모든 가정은 사라진다. 주변의 모든 것이 무너졌고 이제 다음은 무엇인지 알아내야 한다. 여러분은 창조적이고 흥미로운 일을 하는 사람들에게 다가가야 한다. 그래야 스스로 그러한 것 중 일부를 시도할 수 있다.

나와 상담했던 S.P.라는 이니셜을 가진 캄보디아 난민에게서 좋은 예를 볼 수 있다. 그녀는 폴 포트 정권의 대량 학살 동안 조국에서 믿을 수 없는 고통을 견뎌냈다. 가족과 공동체의 많은 구성원을 잃었고 결국 미국으로 탈출해 브롱크스의 캄보디아 난민 공동체에 안착했다. 그녀는 상담 요법과 미국인 사회복지사를 통해 지지를 얻었다. S.P.는 사회복지사에게서 자신을 재창조하는 방법을 얻고 있다고 나에게 말했다. 그녀는 사회복지사의 행동을 모방하고 조언을 구함으로써 무엇을 먹을지, 어떻게 옷을 입을지, 어디로 갈지, 심지어 다른 미국인들과 대화하는 방법까지 알아내 편안하게 느껴지는 자기 정체성을 조각했다. 그녀는 나에게 이렇게 설명했다.

> 제 인생에서 가장 가까운 사람은 사회복지사입니다. 우리는 대화를 많이 해요. 그녀는 나를 지지해 주었고 내가 영어를 배우고 직업을 가지도록 격려해 주었습니다. 내가 본받을 만한 롤모델이 되어주었어요. 그녀는 모든 것을 도와줬습니다. 내게 문제가 있으면 무엇이든 항상 나에게 조언을 해주죠. 그녀는 내가 무엇인가를 하도록 격려하는 사람입니다. 평생 해보지도 않은 일을 하라고 시킨답니다. 나는 보통 내가 하는 일을 잘했다고 자화자찬하지 않기 때문에, 그녀는 항상 내가 잘한 일을 상기시켜 주고 스스로 실망하거나 좌절하지 않도록 도와줍니다.

내 환자 앨릭서는 아름다운 방식으로 이 단계를 수용한 사람의 또 다른 예다. 나를 보러 왔을 무렵 서른다섯 살이던 그녀는 완전히 폐쇄적이고 경직되어 있었으며 매우 우울했다. 앨릭서는 직장에 가거나 어린 시절의 한 친구를 간혹 방문하는 것 외에는 거의 집을 떠나지 않았다. 그녀가 나에게 전화를 걸어 약속을 잡는 데도 많은 시간이 걸렸고 내 사무실로 오는 데는 더 많은 시간이 걸렸다. 그러나 그녀는 서서히 자기 이야기를 할 수 있을 만큼 나를 신뢰하기 시작했다. 시간이 흐르면서 나는 그녀의 어머니가 아버지에게 정서적 학대를 받아 약물 중독에 빠졌고 그 결과 감정적으로 소통할 수 없게 되었다는 사실을 알게 되었다. 앨릭서는 감정적으로 부재하고 외도하고 있다고 의심되는 아버지와도 거리감을 느꼈다. 10대 때 앨릭서는 건강하지 못한 일련의 관계를 맺었다. 그중에는 학대에 가까운 관계도 있었다. 그녀는 자신이 물려받은 트라우마를 되풀이하고 싶지 않다고 말했다. 건강한 관계를 제시할 수 있는 롤 모델이 없어서 그녀는 연애를 완전히 중단했다. 무려 18년 동안이나.

앨릭서는 우리가 함께 한 상담에서 자기가 얼마나 많은 것을 공개했는지 알고 깜짝 놀랐다. 가장 친한 친구도 그리고 확실히 동료들도 그녀의 과거에 대해 이렇게 많이 알지 못했다. 그녀는 사람들에게 자신에 대해 거의 말하지 않았다. 하지만 내가 그녀에게 더 넓은 공간을 줄수록 점점 더 나를 신뢰하게 되었다. 그녀는 나를 더 신뢰할수록 다른 사람들도 더 쉽게 신뢰하게 되었다고 말했다. 나는 앨릭서에게 숙제를 내주었다. 어떤 친구에게 연락해서 자기 이야기의 일부를 말하고 나에게 다시 알려달라고 격려했다. 그녀는 그렇게 했다. 그리고 그 친구는 듣고 이해했다. 앨릭서는 세상이 그녀에게 문을 열고 있는 것처럼 느꼈다. 계속 탐험할 수 있다는 뜻이다. 그녀는 무언가 새로운 것을 시도하려는 영감을 받았고 그래서 축구팀에 들어갔다. 그녀는 자기가 정말 축구를 잘한다는 것을 발견했다! 앨릭서는 나에게 "하루를 계획하거나 일을 처리할 때 너무 엄격하지 않고 좀 더 유연하게 하면 어떤 기분인지 알아보려고 해요"라고 말했다. 그녀는 매일 조금씩 새로운 것을 시도하고 그것이 어떻게 들어맞는지 보고 있다. 앨릭서는 자신에게 생긴 일을 정말 놀랍게 바라보고 있다.

앨릭서의 경험은 이 단계에서 중요한 차이점을 지적한다. 재구성하는 것은 수리하는 것과 같지 않다. 다시 말해 이 단계는 오래된 관계를 회복하는 때가 아니다. 사실 건강하지 못한 관계였거나 우리를 비참하게 한 사람들을 제거하고 있다. 대신 다른 방식으로 다시 연결하기 위해 선택한 것들과 관련이 있다. 새로운 이야기, 새로운 자아의식에 이치에 맞는 방식으로 연결을 재구성하고 있다. 앨릭서의 친구들은 과거든 현재든 그녀의 내면생활에 대해 전혀 알지 못했고, 그녀가 어떻게 느끼는지에 대해서도 알지 못했다. 앨릭서는 자신을 설명하는 것에 연연하거나 더 많은 시간을 할애하지 못한 것에 대해 사과하지 않았다. 단지 감정에 좀 더 충실하게 모든 모습을 보여주고 진실을 공유했을 뿐이다. 오랜 친구나 새로운 친구와의 친밀감을 즐기기 시작하면서 자신의 경직된 경계가 느슨해지는 것을 느꼈다.

내부에서 일어나는 일

우리가 세상을 탐험하고 다른 사람들과 연결하며 삶에서 가능한 것이 무엇인지 다시 생각하기 시작할 때 무수한 선택들은 때로 압도적일 수 있다. 그리고 그것들은 자기가 취약하고 노출된 듯한 느낌을 줄 수 있다. 몸의 신호를 알아가고 마음을 열고 마음의 욕망에 귀를 기울이는 것은 무엇을 진실하게 느끼고 키워나가며 무엇이 참을 수 있고 또는 참을 수 없는지 분별하는 데 도움이 될 것이다.

신체

이 단계에서 여러분은 물리적 안전지대 안에서 더 편안하게 지낼 수 있도록 계속 노력할 것이다. 이 길을 처음 시작할 때는 평온한 생활과 극심한 고통의 시기를 번갈아 오가기도 한다. 이는 드문 일이 아니다. 결국 자기 몸은 항상 안전하거나 예측할 수 있는 장소가 아니었을 수도 있다. 하지만 지금 여러분은 자기 몸 안에서 더 편안하게 느낄수록 다른 사람들과 더 쉽고 자연스럽게 연결될 수 있다는 것을 배우는 중이다. 바로 이것이 트라우마를 치유하는 데 필수적이다.

이것은 사람마다 다른 방식으로 나타날 수 있다. 트라우마는 몸으로부터 우리를 단절시킬 수 있으므로 우리는 몸이 필요로 하는 것에 더 주의 깊게 귀를 기울이는 방법과 몸의 신호에 반응하는 법을 배워야 한다. 그것은 더 의식적으로 먹고 운동하고 더 많이 웃는 것을 의미할 수도 있고, 휴식을 우선순위로 두거나 성찰의 순간을 가지는 것일 수도 있다. 친구나 가족과 어울릴 기회는 꼭 포함하자. 주기적으로 자신에게 "나는 어떻게 지내고 있고 무엇이 필요한가?"라고 물어보자.

자기 몸에 거주하는 것이 더 쉬워질수록 자신과 더 효과적으로 소통한다는 것을 발견할 수 있다. 무언가가 예전보다 더 빨리 제대로 느껴지지 않을 때 알아차릴 수도 있다. 몸을 조율하면서 일어나는 바로 그 일에 집중할 수 있기 때문이다. 종종 가슴이나 턱이 조이는 것과 같은 신체적인 신호는 두려움, 동요, 또는 압도의 감정을 나타내는데 이것은 새로운 상황이 불편하다는 것을 의미할 수 있다. 이 단계에서 그러한 일이 발생하면 지원 네트워크에 있는 누군가에게 연락해야 한다. 안심할 수 있는 사람이 있으면 신경계를 조절하고 무슨 일이 일어나고 있는지 이해하는 데 도움이 될 수 있다. 일단 창조하고 있는 새로운 삶에 대해 더 자신감을 느끼게 되면 호흡 기술이나 명상 가이드 또는 다른 내면의 기술 같은 특정한 자기 관리 연습에 의지하여, 공동 조절에 의존하는 대신 스스로 조절할 수 있을 것이다.

이러한 연습은 기분을 좋게 하기 위해서만 고안된 것은 아니고 자기 인식 과정의 핵심 부분이기도 하다. 그것은 자기 내부 풍경의 다른 모습을 알고 주의를 기울여야 할 곳을 알아내는 데 도움이 된다. 이것은 PTG를 위한 중요한 단계다. 자기감정에 주의를 기울이지 않거나 감정을 표현하지 않고 감정을 밖으로 나가게 하지 않으면 그것은 몸 안에서 억압돼 신체적으로나 심리적으로 오랫동안 아프게 할 수 있다. 정신과 의사이자 불교 실천가인 마크 엡스타인은 "그것은 성장을 허용하지 않는 장벽을 만든다"라고 상기시킨다.

자신을 더 친절하고 온화한 방식으로 알게 되면, 신경계는 신체의 투쟁-도피-동결-영합 반응을 약화하고 미주신경 톤을 높이는 것으로 반응한다. 이는 인문 심리학자 스콧 배리 코프먼Scott Barry Kaufman이 '차분하고 연결된 체계calm-and-connect system'라고 부르는 상태의 일면이다. 이 상태는 새로운 관계를 포함한 새로운 상황에 더 쉽게 진입할 수 있게 해준다. 하지만 그저 아무 관계나 맺는 것은 아니다. 그의 책 『트랜센드Transcend』에서, 코프먼은 '누군가에게 취약성을 털어놓거나 공동의 적에 대해 험담하거나 단순한 웃음과 기쁨의 순간을 공유하는 등 다른 인간과 조화를 이루는' 고품질의 관계를 맺을 필요가 있다고 쓰고 있다. 계속해서 그는 차분하고 연결된 체계는 '다른 인간 존재와 깊은 연결을 강화하기 위해' 함께 작동하는 일련의 생물학적 반응을 포함한다고 말한다.

마음

이 형성의 단계는 호기심을 갖고 질문을 하고 새로운 것을 배우고 세상에 대한 이해를 넓힐 다양한 기회를 제공한다. 하지만 그러기 위해서는 앞에서 말한 것처럼 아직도 붙잡고 있는, 과거에서 온 모든 것을 놓아주고 그것을 몰라도 괜찮다고 생각해야 한다. 다시 채우기 위해서는 비워야 한다.

이 모든 것은 유명한 선禪 이야기를 생각나게 한다. 한 젊은 학자가 다른 사람들에게 깨달음을 주는 방법을 가르친다고 일본 전역에 알려진 선승을 방문했다. 그는 선승에게 선의 길을 가르쳐 달라고 부탁했다. 그러나 선승이 말을 시작할 때마다 학자는 가르침을 듣는 대신 그의 말을 가로막고 자기 경험과 자기 생각을 모두 말했다. 결국 선승은 학자에게 차 한 잔을 따라주겠다고 제안했다. 하지만 손님의 잔이 다 채워지고 나서도 차가 잔에서 테이블과 바닥으로, 그리고 결국 젊은이의 옷 전체로 쏟아질 때까지 계속해서 따랐다. 그 젊은이는 벌떡 일어나 소리쳤다. "뭐 하시는 겁니까? 벌써 잔이 가득 찬 것이 안보이나요?" 선승은 조용히 대답했다. "바로 그것입니다. 당신은 잔과 같아요. 자기만의 생각으로 가득 차서 그 이상은 들어갈 수 없습니다. 잔이 비면 그때 내게 돌아오세요."

젊은 학자처럼 자신의 사고방식과 존재에 지나치게 투자하면(그것이 효과가 있든 없든 간에) 다른 존재가 되거나 새로운 것을 즐길 여지가 사라진다. 그런데도 우리는 자신을 증명하고자 하는 욕구와 계속해서 검증할 필요를 느낀다. 호기심이 없거나 창의적으로 생각하려는 욕구가 없는 '고정된 사고방식'에 갇히게 된다. 즉 상상이나 놀라움에 대한 의지가 없다. 트라우마는 마음을 그렇게 만들어 마음이 제한된 신념 속에 움츠러들게 하고 더 나아가 세상을 차단하고 자신을 포함한 그 누구도 믿을 수 없다고 생각하게끔 스스로를 속이기도 한다. 하지만 이제 안전한 기반에서 신뢰에 기초하여 세상에 자유롭게 접근할 수 있으므로 오래된 패러다임의 마음을 비우고 성장 사고방식으로 나아가기 시작할 수 있다. 성장 사고방식은 자신이 할 수 있다고 생각하는 것 이상으로 확장할 수 있게 해주고 돌보고 사랑하는 관계를 키울 수 있는 능력을 높여준다. 더불어 좀 더 맑은 정신은 자기에게 더 친절해지는 것이 어떤 것인지 실험할 수 있는 선물도 준다. 이제는 자기 자신에 대한 학대나 혐오를 버려야 할 때다. 대신에 자기 관리, 자기 연민, 그리고 자기 사랑을 받아들이자. 스스로 자신의 동맹이 될 수 있다.

더 많은 자신감과 명확성을 가질수록 자기 경험을 이해하고 다른 방식으로 연관시킬 기회를 상상하는 것이 수월해진다. 스텔라가 열 살 때 어머니가 뇌종양으로 돌아가시자 그녀는 왜 그런 일이 일어났는지, 그리고 그 순간부터 삶이 어떻게 될 것인지를 알지 못해서 슬픔이 더 복잡해졌다. 그녀는 부모와 함께 보내던 시간이 더 이상 존재하지 않는다는 사실, 세상에 대한 그녀의 이해가 산산이 조각났다는 사실, 그리고 예전 삶을 되찾기 위해 할 수 있는 일은 아무

것도 없다는 것을 깨달았다.

이 단계에서 그녀는 죽음에 몰두하게 되었다. 특히 자기의 죽음을 두려워했고 아버지의 죽음으로 혼자 남겨지게 될 것을 두려워했다. 스텔라는 무슨 일이 일어나고 있는지 이해하기를 원했다. 그래서 나에게 자기 뇌에서 무슨 일이 일어나고 있는지 알아내게 도와달라고 부탁했다. 우리는 바닥에 앉아서 그녀의 뇌가 어떻게 생겼는지 큰 그림을 그렸고 '병으로 죽어가는' 것으로 표시된 칸을 포함하여 여러 칸을 만들었다. 그녀는 자신의 생각, 감정, 경험을 나타내는 작은 장난감과 물건들을 가져와 특정한 장소에 두었다. 스텔라는 뇌가 어떻게 변했는지, 그리고 자기 경험이 어떻게 다르게 느끼게 했는지를 보았다. 그녀는 기분을 좋게 해주고 더 많은 힘을 주며 더 다정하게 되도록 도울 수 있다고 생각하는 크리스털을 모았다. 점점 더 용감해지고 안전하다고 느껴지자 스텔라는 새로운 학교에 있는 새 친구들에게 어머니가 돌아가셨다고 말하는 모험을 했다. 그리고 말하고 나서도 괜찮다고 느꼈다. 열두 살이 되었을 때 스텔라는 자신의 새로운 정체성을 구상했다. 그녀는 댄스 학원에 등록하고 일주일에 세 번 댄스 수업을 들으며 새 친구를 사귀었다. 게다가 학교에서 사회 정의 문제에 참여했고 동물의 권리를 보호하고 환경에 대한 인식을 높이는 일을 열정적으로 했다.

트라우마, 극복의 심리학

일관성 달성

좀 더 개방적이고 직관적인 장소를 선택하는 것은 열정과 마음을 하나로 모아 더 큰 자기 인식과 자신감을 만들어 내는 데 도움이 된다. 이것은 자신을 위한 새로운 패러다임을 상상하도록 도와준다. 오래된 트라우마로 인한 두려움, 판단, 그리고 다른 반응이 친절하고 실존적으로 되는 능력을 어떻게 제한해 왔는지 더 의식하는 것을 발견할 수도 있다. 내 환자 중 많은 이들이 자기 가슴에 금이 가서 스스로 생각했던 것보다 더 많은 온정과 이해심을 드러내는 것 같다고 말한다.

우리가 정직하게 느끼는 방식에 따라 행동하고 결정을 내리기 시작하면 몸과 마음, 그리고 정신은 더 이상 서로 대립하지 않는다. 그들은 심리학자들이 일관성coherence이라고 부르는 통합의 상태로 들어갔다. 트라우마를 소개한 3장을 다시 생각해 보면 트라우마와 연관된 이미지는 단절과 산산이 부서짐이다. 이 단계에서 우리는 이러한 불일치에서 벗어나 다음과 같은 일관성의 이점을 경험할 수 있다.

- 세상과 그 안에 있는 우리의 위치가 좀 더 말이 된다. 평온함과 연결을 경험하는 날이 많아지면서 감정을 스스로 조절하는 능력을 확장한다.

- 연결을 촉진하는 관계와 분리와 고통을 낳는 관계 사이의 차이를 구별할 수 있고 전자를 늘리고 후자를 줄이기 위해 노력할 수 있다.
- 현재(새로운 경험, 건강한 관계, 새로운 기억)와 과거(우리의 트라우마에서 나온 오래된 두려움과 다른 감정)를 분리할 수 있다.
- 자기감정을 식별할 수 있고 그것의 이름을 지을 수 있다. 즉 그러한 감정이 우리 몸 어디에 사는지 더 익숙해진다. 마찬가지로 중요한 것은 더 이상 자신을 감정과 동일시하지 않는다는 것이다. 이제 감정으로부터 거리를 둘 수 있다.
- 정신적 습관을 관리하기 시작하고 관심의 초점을 더 도움이 되고 성공적인 방향으로 바꿀 수 있다.

일관성은 영구적인 상태가 아니라는 것을 기억하자. 이 단계의 초기에는 그저 희미한 명료함과 때로 일시적인 일체감을 얻을 수 있을 뿐이다. 하지만 그것들은 자기 몸에 더 편안함을 느끼기 시작하고, 사고 과정에 더 많은 권한을 갖게 되고, 직관과 더 신뢰할 수 있는 관계를 발전시키면 점차 자라난다.

건설적인 사고

인식에서 각성으로, 그리고 형성으로 변화하면서 충격적인 과거와의 관계가 바뀌기 시작한다. 그렇다고 무엇이 고통을 유발했는지, 무엇이 삶에 완벽히 참여하지 못하게 만들었는지 잊는다는 뜻은 아니다. 단지 그때 일어났던 일과 지금 상상하고 있는 새로운 삶 사이에 약간의 거리를 두기 시작했을 뿐이다. 우리 대부분은 강박적인 사고에 익숙해서 어떤 일이든 일어날 수 있고, 어떤 것도 예측할 수 없으며, 안전하지 않다는 것을 끊임없이 상기시키며 과거를 반복했다. 이 모든 것은 높은 수준의 불안을 동반한다.

그러나 4장에서 언급했듯이 실제로 자기 인식으로 이어질 수 있는 더 유용한 사고방식이 있다. 종종 '의도적인 반추'라고 불리는 건설적인 사고는 우리가 겪은 것으로부터 의미를 만들어 내려는 몸-마음-정신의 시도다. 그것은 트라우마를 기억하면서도 삶을 재건하거나 미래를 다시 상상하려는 의지를 방해하지는 않게 맥락을 만드는(특정 시간과 장소에 배치하는) 방법이다.

충격적인 경험에서 의미를 만드는 것은 종종 철학자 빅터 프랭클Viktor Frankl이 '비극적 낙관주의tragic optimism'라고 불렀던 것의 건강한 정도와 관계가 있다. 비극적인 낙관주의는 과거에 일어난 일을 받아들일 수 있게 해준다. 우리의 감정이 정당함을 인정하는 것은 감정이 자신을 이루는 일부고, 유효하며, 실제로 발생하는 모든 것(즉 두려움, 불안, 심지어 기쁨이나 안도감)에 대해 괜찮을 수 있다는 뜻이다. 비극적 낙관주의는 심리학자들이 말하는 '독성 긍정toxic positivity'과는 다르다. 즉 고통스러운 감정을 얼버무리고 다음과 같이 선언하는 매우 도움이 되지 않고 건강하지 못한 습관이 아니다. *"모든 것이 다 좋은 이유가 있어서 일어난 일입니다. 그 일에 대해 그냥 잊어버리세요. 그러면 괜찮아질 것입니다!"*

불륜 문제로 고군분투하던 리타와 그녀의 남편 리안을 예로 들어 보자. 리안의 불륜으로 결혼 생활은 파탄이 났고 그들은 자신들의 관계와 각자를 진지하게 바라보게 되었다. 그들은 모든 것이 괜찮은 척 계속하고 싶지 않았다. 그들은 모든 것을 비밀에 부치기를 거부했고 화해의 가능성을 포기하고 싶지 않았다. 무슨 일이 일어났는지 다음처럼 보고 말할 수 있는 지점에 도달하기 위해 열심히 노력했다. "좋아, 무슨 일이 있었는지 바꿀 수는 없지만 그런 일이 일어났다는 것을 받아들일 수 있는지, 그리고 그것을 처리하고 앞으로 나아갈 수 있는지 봅시다." 그들은 자신들의 관계를 재창조하기로 했다. 원래 결혼 계약은 깨져서 이제는 쓸모가 없어졌다. 앞으로 나아갈 수 있도록 계약서를 다시 쓰고 그들의 관계를 다시 시작할 때였다.

새로운 습관을 만들기

습관은 고치기 어렵다. 심지어 오래된 방식이 효과가 없다는 것을 알더라도 그냥 버리는 것은 쉽지 않다. 습관은 자동으로 일어나는 방식으로 뇌에 연결되어 있다. 오래된 속담에서 말하듯이 실제로 오래된 습관은 쉽게 사라지지 않는다. 하지만 습관을 바꾸는 것이 불가능할 정도는 아니다. MIT의 신경과학자 세 명은 습관이 깊이 뿌리박혀 있더라도 '뇌의 계획 중추가 그것을 차단할 수 있고' 새로운 습관을 형성할 수 있다는 것을 발견했다. 연구자들은 오래된 습관과 새로운 습관 사이를 바꿀 수 있는 뇌의 한 영역을 확인했다. 이는 오래된 방식이 반드시 영구적으로 사라질 필요는 없다는 것을 뜻한다. 그 대신 오래된 습관에서 배워 새롭고 건강한 습관의 우선순위를 정하여 선택할 수 있다.[1] 오래된 습관보다 새로운 습관을 선택할 수 있는 한 가지 방법은 매일의 긍정을 통해서다. 지압요법사이자 연구원이며 『브레이킹, 당신이라는 습관을 깨라Breaking the Habit of Being Yourself』의 저자인 조 디스펜자Joe Dispenza에 따르면 "우리가 매일 자신에게 반복하는 긍정은 우리가 살아가는 프로그램이다. 그것은 삶에서 새로운 것을 만들고 자라나게 하고, 경험하는 것을 돕거나 방해할 수 있다".

그렇다면 무엇이 새롭고 건강한 습관을 만드는 것을 그렇게 어렵게 할까? 심지어 예전의 자신에서 벗어나 새로운 존재 방식을 다시 찾겠다고 주창했는데도 말이다. 두려움이다. 사랑받지 못하고 받아들여지지 못하고 인정받지 못하는 것에 대한 두려움이다. 오랫동안 동일시해 온 것을 완전히 놓아버리는 것은 무섭고 불안정한 일이다. 이러한 습관과 씨름하고 있는 자신을 발견할 때 두려움을 느끼는 것은 정상적이다. 하지만 깊은 차원에서 더 이상 도움이 되지 않는 이러한 습관과 행동, 패턴을 버리는 것이 가능함을 자신이 이미 알고 있다는 사실을 기억하자. 결국 과거에 여러분은 불편함 속에서 알지 못함을 참았고 심지어 그것을 환영하기도 했던 것이다.

공중그네를 타다가 막대를 놓고 공중을 날 준비를 하는 자신의 모습을 상상해 보자. 손을 놓아야 하는 순간을 떠올려 보면 발은 더 이상 땅에 있지 않고 손은 훤한 공기 외에는 잡을 것이 없이 반대편 공중그네와 만나기만을 기다리고 있을 것이다. 공중에 떠 있고 아무것도 붙잡을 것이 없다. 안전하게 붙잡을 수 있으리라는 보장도 없다. 이것이 바로 믿음의 도약이다. 바로 그 순간에 변화가 일어난다. 이 과정에 도움이 될 수 있는 몇 가지 사항은 다음과 같다.

- 변화에 대한 자신의 열망을 의도적으로 행동에 옮겨라. 자기라는 존재 전체를 혁신에 투자해야 한다.
- 이 과정을 유지하기 위해서 신중한 행동과 충분한 의지가 필요하다는 것을 인식한다. 오래된 것은 더 이상 효과가 없고 일부러 새로운 것을 선택했다는 것을 스스로 계속 상기하자.
- 자기 내면의 대화를 더 많이 들을수록, 생각과 감정이 일어날 때를(그리고 그것에 대한 자신의 반응을) 더 빨리 알아차릴 수 있을 것이다.
- 생각이 경직되거나 좁아지는 몇 가지 방식에 관해 숙고하자. 이것을 장애물 대신 새로운 가능성을 만드는 기회로 상

상하면 어떤 느낌이 들 것 같은가? 자동으로 떠오르는 생각인 "나는 절대로 그렇게 할 수 없어, 방법이 없어"라고 하는 대신에 대본을 뒤집어 "내가 할 수 있을 거라고 믿어. 기꺼이 그 가능성을 탐구할 거야"라고 자신에게 말하자. 그런 다음 마음이 이 새로운 기회를 시각화하면서 떠돌 수 있도록 놔두자. 기억하자. 지금은 새로운 것을 시도하고 세상에서 자신을 보는 새로운 방식을 즐길 때다. 무엇인가를 약속할 필요는 전혀 없다. 지금은 어떤 것에도 방해받지 않고 할 수 있는 일을 다시 생각해 볼 때다.

• 되고 싶은 '자신'을 상상해 보자. 여러분이 다른 사람들에게 줄 선물은 무엇인가? 하고 싶은 일을 하고 자신이 갖고 싶은 친구가 되는 미래의 모습을 떠올려 보자.

고려해야 할 질문

세상에 사는 새로운 방법, 시도해 볼 새로운 정체성을 고려하기 시작하면서 자기에게 물어볼 몇 가지 질문이 있다.

1. 성장하면서 가졌던 믿음에는 어떤 것이 있는가? 자라면서 부모, 조부모, 또는 다른 가족들로부터 어떤 종류의 메시지를 들은 것을 기억하는가? 여기에는 음성(명시적) 메시지와 비음성(암묵적) 메시지가 있다. 예를 들면 다음과 같다. 모

든 사람은 사기꾼이다. 아이들은 눈에는 보여야 하지만 소리는 들리면 안 된다. 여자는 약하다. 흑인들은 위험하다.

2. 어떤 믿음이 더 이상 효과가 없어서 그것을 버리기로 했는가? 그것을 무엇으로 대체했는가?

3. 성별, 일, 종교, 성적 취향 또는 민족 외에 자신을 정의하는 것은 무엇인가?

4. 만약 그러한 정의 말고 누구든지 될 수 있다면(또는 무엇이든 다른 일을 할 수 있다면) 그것은 무엇일 것 같은가?

5. 감사 일기를 쓰고 매일 저녁 잠자리에 들기 전에 새로 추가하자. 하루의 마지막에 무엇에 감사했는가? 구체적으로 쓰자. 오늘 무엇 때문에 웃었는가? 오늘 다른 사람의 행복에 이바지한 것은 무엇인가? 누구에게 가장 감사한가? 다시 말하지만 구체적으로 쓰자. 그 사람에게 감사하다는 생각이 난 이유는 무엇인가?

6. 창의적인 배출구(예를 들어 그림 그리기, 춤)가 있는가? 그런 것이 없다면 스스로 무엇을 해보고 싶은가? 구미가 당기는 창의적인 취미를 탐구할 수 있는 공간과 시간을 자기에게 줄 방법이 있는가?

7. 살면서 본 사람들이나 읽어서 아는 사람 중 누가 영감을 주는가? 아마도 그들은 장애물을 극복하고 자신을 재창조했거나 가능하다고 생각하지 못한 일을 계속했을 것이다.

8. 어떤 사람은 가족이나 오래된 친구처럼 사랑하는 사람에게 이야기를 쓰는 것이라고 상상하면 자기 이야기를 하는 것이 더 쉽다고 생각한다. 이것을 떠올리고 나에게 해당하는 사람을 골라보자. 무엇이 기억나는가? 그들이 나에 대해 무엇을 알기를 원하는가?

9. 불안하거나 두려울 때 마음을 진정하기 위해 무엇을 하는가? 어떤 종류의 자가 치유 연습이 효과가 있는가? 지금까지 한 적이 없는 연습 중에 해보고 싶은 것이 있는가?

10. 이야기를 재구성하면서, 자신에 대해 발견한 것 중 무엇이 가장 놀라웠는가?

11. 몸 안에서 더 편해지고 자기조절이 쉬워진 만큼, 지금 '나는 무엇이다'라고 말할 수 있는 명제는 무엇인가?

가능성은 무한하다

오래된 행동을 버린 후 새로운 행동을 시도하고, 그런 다음 그것이 우리의 것이라고 주장하는 과정은 종종 일시적으로 중단되기도 한다. 이것은 과도기적인 순간처럼 보일 수 있으며 완전한 확신을 갖지 못한 정지된 시간이다(그네뛰기의 예와 매우 유사하다). 이 틈은 자기반성과 자각의 가능성이 있는 시간이다. 여전히 성장을 가로막고 있을지도 모르는 고착된 에너지를 방출하고 기대를 하고 앞으로 나아갈 기회다. 자신과 몸, 마음, 그리고 정신 사이에 장애물이 없어지면 더 명확해지기 시작한다. 즉 모든 것이 가능성으로 가득 찬다.

알레한드로는 학교 총기 난사 사건에서 살아남고 서서히 치유되기 시작한 뒤에 종종 그가 삶을 어떻게 새로운 방식으로 보는지 이야기하곤 했다.

프로 야구 선수가 되겠다는 그의 꿈은 무너지고, 그 꿈이 없는 자신을 다시 그려봐야 했다. 그는 자신을 가족과 친구들을 위해 강해질 수 있는 사람으로 보기 시작했다. 하나님이 자신에게 더 큰 목적이 있으며 시간이 지남에 따라 진화할 것이라고 믿었다. 그는 그저 인내심을 갖고 미래가 무엇이든 간에 열린 마음을 가질 필요가 있었다. 이것은 빅터 프랭클의 유명한 인용구를 생각나게 한다.

> 자극과 반응 사이에는 공간이 있다. 그 공간이 바로 우리가 반응을 선택할 수 있는 힘이다. 우리의 반응에 성장과 자유가 있다.

알레한드로처럼 많은 사람은 자신이 어디로 가고 있는지에 관한 생각은 가지고 있지만 어떻게 그곳에 갈지, 무엇이 기다리고 있는지는 확신하지 못한다. 우리는 자신을 다시 정의하고 관계를 재협상하며 세상에서 자기 위치를 재조정하는 과정에 있다. 이 단계에서 작동하는 단어는 움직임, 상상력, 창의력이다. 우리는 몸을 통해 에너지를 움직이기 시작할 수 있다. 세상에서 자기 위치를 다시 생각해 보자. 수치심, 비난, 죄책감이 없는 자기 이야기를 다시 만들자. 그리고 뒤에 남겨놓은 삶을 우리가 상상하고 스스로 재건하고 있는 삶으로 대체하기 시작하자. 여러분은 다음과 같은 질문들이 수면 위로 올라오는 것을 볼 수 있을 것이다. "다른 사람과의 관계에서 나는 누구인가? 내가 하고 싶은 이야기는 무엇인가? 나는 진정한 내 모습을 어떤 방식으로 표현할 수 있을까? 어떤 믿음 체계가 말이 되는가?" 여러분은 자신과의 관계를 심화함으로써 자기 관리에 좀 더 많은 책임을 맡을 수 있다.

정신을 트라우마 위축으로 생긴 족쇄에서 해방할 때 더 유연하고 창의적일 수 있게 된다. 변화가 발생하기 시작했고(상황에 따라 다른 사람과 대화를 통해서) 이제는 좀 더 자각을 통해서 변화할 때다. 자신과 좀 더 의식적인 관계를 맺을 때 우리는 다른 사람들과의 관계를 다시 만들기 시작할 수 있다.

새로운 신념 체계 구축

여정의 이 단계에서 여러분은 새로운 패러다임을 열게 된다. 다른 관점에서 세상을 보면서 삶과 자신을 더 깊이 이해하기를 열망하게 되었고 이전에 알고 있던 것과는 상당히 다른 새로운 믿음 체계를 탐구하기 시작했다. 어떤 사람은 이 단계에서 조직된 종교나 일련의 영적 수련에 끌리기도 하지만 내가 그저 종교적 전통이나 영적 신념에 관해 이야기하려는 것은 아니다. 새로운 신념 체계는 여러분이 열정적이고 동일시하는 무엇이든 될 수 있다. 자기에게 반항을 불러일으키는 것은 무엇이든 될 수 있다. 즉 자기가 구축하고 있는 새로운 패러다임에 질서를 부여해 주며 여러분을 다른 사람과 연결하고 세상에 더 많이 참여할 수 있게 도와주는 모든 것이 될 수 있다. 어떤 사람들은 채식주의자의 생활방식을 채택하거나 요가 공동체에 가입하거나 정기적인 수련회에 가기도 한다. 어떤 사람들은 과학자나 동기를 부여하는 연설자에게, 또는 음악가나 시인이나 예술가처럼 작품으로 말을 전달해 주는 사람에게 매료되기도 한다. 심지어 치유와 치료 맥락에서 환각 물질을 탐구하려는 욕구를 갖기도 한다. 또 어떤 사람들은 새로운 문화적 전통을 받아들이거나 새로운 직업을 시도하기도 한다. 정말 사람마다 모두 다르다.

더 자신감 있고 자각적으로 될수록 우리는 자연스럽게 치유에 가장 도움이 되는 것에(그리고 똑같이 중요한 가장 진실한 것에) 끌린다. 우리는 내부에서 더 많은 것을 듣기 시작할 수 있다. 더 이상 다른 사람들의 지도와 경험에 크게 의존할 필요가 없어진다.

새로운 이야기 쓰기

우리가 천천히 삶에 대해 더 많은 통제권이나 권한을 가질 때 자신이 되고 싶은 사람과 더 밀접하게 일치하는 방식으로 자기 이야기를 재구성할 힘이 있다는 것을 알게 된다. 충격적인 기억은 과거에 일어났던 사건이 되어 현재에 새로운 경험을 창조하는 능력을 더 이상 방해할 수 없다.

자기 이야기를 쓰거나 이야기하는 것은 자기 삶을 이해하는 방법이다. 또한 일이 일어날 때든 나중에 그 일을 반성할 때든, 시간과 상관없이 우리가 경험을 해석하는 방법이다. 논쟁이 많았던 이혼을 겪은 여성은 "이혼해서 너무 부끄럽고 갈 길을 전부 잃었으며 너무 큰 상처를 입었다"라는 말 대신 다음과 같이 말할 수 있을 것이다. "네, 이혼했습니다. 독신으로 사는 것이 보람찰 수 있다는 것을 발견하는 중이에요. 이럴 줄 누가 알았겠어요? 나는 자신에 대해 많이 배우고 있습니다." 이러한 이야기는 자신의 문제나 약점으로 생각하는 것과 우리를 구분한다. 자기에게 일어난 일이 자신을 정의하지 않는다. 여러분은 여러분의 트라우마가 아니다.

자기 이야기를 재구성하는 것은 정말 어려울 수 있다. 그 일에는 치료사나 멘토, 또는 비슷한 경험을 하는 사람이 모인 지원 그룹의 도움이 필요할 수 있다. 예를 들어 알코올 중독자 갱생회Alcoholics Anonymous에 가입한 알코올 중독자나, 강간 피해자를 위한 지원 단체의 일원인 여성은 다른 사람에게 지원을 주거나 받는 것으로부터 혜택을 얻을 수 있다.

우리가 지금까지 해온 일은 트라우마 에너지를 몸 밖으로 이동하

긍정적인 생각에 집중하자

매일 어느 정도의 시간을 할애해 사고 중 나타나는 도전할 것, 떠오르는 해결책,
그리고 시도해 보고 싶은 새로운 것에 관해 의도적인 생각을 하자.

지지받기 위해 다른 사람에게 기대자

우리는 사회적 존재이기 때문에 이것은 중요하다. 다른 사람과 상호작용해 지원받고,
서로 연결되어 있다는 것을 아는 것이 우리를 계속 앞으로 나아가게 하기 때문이다.

창의적으로 자신을 표현하자

말로는 접근할 수 없다고 느껴지는 감정을 표현하는 데 도움이 된다면
그림 그리기, 춤, 음악, 시 쓰기 등 어느 것이라도 해보자.

자신의 목적에 계속 연결되어 있자

자신보다 훨씬 더 위대한 무언가가 있다는 사실을 아는 것은
특히 의심이나 혼란의 시기에 도움이 된다. 목표를 중심으로 구조를 만들자.

새로운 경험에 마음을 열자

유연하게 행동하고 가능한 한 자기비판을 피한다. 새로운 아이디어에 개방적이고
앞으로 다가올 도전을 받아들이자.

해낼 때까지 가장하자

두려움, 부정 또는 의심에 갇혀 있다고 느껴지면 얼굴에 미소를 띠고
반대의 감정을 키워보자.
그것이 얼마나 효과가 있는지 놀랄 수도 있다!

형성의 단계를 위한 필수 도구

고 변형하는 데 도움을 주었다. 트라우마의 힘을 빼앗고 새롭고 건
강한 방법을 탐구하기 시작했다. 3장에서 만난 라이커스섬으로 간
젊은 여성 글로리아가 이를 보여주는 강력한 예다. 정신과 병동으

로 풀려났을 무렵 그녀는 심각한 정신적 트라우마를 받은 상태였다. 퇴원한 후 글로리아는 한 멘토와 함께 치료 작업을 했고 멘토는 치유 여정을 시작하도록 격려했다. 그러면서 그녀는 예술을 통해 자신을 표현하기 시작했다. 공동체의 지원과 충분한 치료 가이드를 통해 자신에게 무슨 일이 일어났는지 이해가 깊어졌으며 극심한 트라우마의 고통을 그림으로 전달했다. 고통과 괴로움을 캔버스에 쏟아내면서 색깔과 모양을 통해 슬픔과 우울함을 표현했다. 그녀는 자기 트라우마를 예술 속에 살렸다.

글로리아의 과정에서 가장 주목할 만한 점은 그녀가 화가로서 다른 자아를 창조했다는 것이다. 더 이상 강간과 고문을 당한 글로리아가 아니었다. 그녀의 이름은 키키가 됐고 나름 뛰어난 예술가였다. 그녀는 과거의 고통을 치유하고 더 강력한 미래를 창조하기 위해 예술에서의 삶에 관한 이야기를 다시 쓰고 다시 이야기했다.

다른 자아를 창조하는 것은 충격적인 과거가 새로운 시작을 침범하지 못하게 한 상태에서 글로리아가 삶을 다시 상상하고 이야기를 다시 쓰는 방식으로 이루어졌다. 그녀는 무슨 일이 일어났는지 부인하지 않았지만 상황에 맞게 설명했다. 나이지리아의 시인이자 여사제인 에히메 오라Ehime Ora가 쓴 것처럼 "몸 안에 살고 있는 깊은 고통을 되살리되 자기 몸 안이 아닌 다른 살 곳을 주어야 한다." 바로 글로리아가 한 일이다. 그리고 바로 이 형성의 단계가 우리 모두 그렇게 되도록 초대한다. 다음 단계인 '존재의 단계: 통합'은 트라우다음은 형성의 단계를 올라갈 때 참고할 수 있는 단어와 문구의 목록이다.
각각의 단어를 읽을 때, 그것을 자신, 다른 사람, 그리고
세상에 대한 여러분의 관계에 어떻게 적용할 수 있는지 생각해 보자.

가능성의 세계에서 시작하기

다시 연결하기　재구성　다시 상상하기　재창조

재형성　재처리　다시 활성화하기

다른 방법으로 관계하기　과거를 놓아주기　우선순위 재구성하기

새로운 기억 다시 만들기　습관을 바꾸기　자기에게 자원 제공하기

새로운 이야기　새로운 가능　새로운 관점

새로운 패러다임　새로운 성장 사고방식　더 많은 개방성

더 많은 창의성　더 많은 유연성　더 많은 의지

합리적인 세상으로 전환하기

자기 회복력　자기 조절　자기 일관성　자기 관리

자신감　자기애　자기 신뢰　자립심　자기반성

새로운 시작　새로운 신념 체계　새로운 정체성

기억해야 할 단어

마를 다시 방문해 그것과 관계를 맺게 인도한다. 우리는 형성의 단계에서 새로운 패러다임을 만들어 냈다. 존재의 단계에서 우리는 이 새로운 자아와 옛 자아를 통합할 것이다.

10장 ─
존재의 단계 : 통합

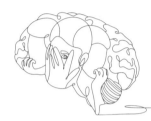

깊이 생각해 보면 과거에 대한 부정 때문에,
그리고 그것을 인식하고 통합할 능력이 없기
때문에 인간의 수많은 고통이 존재한다. 그러
나 마침내 과거를 보고 느끼는 결정이 내려지
면 모든 것이 바뀐다.

- 토마스 휴블

존재의 단계 : 주요 테마

회복력 - 자아가 충분히 자비로운 세상에서 강하고 능력 있
으며 대처할 수 있다고 느낀다.

소속 - 공동체 의식을 제공하고 그 안에 자기 자리가 있는 세
상에서 자아는 가치 있고 소중하며 자신감을 느낀다.

조화 - 자아는 새롭게 외상 후 이야기를 통합하고 그것을 전
체적으로 엮는 틀로 재구성된다. 자신을 되찾고 있다.

PTG를 향한 여정의 이 시점에서 우리는 마침내 더 확고하고 더
자신감 있으며 세상이 더 말이 된다고 느낄 수 있다. 새로운 정체성

을 만들기 위해 우리가 한 일이 우리에게 더 많은 자신감을 주었고 '할 수 있을 것 같아요'에서 '할 수 있다는 것을 알아요'라는 새로운 길로 인도해 주었을지도 모른다.

이 단계에서 내 환자들은 흔히 더 이상 자신을 의심하지 않는다. 그들은 힘과 자신감이 늘어난 것을 느낀다. 무엇이 기다리고 있는지 상상하기 위해 새로운 가능성을 탐구하고 새로운 관점을 시도하는 방법으로 예전의 것을 버릴 수 있었다. 자신의 트라우마를 부인하는 것이 아니라 자신이 겪은 일이 과거라는 사실을 깨달은 것이다. 트라우마는 지금 이 순간의 경험에 속하지 않는다. 그들은 시행과 착오, 시작과 중단을 통해 새로운 이야기로 등장했고 오래된 정체성을 새로운 정체성으로 대체했다(내가 형성되는 단계는 끝났다. 이것이 바로 나다). 바로 현재에 초점을 맞추고 미래를 바라보는 사람이다.

사람들이 '형성의 단계'에서 '존재의 단계'로 이동함에 따라 그들은 종종 새로운 기억을 만들고 새로운 습관을 만든다. 그리고 오래된 습관은 사라지게 하면서 현재의 순간에 더 편안하게 살게 된다. 심리학자이자 베스트셀러 작가인 조앤 보리센코Joan Borysenko 박사가 '더 이상no longer과 아직not yet 사이의 시간'이라고 부르는 이 경계 단계에서 너무나 많은 치유가 이루어졌다.[1] 여러분은 그러한 변화를 구체화했다. 새로운 정체성을 소유한 것이다. 트라우마에게 먹이를 주는 것을 중단했고 그것에 의해 통제받지 않고 무엇이 가능한지 볼 수 있게 되었다. 만일 이미 자신의 변화를 보고 있다면(비록 작은 변화일지라도) 안쪽에서 전환의 힘이 시작되는 것이다. 여러분이 겪은 모든 새로운 변화와 편안한 영역에서 벗어나려고 했던 모든 시간이 자신을 어떤 식으로든 다시 만들었다. 그것은 여러분의 일부가 되었다.

이제는 "그것 봐, 내가 해냈어! 난 위험을 무릅썼지. 뭔가 다른 것을 하기로 했고 그것을 해냈어! 이게 지금의 내 모습이야"라고 말할 수 있다.

많은 사람에게는 그것으로 충분하다. 그들은 좀 더 건강하고 좀 더 연결된 방식으로 세상에 있을 수 있다고 느낀다. 관계는 더 의미 있고 훨씬 더 회복력 있으며 더 실존적이다. 그들은 충격적인 경험을 포함해서 과거에 대해 지나치게 생각할 필요 없이 새로운 정체성을 받아들일 준비가 되어 있고 열망한다. 과거를 뒤로하고 그들에게 일어난 일에도 불구하고 성장했다. 그들은 이렇게 말할 수 있다. "나는 이제 괜찮다. 지난 일을 더 이상 생각할 필요가 없다. 나는 새로운 정체성을 가지고 있고 회복력이 있다."

과거의 세상이 새로운 세상을 만나다

그러나 진정한 변혁이 일어나기 위해서는 새로운 정체성을 창조하고 구체화하는 것만으로는 부족하다. 전체를 만들기 위해 과거를 통합하는 일도 해야 한다. 우리는 자신의 모든 부분을 통합해야 한다. 즉 지금까지 해온 변화, 지금까지 해온 일, 그리고 우리 안에 살면서 고통을 준 트라우마까지 전부 해당한다. 그 모든 것에는 지혜가 깃들어 있다. 그리고 그 어떤 것도 남겨두지 않아야 한다. 그것이 '존재의 단계: 통합'의 모든 것이다. 그것은 둘 다both/and의 단계다. 우리는 과거의 트라우마 경험을 아직도 기억할 수 있다. 즉 우리가 다른 사람에게 트라우마에 관해 이야기할 수도 있다. *하지만 더 이상 그것을 현재의 순간에 일어나는 것처럼 경험하지 않는다*(이것이 핵심이다). 우리는 학대나 전쟁, 이혼이나 아이의 상실을 다시 겪고 있지 않다. 트라우마 반응을 경험하지 않고 기억하고 관여할 수 있다. 그것은 현재를 더 건강한 방법으로 알려주는, 과거로 밀려난 기억이다. 베셀 반 데어 콜크가 말했듯이 "오래된 트라우마와 새로운 나를 통합할 수 있게 되면 더 이상 그 트라우마가 현재의 순간에 일어나는 것처럼 보이지 않게 된다. 이제 실제로 과거의 트라우마에 관해 이야기할 수 있게 된다."

진정한 변화는 상처 속의 지혜와 새롭고 힘 있는 자신을 기린다. 명상할 글귀는 다음과 같다. *트라우마에도 불구하고 내가 있는 것이 아니라, 트라우마 때문에 내가 있는 것이다.* 이 단계는 새로운 이야기를 다시 쓰고 새로운 자아를 오래된 트라우마와 통합하며 자신의 온전함을 기념하는 새로운 장을 쓰도록 초대한다. 우리는 생존했기 때문에 자기가 강하다는 것을 인정할 수 있다. 우리는 더 통일

될수록 다정하게 자신의 모든 모순(취약성과 회복력, 외로움과 소속감, 분노와 동정심 같은 것)을 더 잘 유지할 수 있게 된다.

글로리아는 자신의 분신을 내려놓고 자신이 예술가라는 것과 동시에, 감옥에 갔었고 강간의 피해자였으며 폭력적인 학대로 구타당했고 난민이었다는 것을 인정할 수 있다고 말했다. 자신을 사랑하는 사람들이 있고 더 친밀하고 의미 있는 관계를 발전시키며 유지할 수 있는 능력이 있고 자기가 어떤 사람이 되었는지 자랑스러워하는 여성이라고 대담하게 선언할 수 있었기 때문에 그 정체성을 동시에 소유할 수 있었다.

내가 수년간 함께 상담했던 난민들은 과거의 트라우마를 현재의 삶에 통합하는 것이 무엇을 의미하는지에 대한 중요한 교훈을 제공한다. 그들은 말하고 싶은 이야기, 과거에 관한 이야기, 다시 시작하고픈 열망을 가지고 새로운 나라에 온다. 난민들은 적응하고 새로운 정체성을 만들기 전에 종종 많은 역경과 트라우마에 직면한다. 어떤 사람들은 결국 현지 문화에 동화되는데 이것은 자기 이야기와 자신의 문화적 방식을 부정하고 새로운 삶만을 수용한다는 것을 의미한다. 어떤 사람들은 적응하는 능력이 있는데 그 말은 그들이 문화적 신념이나, 영적 신념, 조상의 지혜, 그리고 관습을 현지 문화에 통합한다는 뜻이다. 다시 말해 오래된 방식을 새로운 방식에 통합한다. 내가 알고 함께 작업했던 미국의 베네수엘라 난민들은 이것의 좋은 예다. 브롱크스에 정착한 캄보디아인들과 마찬가지로 베네수엘라 가족들은 자기 문화(음식, 음악, 춤, 그리고 심지어 언어까지)를 가져와 함께 사는 이웃에게 소개했다. 그들은 과거에 대해 트라우마에 빠진 방식으로 이야기하지 않는다. 자랑스럽게 이야기한다. 그들이 이야기를 공유하는 것은 기분 좋은 일이다. 더불어 중요한 점은 새로운 이야기를 만든다는 것이다.

내부에서 일어나는 일

자신에게 말하는 것을 포함해서 (촉발되지 않으며) 자기의 모든 이야기를 하는 것은 정체성을 되찾는 데 도움이 될 수 있다. 수치심과 후회에 빠진 과거와 더 이상 관계를 맺지 않으면 트라우마를 소유하고 자신의 일부로 받아들이는 것이 훨씬 더 쉽다는 사실을 발견할 수 있다.

이 모든 것이 생리적 균형을 얻는 효과가 있다. 통합에서는 신경계가 더 이상 생존 모드에 있지 않다. 비록 걱정이나 불안, 또는 어느 정도 압도당한 느낌이 나타나더라도 더 빨리 균형을 되찾을 수 있도록 도와주는 도구들을 이용할 수 있다. 요가나 명상, 기 치료, 마사지, 자연 속에서의 산책이나 한낮의 낮잠 같은 마음 챙김 자기 관리를 실천하면 부교감신경계를 향상해 우리가 더 확고하게 연결되어 있다고 느낄 수 있으며 평온하고 편안한 순간을 더 많이 즐길 수 있다. 또한 촉발에 반응하는 것도 줄어든다.

자신의 트라우마를 자기 이야기에 통합하는 것은 그것과 분리되거나 그것에 무감각해지는 것과는 다름을 확실히 기억해야 한다. 베셀 반 데어 콜크는 정신적 충격을 받은 사람이 자기감정을 느끼지 않는 법, 또는 반응하지 않는 법을 배우는 소위 '탈감작desensitization'에 대해 경고한다. 그런 식으로 자기 경험과 그 경험이 촉발하는 감정으로부터 자신을 분리할 수는 있다. 반면에 통합은 우리의 감정을 표면으로 끌어내고 그 감정이 일어나는 것을 알아차림으로써 그 감정이 몸에서 어떤 느낌을 주는지 알게 해준다. 그런 다음 자기 인식의 도구를 사용하여 반응하거나 묻어버리지 않고 대신 대응하고 규제하는 능력을 높이게 된다. 무슨 일이 일어나고 있는지 알아차리고 우리가 느끼고 있는 것에 이름을 짓는 것은 마음을 현재의 순간에 머물게 해준다. 그러면 과거에 대한 모든 접촉을 풀고 그것과 화해하는 데 좀 더 쉽게 집중할 수 있다.

과거를 되찾기

숨겨지거나 묻혀 있을 수 있는 자신의 일부를 되찾기 위해서는 그것과 상호작용할 수 있도록 끌어내는 것이 중요하다. 이 저널링 연습에서 트라우마로 발생한 감정들, 즉 슬픔, 분노, 수치심, 그리고 자신의 과거 경험과 관련된 모든 것을 말해보자. 트라우마가 여러분에게 뭐라고 말하는가? 어떤 대답을 하고 싶은가? 생각하거나 고치지 말고 문법에 대해서도 걱정하지 말고 적어도 10분 동안 글을 쓰자. 그냥 생각나는 대로 써야 한다. 쓰기를 마치면 공책을 닫고 몇 분 동안 조용히 앉아 무슨 일이 일어나는지 느껴보자. 그런 다음 공책을 태우거나 버려도 되고 그저 어딘가 벽장에 보관해 놓아도 좋다.

이야기 다시 쓰기

형성의 단계에서 여러분은 과거의 트라우마 영향으로 제한받은 삶이 아닌, 다시 상상한 새로운 이야기를 쓰도록 초대받았다. 통합의 단계에서는 이야기를 다시 쓸 수 있는 또 다른 기회를 얻게 된다. 이번에는 예전의 삶과 새롭고 강력한 힘을 가진 삶을 통합한다.

1. 이제 과거를 새로운 이야기에 통합했으니 지금 말하고 있는 이야기는 무엇인가? 이야기는 어떻게 바뀌었는가? 이 새로운 이야기가 자신에 대한 감정을 어떻게 변화시켰는가?

2. 자기가 지금 누구인지를 설명하는 몇 가지 '자기' 진술을 떠올릴 수 있는가? 예를 들면 다음과 같다. "나는 아동 학대의 생존자이자, 건강하고 사랑스러운 관계에 있는 강하고 유능한 여성이다." 또는 "과거의 트라우마를 지금의 내 일부로 받아들였다."

3. 더 이상 통하지 않는 오래된 관계를 버리고 새로운 관계를

포용하는 것이 괜찮은가?

4. 과거에 대해 부끄러움 없이 말할 수 있는가?

5. 이제 과거의 트라우마를 자신의 일부로, 그리고 더 이상 완
   전한 삶을 사는 것을 방해하지 않는 무엇인가로 보고 있
   는가?

해체에서 완전함으로

PTG 모델의 이 단계는 내부를 조사하는 것, 즉 자아와 다시 연결되
는 방법에 가깝다. 우리가 어떻게 자기 정체성을 밝히고 뒤에 무엇
을 남기고 왔는지 살펴보라는 것이다. 진정한 전환을 위해서는 우
리 자신 모두(좋은 사람, 나쁜 사람, 추한 사람 등)를 통합해야 하므로 이
일은 중요하다. 선택한 부분(자신에 대해 또는 새로운 정체성에 대해 좋게
여기는 것)만 빛으로 가지고 나와 외적으로 표현할 수는 없다. 별로
좋아하지 않거나 숨겼을 수도 있는 부분, 자신의 그림자, 그리고 다
른 사람들에 의해 상처받은 부분까지 포함해야 한다.

우리의 모든 부분에 각각 말할 수 있는 목소리와 이야기가 있다
는 점을 기억하는 것이 도움이 된다. 기꺼이 그리고 각각의 말을 들
을 준비가 되었을 때 그것의 메시지를 받고 연민으로 응답할 수 있
다. 치유는 자신을 사랑하고 자기 전체를 받아들이고 자기 직관을
믿는 방법을 배울 때 이루어진다. 자신에게 부드러울 수 있을 때, 괴

로움의 날카로운 끝단을 무디게 만들 수 있을 때, 해체에서 완전함으로 이동할 수 있고 진정으로 그리고 당당한 나로 나타날 수 있다.

내 친구 애나는 이것을 아름답고 가장 특이한 방법으로 보여준다. 애나는 수년간 아버지에게 성적 학대를 받았고 그 트라우마를 치유하기 위해 열심히 노력했다. 치유 과정의 하나로 그녀는 트라우마를 숨기는 것을 멈추고 그것을 삶에 통합하는 것이 무엇을 의미하는지 눈에 보이는 표현을 만들고 싶었다. 그녀는 메이크업 아티스트에게 얼굴의 두 부분을 그린 다음 사진을 찍어달라고 부탁했다. 절반은 그녀가 학대받았을 때 누구였는지를 나타냈다. 나머지 절반은 지금의 그녀가 누구인지를 나타냈다. 그 이미지는 너무 놀랍고 강력해서 그녀와 메이크업 아티스트는 이것이 학대당한 다른 사람들에게 감동적이고 치유하는 경험이 될 수 있다고 생각했다. 그래서 그들은 학대당한 10대들과 협력하는 단체와 팀을 이루어 10대들의 얼굴에 그림을 그리고 그들의 치유 과정 일부를 사진으로 찍었다.

깨진 조각을 모두 수집하기

이 단계의 처음에는 새로운 이야기에 집어넣어야 하는 잃어버리거나 잊히거나 깨진 조각들을 모으는 일이 대부분을 차지한다. 내 사무실에는 도자기 한 점이 있다. 3장에서 언급한 일본의 고대 예술인 킨츠기를 사용해 만든 도자기 그릇이다. 그 도자기를 그곳에 보관하는 이유는 그것이 우리의 부서진 부분을 어떻게 다시 조립할 수 있는지를 아름답게 묘사하고 있기 때문이다. 또한 나와 내 환자들에게 부서진 목표는 '고치거나' 버리는 것이 아니라 불완전함의 아름다움을 기리고 독특함을 기념하는 방식으로 그것을 자기 존재에 통합하는 것임을 상기시켜 준다. 킨츠기의 전환 철학은 모든 것이 영구적일 뿐만 아니라 변화를 조명하고 그 변화가 우리 삶에 가져오는 깊이 있는 인식을 위해 그것들을 축하하고 포용할 이유가 있다는 것을 떠오르게 한다. 우리의 상처는 소중한 천 조각이 되고 우리 삶의 이야기를 엮어 의미를 부여하는 황금 실이 된다.

우리는 이러한 전환의 철학이 PTG의 단계에서 일어나는 것을 볼 수 있다. 전적인 수용에서는 도자기가 부서지고 조각들이 바닥에 흩어져 있다. 우리는 스스로 고칠 수도 없고 엉망인 것을 치울 수도 없다는 사실을 깨닫게 된다. 안전과 보호에서는 조각들을 다시 모으는 것에 동의하는 다른 사람에게 연락한다. '새로운 이야기'에서는 꽃병을 다시 상상하고, 조각들을 다른 방식으로 재배열하고 깨진 조각들을 부착하기 위해 얼마나 많은 금가루나 옻칠을 해야 하는지, 그리고 원래보다 훨씬 더 아름다운 것을 만들기 위해 무엇을 추가할 수 있는지 결정할 기회를 얻는다. 이제 존재의 단계인 통합에서 우리는 모든 것을 함께 모았다. 부서진 조각들은 과거의 상처를 의미하는데 심지어 자기를 보곤 했던 방식이 만든 상처까지도 포함한다. 우리가 선택한 금과 옻칠은 연결의 가치, 우리의 다정한 본성, 그리고 우리가 이 세상에서 할 수 있는 기여 등 지금까지 살아온 모든 것을 나타낸다. 이제 도자기 조각을 보고 "와! 모든 것이 정말 잘 어울린다!"라고 생각할 수 있다. 모든 것을 위한 장소가 있고 모든 것이 더 말이 된다. 트라우마, 즉 오래된 자아는 지금 우리의 본질적인 부분이 되었다. 우리는 그것을 새로운 방식으로 볼 수 있다. 우리는 완전하다. 우리는 완성되었다.

이 킨츠기의 은유는 내 환자 에바와 에밀리오를 생각나게 한다. 내가 전에 이야기한, 다섯 자녀를 둔 이 부부는 스페인에서 미국으로 이민을 왔다. 아이들의 할아버지가 자기 자녀를 포함해 아이들을 성적으로 학대해 왔다는 사실을 깨닫고 온 가족이 충격을 받았다. 대가족과 공동체의 많은 사람은 그들을 지원하기는커녕 오히려 스페인에서 매우 부유하고 영향력 있는 사람이었던 할아버지에게 돈을 갈취하려 한다고 비난하면서 그들에게 등을 돌렸다. 부부의 모든 삶은 완전히 부서지고 어린아이들은 정신적 충격을 받았다. 그들이 집과 나라를 떠나지 않는 한 상황이 절대 나아지지 않을 것이라는 사실을 근본적으로 받아들여야 했다. 에바와 에밀리오는 미국에 와서 이야기를 믿어주고 그 조각을 집을 수 있도록 돕는 공동체 내에서 서서히 안전을 찾아냈다. 일단 안전하다고 느끼자 부부는 삶을 재건하기 시작할 수 있었다. 나는 그들에게 가족을 하나로 묶고 에바와 에밀리오 사이, 그리고 온 가족 내의 유대감을 강화할 수 있는 신성한 공간(금과 옻칠)을 만들 것을 권했다. 그들은 지역 사회 내에서 진정하고 친밀한 의식적인 연결 고리와 전적으로 진실하게 자신을 나타낼 수 있는 우정을 형성함으로써 이 일을 해냈다.

영혼의 선물 되찾기

지금까지 일어난 변화의 대부분은 우리 안쪽에서 일어나는 변화로서 내부에 집중했다. 치유는 연결을 통해 일어나고 관계야말로 발전을 이루는 열쇠이기 때문에 이 모든 것은 직관에 어긋나는 것처럼 보일 수 있다. 하지만 생각해 보면 일리가 있다. 자기와 관계를 치유하면서 천천히 세상으로 돌아가 다른 사람들의 삶을 더 진정한 방식으로 만지고 있다. 자신(즉 우리의 과거와 미래)을 수면 위로 끌어올렸다. 우리는 그림자(부끄러움, 비난, 죄책감, 그리고 자랑스럽지 않은 모든 행동)와 화해했고 그 안에 있는 지혜를 볼 수 있다. 진정한 본성과 영혼의 고향이라고 부르는, 밀려나거나 억압되어 잃어버린 부분을 되찾고 있다. 우리는 인간 존재의 아름답고 고귀한 모든 것과 다시 연결하기 위해 그리고 다음과 같이 말하기 위해 이 일을 한다. "나는 빛이기도 하고 그림자이기도 하다."

마이애미와 페루의 산에서 멘토와 함께 샤머니즘 의학을 연구하면서 나는 고통, 트라우마, 스트레스의 결과로 잃어버린 자신의 본질적인 면을 회복하고 되찾는 강력한 방법을 배웠다. 그것은 우리 존재의 깊은 곳으로 잠수해 잃어버린 조각을 다시 가져올 것을 요구한다. 샤먼들은 이것을 '영혼의 네 개의 방'이라고 부른다. 나와 내 환자들을 위해 수년에 걸쳐 수정하긴 했지만 이 영혼 회복 여행은 네 개의 방으로 된 영혼을 향해 계단을 내려가는 자신을 시각화하는 것으로 시작된다.[2]

1. 첫 번째 방인 상처의 방에서는 우리의 상처가 시작된 근원을 마주한다. 바로 우리의 영혼이 도망치게 만든 원인과 직면하는 시간이다.
2. 두 번째 방인 계약의 방에서는 우리가 상실의 순간에 품었던 한정된 신념과 약속을 만난다. 여기서 그것들을 새롭게 정의할 수 있는 기회를 가진다.
3. 세 번째 방인 은총의 방에서는 상처로 인한 고통을 넘어 그 안에 깃든 아름다움과 지혜를 발견하고 우리를 다시 온전하게 할 은혜와 열정과 신뢰를 회복할 수 있다.
4. 네 번째 방인 보물의 방에서는 영혼 깊은 곳에 숨겨진 가장 소중한 선물을 찾아낸다. 이 선물을 발굴하고 세상에 나누는 소명은 우리의 삶을 더욱 빛나게 만들어 준다.

우리가 부드럽고 경건하게 잃어버린 조각들을 모두 모아서 지금의 자기 모습으로 맞추면 완전히 새로운 무언가가 나타난다. 샤먼

트라우마, 극복의 심리학

들은 그것이 치료제가 되고 우리가 세상에 바쳐야 할 선물이 된다고 말한다. 지금까지 해온 모든 일은 자신보다 훨씬 더 큰 목적, 즉 우리가 이 세상에서 성취하려 하는 목적을 위한 것이다.

다음 장인 지혜와 성장으로써 탐구하는 전환의 단계에서 우리는 자신의 현명함을 신뢰하는 법을 배운다. 자신의 진정한 본성을 포용하면서, 그 변화가 우리의 목적과 더 나은 세상을 만들려는 우리의 의도와 밀접하게 연결되어 있음을 알게 된다.

새로운 습관의 통합

타라 파커 포프Tara Parker-Pope는 《뉴욕타임스》의 기사에서 새롭고 건강한 습관을 만들고 유지하기 위한 5단계를 제시했다. 그녀의 체계를 이용해서 나는 새로운 습관을 일상생활에 성공적으로 도입할 방법을 제안했다.

① 습관을 쌓자

새로운 습관이 대체가 아닌 연장선처럼 보이도록 이미 하는 일들 위에 목말을 태우듯이 업자. 내 친구 중 한 명은 영감을 주는 책을 읽는 것으로 하루를 시작하고 싶었지만 계속할 자신은 없었던 것 같다. 하지만 결국 아침 커피 시간을 독서 시간으로 사용할 수 있다는 것을 알게 되었다. 그렇게 한 달을 보내자 그녀는 다른 방법으로 하루를 시작하는 것은 상상하기도 힘들어졌다고 말한다.

② 작게 시작하자

자신의 열정이 현실적으로 성취할 수 있는 것 이상의 것을 목표로 만들게 하지 말자. 즉 매일 60분간 운동을 하겠다고 자신에게 약속하기 보다는 차나 커피를 끓이는 동안 또는 샤워를 하기 전에 몇 번의 스트레칭이나 근력 운동을 하는 것이 어떤 느낌인지 살펴보자. 아니면 일과가 끝날 때 누워서 5분 동안 벽에 발을 올려놓아도 좋다.

③ 집요하고 일관성이 있어야 한다

타라 파커 포프는 루틴을 만드는 데 얼마나 오랜 시간이 걸리는지를 보여주는 연구를 지적한다. 이 연구에 따르면 18일에서 254일(평균 66일)이 걸릴 수 있다고 한다! 그러므로 매일 또는 매주 같은 시간에 할 수 있다고 생각하는 것을 고르도록 하자. 아마도 점심 식사 후 20분 정도 걷겠다든지, 매주 자원봉사를 하겠다고 약속하는 정도가 될 것이다.

④ 자신에게 더 쉬운 방식을 찾자

하는 일에 대한 의도를 만들거나 명확한 목적을 가지면 그것을 마음에 새기고 동기를 꾸준히 유지하는 데 도움을 줄 수

트라우마, 극복의 심리학

있다.

⑤ 자신에게 보상하자

일주일, 한 달, 66일 동안 운동이나 명상을 모두 할 때까지 기다리는 식으로 자기 노력에 대한 보상을 미루지 말자. 즉각적으로 보상을 제공하자. 무엇이 활동을 더 만족스럽게, 기대할 만한 것으로 만들겠는가? 하지만 주의해야 할 점이 있다. 여러 가지 새로운 습관을 동시에 시도하지 말아야 한다.

⑥ 책임감을 나눌 파트너를 두자

신뢰할 수 있는 친구에게 도움을 요청하는 것은 목표를 유지하게 도울 수 있다. 때로 그 친구와 아침이나 저녁 산책을 함께하며 새로운 습관을 만들 수 있다. 혹은 일주일에 세 번씩 연락해 여러분의 진척 상황이나 어려움을 나누고, 계속 나아갈 수 있도록 격려하는 사람이 될 수도 있다.

11장 —
전환의 단계 : 지혜와 성장

당신이 휘청거렸던 곳. 거기에 당신의 보물이 있다. 당신이 들어가기를 두려워했던 바로 그 동굴이 당신이 찾고 있던 것의 근원으로 밝혀졌다.

- 조지프 캠벨

전환의 단계 : 주요 테마

의식 – 자아는 고마워하며 개인적인 힘에 대한 감각이 커지고, 더 자비롭고 생생한 세상에서 감사가 커진다. 자아는 더 잘 인식하고 깨어 있다.

연결 – 자아는 직관적이고 더 동정적이며 의미 있다고 느껴지는 세상을 신뢰한다.

초월 – 자신이 감당할 수 있고 정리할 수 있다고 느끼는 세상에 주도권, 목표, 사명이 있다.

상처를 치유하기 위한 모든 노력을 하고 나서 이제 이해와 의식과 명료함이 커진 단계에 왔다. 우리는 이 여정에서 영웅이다. 존재 속에 깊이 잠수할 용기를 가졌고 이름을 지은 사람이자 충격적인 과거의 경험을 삶에 통합하고 치유한 일상의 영웅이다. 우리는 모든 생명의 상호 연결에 대한 깊은 이해와 그 길에서 배운 것을 공유하려는 열망을 가지고 다시 나타났다.

충격적인 경험을 극복하고 심지어 세상을 바꿀 정도로 대단한 일을 해낸 널리 알려진 영웅들의 놀라운 이야기를 들어본 적이 있을 것이다. 현대의 많은 영웅들도 트라우마에 빠졌던 기원 이야기를 가지고 있다. 오프라는 아홉 살 때부터 반복적으로 성적 학대를 겪었다. 어린 파키스탄 소녀 말랄라는 여성의 교육권을 옹호했다는 이유로 탈레반에게 머리에 총을 맞은 뒤 살아남아 '모든 소녀에게 자신이 선택한 미래를 성취할 기회를 주는 데 헌신하는 자선 단체'를 설립했다. 그리고 레이디 가가의 이야기는 7장에서 다뤘다. 음악 프로듀서에게 성적 학대를 당한 끔찍한 경험(그리고 어린 시절 괴롭힘을 당한 경험)은 그녀에게 트라우마의 상처 속에서 지혜를 볼 수 있게 해주었다. 그리고 그녀는 '내가 불친절하다고 보는 세상의 모든 것에 대한 반항'으로서 자신의 경력에 전념했다. 그녀는 명성을 얻겠다고 자기 일을 하지 않았다. 레이디 가가는 충격 때문에 그렇게 했다.

PTG의 모든 단계 중에서 이 단계는 내가 가장 좋아하는 시기이며 내 일의 핵심이기도 하다. 이곳이 진정한 변화가 일어나는 곳이기 때문에 나는 모두가 이 단계로 가기를 바란다. 나는 내 환자들에게 종종 삶을 바꾸기 위해 그렇게 열심히 노력하면 더 아름다운 경험을 할 수 있는 다른 곳이 있을 것이라고 말한다. 이 여정은 좀처럼 쉽지 않아서 고통스럽고 어려울 수도 있다. 하지만 자신에게 힘든 여러 일을 시키고 기꺼이 불 속을 걸어간다면 트라우마를 초월하고 트라우마 때문에 성장하게 될 것이다.

나는 가끔 이 무대를 여름 폭우의 여파에 비유한다. 먼지는 바람과 비로 씻겨 내려갔고, 떨어진 잔가지와 작은 가지들만이 남아 있다. 여름 더위의 진득함은 사라졌다. 해가 지고 하늘은 파랗고 모든 것이 색으로 가득 차서 그 어느 때보다 밝고 아름다워 보인다. 모든 감각은 깨어나고 주변과 연결되어 있다. 전적으로 현재를 산다. 폭풍이 지나간 것을 다행으로 여기면서도 대지를 깨끗하게 씻어주고 이토록 맑고 아름다운 것을 가져다준 데 감사한다. 폭풍이 다시 닥치리라는 것도 알고 있다. 어떤 폭풍은 예고 없이 오고 또 어떤 폭풍은 다른 폭풍보다 더 파괴적일 것이다. 그러나 지금 이 순간에는 우리가 변했고 세상에 대한 관점이(그리고 세상 안에 있는 위치가) 바뀌었다는 것을 깨달았다. 우리는 살아 있는 것에 감사하고 무엇이든 가능하다는 것을 알고 있다.

중요한 것은 일단 이렇게 심오한 변화를 경험하면 되돌릴 수는 없다는 것이다. 우리는 자기 본성을 깨달았다. 무엇이 가능한지 보았고 이제 그것을 외면할 수 없으며 이미 발견한 것을 모른 척할 수 없다. 나비는 고치를 탈출하기 위해 고군분투해서 본질을 구현했지만 애벌레로 돌아갈 수는 없다.

나비처럼 여러분은 완전히 형성되고 변화했다. 여러분은 트라우마(내면의 폭풍)를 치유했을 뿐만 아니라 트라우마가 지혜와 성장을 위한 촉매제가 되었다. 바로 아름다운 깨어남을 위한 촉매제다. 물론 기복도 있을 것이고 어떤 날은 다른 사람들보다 더 강하고 자신감을 느끼기도 하겠지만 이 변화는 영구적이다. 이제 별개의 더 예리한 렌즈를 통해 자신과 세상을 볼 수 있다.

지금 해야 할 일은 자신이 누구인지 기억하고 그것을 소유하는 것이다. 그것이 어떤 느낌인지 기억하자. 평생 계속해서 그 기억으로 돌아갈 것이다.

지혜와 성장에서 일어나는 일

이 단계에서는 뚜렷한 정체성과 소속감을 얻는다. 즉 세상에서 좀 더 자신감과 동정심, 현재성을 느낀다. 우리의 우선순위가 바뀌었다. 개인으로서 그리고 집단의 일부로서 우리가 누구인지를 더 의식하게 되었다. 삶에서 무엇이 중요한지에 대해 더 명확하게 이해하고 우리가 발견한 것을 다른 사람들과 공유하려는 더 깊은 욕구를 가지게 되었다.

그러나 PTG로 이어지는 길은 쉽지 않다. 그것은 종종 험난하고 힘든 여행이다. 자신의 조각을 다시 꿰맞추기 위해서는 완전히 부서져야 한다. 우리의 핵심 신념은 산산조각이 났고 마음은 수없이 갈라졌다. 그러나 우리는 천천히 그리고 의식적으로 변화했다. 새로운 믿음의 집합을 다시 구축했고 다시 썼으며 다시 안건으로 삼았다. 결국 자기 마음이 정말로 사랑과 이해로 자신의 모든 복잡함을 붙잡을 수 있을 만큼 충분히 크다는 것을 발견했다. 우리는 좀 더 의미 있는 방식으로 다른 사람들과 연결될 수 있고, 더 합리적이고 더 다루기 쉽고 더 의미 있는 세상에 완전하게 나타날 수 있다. 아름다운 나비가 되기 위해 모든 것을 털어내야 했던 애벌레와 마찬가지로 우리는 새롭게 태어나기 위해 옛것을 초월했다.

에밀리오를 기억하는가? 아버지가 성범죄자이고 자신에게 유리하도록 여러 사람을 조종하고 있다는 것을 알았을 때 에밀리오의 세상은 박살이 났다. 그는 고국을 떠나 다른 가치관과 삶을 이해하는 새로운 방법을 가진 가족이라는 새로운 것을 창조함으로써 변화했다. 근면과 치료, 그리고 새로운 공동체의 지원을 통해 그는 자신을 위한 새로운 정체성을 만들었을 뿐만 아니라 최근에 입국한 이민자에게 공동체 의식을 제공하는 단체를 설립하는 영감을 얻었다.

과학에 기반을 둔 현상

많은 사람에게 트라우마에서 치유될 수 있을 뿐만 아니라 그것 때문에 성장할 수 있다는 이 모든 아이디어는 순진하게 보일 수도 있고 심지어 약간 터무니없이 느껴질 수도 있다. 그래서 나는 PTG 단계가 우리에게 무엇을 제공하는지 더 깊이 파고들기 전에 이 현상이 다양한 분야에서 연구되었다는 사실을 기억하는 것이 중요하다고 본다. 2012년 이후 신경생물학, 임상심리학, 후성유전학, 사회학, 정신역학 등의 분야에서 연구 건수가 광범위하게 증가하고 있다. 실제로 2장에서는 여러 주요 연구자의 연구를 인용했다. 그리고 PTG는 단순한 이론이 아니라 사람들이 실제로 경험할 수 있는 것이며 트라우마로 고통을 받아온 수많은 사람의 삶을 바꾸어 놓았다는 공감대가 형성되어 있다.

이 로드맵을 따라 PTG로 가는 다양한 곁길이 있다. 어떤 사람들은 PTG가 가능하다고 믿고 트라우마를 전문으로 하는 임상심리학자와 함께 일함으로써 이 단계에 도달한다. 어떤 사람들은 가족이나 친구, 멘토 또는 비슷한 경험을 하는 사람들(예를 들어 알코올 중독자 갱생회의 사람들)에게 도움을 받았다. 테데스키는 그들을 '전문가 동료'라고 부른다. 또 어떤 사람들은 더 파격적인 방법에서 혜택을 얻기도 한다. 예를 들어 샤머니즘 치료사들과 함께 치료를 진행하거나 환각제를 약으로 사용하는 것처럼 지난 몇 년간 연구자들에 의해 트라우마를 성장으로 변화시키는 '새로운 패러다임'으로 환영받았던 것들이 있다.

트라우마 관련 분야에서 일하는 사람들 일부는 PTG가 자연적으로, 즉흥적으로, 심지어 자발적으로 일어날 수도 있다고 믿는다. 극소수의 경우에 그러한 일이 일어날 수도 있겠지만 내가 여기서 설명하는 지혜와 성장은 '아하' 하는 순간이나 자발적인 각성 그 이상의 것이다. 과정에 대한 헌신과 이를 안내할 촉진자가 필요하다. 감사하게도 나는 내 환자들에게서 선명함과 확장이 발생하는 여러 순간을 목격할 수 있었다. 그 순간은 마치 루미가 "상처는 빛이 당신 안으로 들어오는 곳"이라고 쓴 것처럼 절망의 어둠 속에서 계시의 빛이 터져 나오는 것처럼 느껴진다. 그러한 깨달음은 사람들에게 치유와 성장을 할 수 있다는 희망을 주고 앞으로 나아가게 한다.

지혜와 성장은 심리적, 생리적, 감정적인 완전한 전환에 전념할 것을 요구한다. 그것은 우리의 삶뿐만 아니라 우리 앞에 온 사람들에 관한 생각, 즉 세대 간 트라우마와 유전적 고통의 순환에서 자신의 역할에 관한 것을 생각하도록 요구한다. 이 장에서 논의할 것처럼 이 변화의 단계는 영적 차원에 존재하며 우리를 영원히 변화시킬 힘을 가지고 있다.

다섯 개의 기둥

PTG의 다섯 번째 단계는 삶의 모든 측면을 건드린다. 우리는 여행을 시작할 때와는 크게 달라졌다. 우리는 셀 수 없이 다양한 방법으로 다른 사람들과 공동체와 연결되어 있다. 삶에 감사하고 우리가

　　　　　　　　　　　　　　　트라우마, 극복의 심리학

가진 것에 대한 감사로 가득 차 있다. 강하고 유능할 뿐만 아니라 취약하고 개방적이라고 느낀다. 관계는 더 의미 있고, 자신보다 훨씬 더 큰 무언가가 자신과 우주를 서로 연결해준다는 것을 이해한다. 우리의 상처에서 태어난 사명을 통해 다른 사람들을 위해 여기에 있다는 것을 알고 있다.

테데스키와 캘훈의 연구에 따르면 사람들이 PTG를 겪을 때, 개발한 능력은 측정할 수 있다고 한다. 이 능력은 이전에는 없었거나 트라우마 때문에 모호했던 것이다. 이러한 능력은 다섯 개의 특정 영역으로 나타난다.

내가 환자들과 함께한 임상 연구와 내 개인적인 경험에서 나 역시 성장과 전환이라는 예상치 못한 선물을 보았고, 이 단계에 도달한 사람들에게서 언제나 볼 수 있는 특징인 지혜와 성장을 관찰할 수 있었다. 테데스키의 영역을 기반으로 해서 나도 이 분야를 다섯 개의 기둥으로 분류했다. **삶에 대한 감사, 개인적인 힘, 의미 있는 관계, 더 깊은 영적 연결, 목적과 의미**가 그것이다.

삶에 대한 감사

모든 것을 겪은 후에 우리는 이제 인생에 대해 신선한 관점을 가진 것처럼 느낀다. 하나도 놓치지 않고 싶고 한순간도 낭비하고 싶지 않다. 우리는 통과에 성공했고 살아 있다는 것이 의미하는 바에 더 큰 감사를 느낀다. 감각은 다시 깨어났고 아마도 오랫동안 존재하지 않았던 방식으로 주변 환경을 인식하고 있을 것이다. 우리는 이전에 혼란스러웠던 마음에 정신을 빼앗기지 않고 이 순간을 즐기고 있다. 플로리다에 사는 내 환자 한 명은 아파트 발코니에서 바닷소리를 들을 수 있다는 것을 알고 너무 놀랐다고 말한 적이 있다. 그는 그곳에서 10년 동안 살았었다. 또 다른 환자는 자신을 둘러싼 것을 정말로 감사하게 여길 수 있게 되어서 집 옆 숲길을 걷는 일이 매우 즐겁다고 말했다.

내 친애하는 동료인 탈 벤 샤하르Tal Ben-Shahar는 행복 연구 아카데미the Happiness Studies Academy의 설립자다. 긍정 심리학에 관한 그의 강의는 하버드 대학 역사상 가장 인기 있는 강의다. 그는 여러분이 감사하는 것은 무엇이든 소중해진다고 말한다. '감사하다to appreciate'는 것이 곧 가치가 높아지는 것을 의미하기 때문이다. 우리가 어떤 것에 투자할 때 우리는 그 가격이 오르거나appreciates in value 그것이 귀해지면 기뻐한다. 우리가 주변 환경에 투자할 때도 마찬가지다. 주변 환경이 소중해지고 그 값이 오른다.

우리는 이제 좀 더 평화롭고 감사하다. 모든 것에 감사한다. 심지어 여기에 도달하기 위해 겪어야 했던 모든 경험까지도, 심지어 사랑하는 사람을 잃거나 기회를 놓치거나 핵심적인 신념이 사라져 실망하거나 관계가 끝나거나 하는 것까지도 감사할 수 있다. 그것이 우리에게 가져다준 것에 역설적으로 감사하고 있음에도 불구하고 우리는 여전히 이러한 상실을 애도하고 있을 수도 있다.

그렇긴 하지만 나는 때로 우리가 '감사'라는 용어를 너무 느슨하게 사용한다고 느낀다. 그것은 겪은 일을 최소화하는 방법이 될 수도 있고 그것을 피하거나 마음에서 떨쳐버리는 방법이 될 수도 있다. 선의의 친구들이나 동료들은 종종 우리에게 밝은 면을 보고 그저 감사하고 모든 일이 이유가 있어서 일어난다는 것을 기억하라고 말한다. 그것은 감사가 아니다. 이것은 '독성 긍정'이라고 불리는 것이다. 그리고 독성 긍정은 실제로 자신과 상황을 더 호전시키는 것이 아니라 더 나쁘게 만들 수 있다.

지혜와 성장에 관해 이야기하면서 나는 빅터 프랭클이 '비극적 낙관주의'라고 부르는 것에 대해 말하고 있다. 이것은 우리가 경험한 것에 감사하기 전에 고통 속에서 의미를 찾을 수 있게 해준다. 비극적 낙관주의는 트라우마에 반응하는 동안 일어나는 일이 아니다. 그것은 과거의 경험을 치유하고 성장하기 위해 한 모든 일에서 나오는 것이다. 그 결과로 나타나는 감사는 우리가 가진 것에 대해 행복해지는 것을 넘어 모든 삶에 대한 더 깊은 감사와 연결, 심지어 (그리고 특히) 고통스러운 부분까지 포함한다.

PTG는 역설로 가득 차 있다. 상실에서 성장이 나오기 때문에 삶에 감사하기 위해 죽음과 친구가 되는 것은 만만한 일이 아니다. 내가 상담했던 4기 유방암 환자인 베스는 자기가 곧 죽으리라는 것을 확실히 알게 되자 사는 것이 새로운 감사를 주었다고 말했다. 죽음에 대한 전망은 삶의 즉시성immediacy을 증가시켰고 역설적으로 기뻠이 더 많아졌다. 그녀는 자신이 가진 시간을 최대한 활용해서 가족이나 좋은 친구들과 어울리고 있다. 베스는 더 자주 웃고 더 자주 울고 있다. 그녀는 자신의 삶이 의미가 있기를 원하고 세상에서 자기 일이 다른 사람에게 도움이 되기를 원한다. 특히 4기 암에 걸린 여성을 위한 암 지원 단체를 만들어 일한다. 자신이 살아온 삶의 아름다움에 대해 믿을 수 없을 정도로 감사하고 있다. 그녀는 시인 라이너 마리아 릴케의 말을 인용했다. "엄밀히 말하면 죽음은 우리의 친구다. 왜냐하면 죽음이 우리를 자연스러움과 사랑을 가진 절대적이고 열정적인 존재로서 이 순간을 살게 이끌기 때문이다."

삶에 대한 감사와 죽음의 현실을 받아들이는 능력은 종종 만족감을 가져온다. 물질적인 것은 중요하지 않게 된다. 우선순위가 바뀌어서 성공이나 소유, 돈을 더 가지고자 하는 절박함이 줄어든다. '이것만 있으면 더 행복할 텐데…'라는 갈망이 사라진다. 물론 무엇을 잃었는지, 그러나 여전히 가지고 있는 것은 무엇인지에 대해서도 예리하게 인식하게 된다. 가족과 친구들에게 더 감사하고 있다는 것을 알게 될 수도 있다. 또는 숨을 쉬고 움직이고 밖으로 나가고 아이들이나 손자들과 노는 능력에도 감사한다. 감사는 우리가 행복하고 삶을 온전히 포용하는 데 필요한 모든 것을 가지고 있다는 깨달음을 가져다준다.

개인적인 힘

끔찍한 경험을 겪고 지혜와 성장의 단계에 온 사람들은 대부분 여기까지 오면서 더 강해지고 능력이 생겼다고 느낀다. 많은 사람은 이렇게 할 수 있는 기술을 발견했다는 것에 놀라기까지 한다.

강해지는 것이 자신이 가진 유일한 선택이 될 때까지 자기가 얼마나 강한지 모르는 때도 있다. 글로리아는 이것을 상징적으로 보여준다. 그녀는 자신의 전환에서 놀라운 힘을 발견했다. 신체적, 심리적으로 패배한 후 가졌는지조차 몰랐던 힘이다. 그것은 살아남고자 하는 욕구에서 나오기도 했지만 동시에 자신의 고통에 의미를 부여하고 고통을 초월하여 새로운 것을 낳으려는 강렬한 욕구에서도 나왔다. 그녀는 라이커스섬 감옥을 폐쇄하기 위한 단체에 가입함으로써 불의에 맞서 싸우기로 했으며, 미국으로 이주한 여성들이 자신의 결정에 따라오는 모든 복잡성과 도전을 헤쳐나가도록 돕는 일을 하기로 결심했다. 테데스키는 그의 저서 『트라우마에 의한 전환Transformed by Trauma』에서 다음과 같이 설명한다.

> 무언가가 뜯겨 나갔을 때 PTG를 경험한 사람들은 자기에게 숨겨져 있던 것이 다시 보일 수 있다는 것을 인식한다.
> 안에 잠들어 있는 잠자는 거인이 깨어날 수 있고 삶에 대한 새로운 시각과 접근이 펼쳐질 수 있다. 믿을 수 없는 힘과 결심이 드러날 수 있고 그 사람은 인생의 진로를 바꿀 수 있다.

이 단계에서 개인적인 힘은 또 다른 역설을 보여준다. 힘은 취약성에 있으며 취약성을 인정하고 받아들이는 것이 그 힘을 준다는 사실이다. 어떤 사람들에게는 내면에서 깨어난 '잠자는 거인'이 새롭게 발견된 자신감이나 용기일 수도 있다. 다른 사람들은 자신을 옹호하며 힘을 얻기도 한다. 또 어떤 사람들은 자립심을 찾기도 한다. 우리는 이제 필요한 것을 요구할 수 있는 자신감, 가는 길에 무엇이든 마주할 힘, 행동하기 전에 생각할 수 있는 지혜를 갖게 되었다.

역설적으로 우리는 자신의 취약성을 보여주고 약점을 말하고 한계를 인정할 만큼 충분히 강하고 두려움이 없다(그리고 충분히 강하다). 도움을 요청할 수 있고 능력이 부족할 수도 있고 혼자서는 그것을 할 수 없다는 것도 인정한다. 여기 이 역설을 아주 강력하게 보여주는 이야기가 있다. 한 남자의 놀라운 참을성이 어떻게 트라우마를 치유하고 성장으로 나아가는 것을 거의 막을 뻔했는지 보여준다. 나는 이미 9장에서 스텔라에 관해 이야기했다. 스텔라의 어머니는 뇌종양으로 돌아가셨다. 다음은 그녀의 아버지 디에고의 이야기이다.

아내가 처음 진단받았을 때 디에고는 아내를 구할 수 있는 치료법을 찾기 위해 할 수 있는 모든 것을 했다. 그의 노력에도 불구하고 그녀는 그해 사망했다. 그와 스텔라는 망연자실했다. 자신의 슬픔에 더해 아내의 가족은 디에고를 비난했고 스텔라를 데려가려고 했다. 그는 딸을 지키기 위해 열심히 싸웠고 승리했다. 디에고는 깊은 슬픔에 잠겨 있었지만 스텔라가 괜찮은지 확인하기 위해 모든 힘과 관심을 집중시켰다. 그들은 함께 치료를 시작했고 서로를 위로하기 위한 의례적인 일상을 만들었다. 그들은 어머니를 위해 제단을 만들고 어머니가 가장 좋아했던 것들을 가득 올려놓았다. 어머니의 사진과 가족이 같이 찍은 사진 몇 장, 스텔라의 인형과 특별한 크리스털 등이다. 이들은 집에 한 구석을 정해 함께 앉아 비극이 일어나기 전 기억나는 일들에 대해 웃으며 그녀가 얼마나 그리운지를 토로했다. 그들은 함께 많이 울곤 했다. 처음에 우리 상담은 가슴이 찢어질 정도로 슬펐다.

이윽고 디에고는 스텔라가 더 많은 친구를 사귈 수 있고 고립감을 덜 느낄 수 있는 좀 더 큰 새로운 공동체로 이사하는 것이 도움이 될 것이라고 느꼈다. 그 공동체는 부녀 둘을 모두 받아들였고 스텔라는 새 학교에서 환영받는다고 느꼈다. 디에고는 스텔라가 이룬 발전과 슬픔과 트라우마를 극복하는 방식에 대해 매우 자랑스러워했다. 그도 잘 지내고 있는 것처럼 보였다. 심지어 재혼도 했다.

그러나 새 가족의 집으로 이사한 지 얼마 되지 않아 디에고는 무너졌다. 그는 다른 모든 사람에게 집중했고 자기 슬픔이 밖으로 나오도록 놔두지 않았다. 디에고는 슬픔을 표현할 때가 많았지만 그러고 난 다음에는 감정을 옆으로 밀어내고 계속 나아갔다. 그는 딸, 부모, 그 외 가족들을 위해 강해져야 했다. 물론 그는 지금 멋진 공동체에서 사랑하는 가족과 함께 새로운 삶을 살고 있다. 스텔라는 지난 몇 년 동안 봐왔던 것보다 더 행복했다. 하지만 디에고는 그가 내게 말했듯이, "지금까지 알지도 못했던 방식으로 망가졌다". 그는 마침내 자신이 도움이 필요하다는 것을 인정했다. 상담하며 함께 있는 동안 그는 자신의 취약성을 포용하고 자신에게 필요한 것을 요구하며 인내심을 갖고 스스로 상냥하게 대하기 위해 노력했다. 디에고는 자신의 약점을 인정하면서 새로운 개인적인 힘을 발견했다. 그는 흔히 복잡한 의료보건 체계 안에서 만성 질환과 씨름하는 다른 가족들을 돕기 위해 이 새로운 초능력을 사용하기로 했다. 디에고는 개인적인 경험과 전문적인 배경 덕분에 그 일을 잘할 준비가 되어 있었다.

의미 있는 관계

이 단계에서 관계는 좀 더 성장하며 의미 있게 된다. 우리는 다른 사람들과의 상호작용에서 좀 더 현재성을 가지고, 친절과 동정심을 가짐으로써 관계를 심화한다. 더 의미 있는 연결과 더 감정적으로 친밀한 대화를 우선시하게 된다. 서로의 차이나 갈라놓는 것에 초점을 맞추지 않고 동반 상승효과(우리를 하나로 만들어 주는 것)를 찾게 된다. 함께 창조하는 사랑스러운 관계를 즐기며, 그 안에는 신뢰와 편안함의 유대가 공유되고 있다.

이것은 흔히 보답을 과하게 기대하지 않으면서도 사랑하며 살게 해준다. 인간관계가 우리의 성장과 행복의 열쇠라는 것이 밝혀졌다. 정신 치료사이자『왜 다른 사람과의 섹스를 꿈꾸는가Mating in Captivity』의 저자인 내 친구 에스더 페렐Esther Perel이 말했듯이 "관계의 질이 우리 삶의 질을 결정한다". 우리가 서재에 얼마나 많은 책을 가졌는지, 일을 하며 얼마나 많은 상을 받았는지, 어디에 사는지, 얼마나 똑똑한지의 문제가 아니다. 그것은 우리가 가진 관계에 관심을 기울인다. 연구에 따르면 여기에는 가족뿐만 아니라 오랫동안 키워온 우정도 포함된다. 진실하고 사랑스러운 관계를 맺은 사람들은 오래 살고 행복해질 확률이 높아진다.

하버드 대학에서 실시한 종단적인 연구가 이것을 밝혀냈다. 1938년부터 연구원들은 700명 이상의 사람을 추적해 수만 페이지의 자료를 모았다. 하버드 의대 정신의학과 교수이자 이 연구의 수석 연구원인 로버트 월딩거Robert Waldinger에 따르면 "좋은 관계가 우리를 더 행복하고 건강하게 한다"라는 결과를 얻었다고 한다. 그는 단지 그 관계를 맺고 있다는 점을 강조한 것이 아니라 그 관계의 질과 친밀함을 강조했다. 로버트가 말했듯이 "가족, 친구, 공동체에 사회적으로 더 연결된 사람들은 덜 연결된 사람들보다 행복과 신체적 건강과 장수에 도움을 받는다".

지금 이 시점에서 우리는 더 이상 작동하지 않는 관계를 버렸다. 그 관계를 그만둔 것은 지금의 우리가 다르기 때문일 수도 있다. 예전의 우리 모습이라고는 거의 찾아볼 수 없다. 작가 조앤 디디온Joan

Didion이 말했다. "나는 예전에 알고 지내던 몇몇 사람들과 이미 연락이 끊겼다." 아마도 그들은 그들만의 길을 달려가고 있고 더 이상할 말도 없으므로 관계가 작동하지 않았을 것이다. 또는 그들이 우리의 성장과 변화를 존중하지 않는 방식으로 과거를 상기시키기 때문에 그들을 놓아주었을 수도 있다. 이유와 상관없이 우리는 연결을 중요시하지 않는 사람들과의 피상적인 관계에 시간을 낭비하기에는 인생이 너무 짧고 소중하다는 것을 안다. 우리는 해를 끼치는 (그리고 신경계를 투쟁-도피-동결-영합 반응으로 이끈) 과거의 우정과 온몸에 진정 효과를 주는 새로운 우정 사이의 차이를 느낀다. 지금 싸우는 대신 우리는 더 친절하고 인내심이 있다. 도망치는 대신 우리는 가만히 있고, 듣고, 대응한다. 얼어붙는 대신 우리는 솔직하고 공개적으로 의사소통한다. 영합하는 대신 우리는 상대방을 달래거나 기분 좋게 해야 할 필요 없이 관계를 맺으며 건강한 경계를 설정한다.

이 단계에서 우리는 내 말을 들어주고 지지해 주고 붙잡아 준다고 느껴지는 식으로 소속감을 주는 관계(어떤 가족이나 그룹 또는 부족)만을 원한다. 그것은 우리가 기꺼이 공유하려는 비슷한 경험을 한 다른 사람과 연결되고 우리의 이해와 존재감으로 그들을 지원한다는 것을 의미할 수도 있다. 우리는 각 개인(그리고 집단 전체로서)이 우리 삶에서 하는 역할을 알고 있으며, 오래된 반응 패턴에 빠지지 않고 동등하게 그들과 전적으로 만날 수 있다. 우리는 더 이상 이러한 관계에서 자신을 잃는 것을 두려워하지 않고 그렇게 되도록 놔두지도 않을 것이다. 우리는 자기가 누구인지 알고 자신을 중요시하며, 그 과정에서 자신의 진정한 본질과 연결될 수 있다. 사실 나는 이 단계의 환자들이 미안해할 필요 없이 더 진정성 있게 자신을 찾아가고 유연성의 여지를 남겨두면서도 경계를 더 잘 설정할 수 있다는 것을 발견했다.

나는 마이애미의 서프사이드 빌딩이 붕괴했을 때 끔찍한 손실을 견뎌낸 한 그룹의 여성들과 이야기했던 것을 기억한다. 그들은 이 일을 경험하기 전이었다면 배우자나 부모를 잃은 누군가에게 흔해 빠진 상투적인 말로 위로했을 것이라고 말했다. "너무 힘들겠네요." "상심이 크시겠군요." "내가 할 수 있는 일이 있다면 전화해." 이제 그들은 그런 마음고생을 겪었으니 공허한 미사여구에는 관심이 없다. 그들은 진정한 의미에서 진실을 말할 수 있는 관계를 원한다. 상실감이 어떤 느낌인지, 그리고 그러한 고통에 처해 있을 때 무엇이 필요한지 알고 있다. 경험에서 나온 지혜는 더 동정적으로 공감해서 반응하는 방법을 보여주었다.

우리는 부분적으로 길을 잃고 혼자 있는 것이 어떤 느낌인지 알기 때문에 더 강하고 친밀한 관계를 구축하고 있다. 우리는 연결하고 싶고 더 이상 숨길 것이 없다고 느낀다. 우리는 판단이나 무시 없이 자신을 형성하는 방식으로 내부와 연결되어 있고 같은 방식으로 다른 사람들에게 나타나 연결하고 있다. 우리는 친절과 동정심을 가지고 진실을 말하는 데 관심이 있는 사람들과 정직한 토론을 원한다. 그런 일이 일어날 때 더 이상 그들이 말하는 것을 트라우마의 렌즈를 통해 듣지 않기 때문에 더 많은 공감을 가지고 들을 수 있다는 것을 안다. 우리는 정신을 맑게 하여 자기 생각과 감정, 반응을 제쳐두고 앞에 있는 사람에게 모든 주의를 기울인다.

8장에서 처음 만난 리타와 라이언은 어떻게 관계가 사라질 수 있는지, 어떻게 완전히 새로운 관계와 더 강하고 친밀한 관계가 나타날 수 있는지 그 과정에 온전히 사랑스럽게 헌신함으로써 이해했다. 리타가 라이언이 계속해서 바람을 피웠다는 것을 알게 된 후 그들은 부부 치료를 시작했고, 몇 번의 상담 후에 부부로서 기능하는 방식이 작동하지 않는다는 것을 깨달았다. 그들은 혼자로서 자신이 누구인지와 둘로서 누구인지를 배울 필요가 있었다. 그들은 기꺼이 그 일을 했다.

오늘날 리타와 라이언은 겪은 일을 부정하지 않고 그 일로 인해 부부로서 얼마나 성장했는지도 인정한다. 그들은 서로의 두려움과 과거의 트라우마를 이해한다. 서로를 위해 그곳에 있을 수 있고, 자기 필요를 전달할 수 있으며, 갈등이 있으면 관심을 좀 더 온전히 쏟는다. 지금 그들은 새로운 출발을 하고 둘 사이에 새로운 언약을 만들었다. 또한 의무감 때문이 아니라 소망을 가지고 진정으로 서로의 말을 듣고 함께 시간을 보낼 수 있는 공간을 만들었다.

더 깊은 영적 연결

우리는 PTG 단계를 거치면서 연결이라는 선물을 받아들였다. 자신이 삶의 거미줄과 서로 연결되어 있다는 것을 깨달았다. 우리는 중요하고 혼자가 아니다. 우리는 모든 것의 일부이고 모든 것은 우리 안에 산다. 우리는 조건 없는 사랑의 힘을 (자유롭게 주고 우아하게 받음으로써) 경험했다. 그리고 고통 속에서 다른 사람과 공유하도록 부름을 받는다고 느끼는 지혜를 발견했다.

분명히 말하지만 이것은 제도적 종교와는 아무런 관련이 없다. 사실 영성과 종교는 매우 구별되는 개념이다. 영성은 외부 자료에서 가져온 믿음의 문서 모음이 아니다. 그것은 모든 것에 대한 압도적인 일체감이며 우리가 자신보다 훨씬 더 큰 무언가에 속해 있다는 느낌이다. 그리고 그러한 깊은 상호 연결을 수용하면서 우리는 분열하는 대신 일체가 되는 방식으로 행동하기 시작한다. 나는 승려이자 존경받는 스승인 틱낫한Thich Nhat Hanh의 말을 좋아한다.

> 나와 상대방 사이 상호작용의 본질을 볼 수 있다면 그의 고통은 내 고통이 되고 내 행복은 그의 행복임을 알 수 있다. 이런 식으로 생각하면 여러분은 다르게 말하고 행동하게 된다. 이것은 그 자체로 많은 고통을 덜어줄 수 있다.

리사 밀러Lisa Miller는 임상심리학자이자 뇌와 영성 사이의 유전적 연관성에 대해 광범위하게 연구해 온 『각성한 뇌The Awakened Brain』의 저자다. 그녀의 영적 관계에 대한 이해는 내 이해와 일치한다. 그녀는 영성을 "다른 존재 또는 자연과 깊은 연결의 순간이다. 경외나 초월을 느끼는 것이다. 또한 놀라운 공시성synchronicity을 경험하는 것이다. 자신보다 더 위대한 것에 의해 붙잡히거나 영감을 받는 느낌이다"라고 정의한다.

영적으로 깨어난다는 것은 우리가 매우 의식적인 방식으로 자신과 다른 사람들, 그리고 세상과 연결되어 있는 존재의 상태로 들어가는 것을 의미한다. 이 연결은 우리를 감싸고 우리는 그것을 내부와 주변 모두에서 느낀다. 더 높은 의식을 정신, 보편적 의식, 자연 또는 통일된 힘의 장이라고 이해할 수 있다. 우리는 이 세상에서 더 깊은 목적의식을 포용하고 내 존재와 행동, 사랑으로 다른 사람들을 일으켜 세우겠다고 다짐하면서 일상생활에서 이러한 연결을 느낄 수 있다. 세대 간의 유대를 통해 그것을 느끼는 예도 있는데 이는 조상들의 지혜를 받고 그들의 투쟁을 초월하고 그들의 선물을 전달하기 위해 노력하며 발생한다. 그것의 존재가 우리의 미래가 되는 경우도 있는데 이는 경험으로 얻은 지혜를 후손들, 즉 우리 뒤를 따라올 사람들에게 물려주고 트라우마 주기가 반복되는 것을 막기 위해 노력하며 일어난다. 그리고 마지막으로 그것은 우리를 온통 둘러싸게 되는데 이는 우리를 신경 써주는 사람들뿐만 아니라 이의를 제기하는 사람까지 포함해서 가족, 친구, 지역사회와 사랑스럽게 서로 연결되어 있기 때문이다.

고통 속에서 의미 찾기

영성은 외상 후 전환의 필수적인 부분이다. 그것이 없다면 다시 고통에 빠질 가능성이 커진다. 나도 처음부터 이에 대해 확신을 가졌던 것은 아니다. 몇 년 전 내가 이 일을 시작했을 때만 해도 내 환자들이 트라우마를 받아들이고 삶을 회복하기 시작하며 삶의 조각들을 다시 모아 앞으로 나아가도록 핵심적인 믿음을 재구성하게 도우면 그것으로 충분하다고 생각했다. 하지만 나는 그 변화가 견고하거나 오래 지속되지 않는 것을 보았다. 뭔가 부족했다. 그들이 고통 속에서 의미를 찾을 수 있고 상처 속에서 지혜를 찾을 수 있지 않을까? 그들이 자기 경험이 무엇을 가르쳤는지 볼 수 있지 않을까?

나는 많은 환자가 자신과 삶에 대한 철학적이고 실존적인 질문을 기꺼이 탐구하는 것을 보고 기뻐하며 놀랐다. 나는 그들에게 이런 질문을 했다. "실존적인 차원에서 당신에게 무슨 일이 일어났는지 어떻게 이해합니까?" "무엇이 원동력이 되나요?" "무엇을 믿고 있나요?" 어떤 사람들은 자기가 무엇을 믿는지, 무엇이 정말 중요한지, 무엇과 가장 관련이 있다고 느끼는지 전혀 생각하지 않는다고 말했다. 특히 영성에 관해서는 더욱 생각이 없었다. 이전에는 아무도 그런 질문을 하지 않았다. 그들은 고통을 이해하고 트라우마를 다른 방식으로 이해하는 것이 이상할 정도로 자유로웠다고 말했다. 그들은 그 감정을 힘들지만 분명하게 표현할 수 있었고 영적인 연결과 연관성을 볼 수 있었다. 그들은 그 경험 속에서 너무 오랫동안 고립되어 혼자라고 느꼈다. 그래서 자신보다 더 큰 무언가의 일부라는 것을 깨닫는 것으로 믿을 수 없을 정도의 해방감을 느꼈다.

우리는 삶의 많은 측면에서 초월, 즉 영성을 경험한다. 어떤 사람들은 명상, 기도, 자연 속에 있거나 시나 영적인 글을 읽음으로써 평화와 통일감을 찾는다. 어떤 사람들은 자기 감각을 즐겁게 하는 활동을 자발적으로 해보면서 살아 있다는 것에 무한한 기쁨을 느낀다. 그리고 또 어떤 사람들은 예술, 음악 또는 스포츠에 온통 전념한다. 우리는 모두 그 순간에 몰두하면서 그 경험과 하나가 된다.

거칠고 열정적인 멕시코 예술가 프리다 칼로Frida Kahlo는 삶과 작품으로 항상 나에게 영감을 주는 사람이다. 그녀는 어렸을 때 의학을 공부하고 싶었지만 전차 안에서 끔찍한 사고가 나 척추가 산산이 조각나고 몸의 다른 부분이 짓눌려 학교를 포기해야 했다. 여러 번의 수술을 받은 후 몇 달 동안 움직일 수 없었던 그녀는 자기가 항상 원했던 것이 예술가였음을 깨달았다. 그녀는 침대 위에 누운 채로 그림을 그릴 수 있는 장치를 만들었다. 그리고 자신의 부서진 몸(트라우마)과 완전하고 강하고 아름다운 여성의 모습(그녀의 전환)을 묘사한 강력한 예술 작품을 만들기 시작했다. 프리다는 예술에 완전히 몰두했다. 그녀는 언젠가 "나는 나만의 현실을 그린다. 내가 아는 유일한 것은 내가 필요해서 그림을 그리고, 아무런 생각 없이 머릿속을 지나가는 것은 무엇이든 그린다는 사실이다"라고 말했다,

공시성

자신과 주변에서 일어나고 있는 일에 깊이 연결되고 각성한다면 어디에서나 공시성을 볼 수 있다. 이것은 우연이라기보다는 여러분이 보여주고 있는 개방성과 민감성 그리고 더 넓은 연관성에 주의를 기울이는 결과로 나타나는 현상이라서 겉보기에는 불가사의해 보인다. 예를 들어 스텔라는 PTG 단계를 거치고 있던 열네 살 때 아버지에게 그가 재혼하기를 바란다고 말했다. 물론 아무나하고 재혼하라는 것은 아니었다. 그녀는 내게 자기가 언니를 가지기를 원했고 동물을 돌보는 것을 무엇보다 좋아했으므로 딸과 개가 있는 친절한 여자가 아버지와 결혼하는 것을 상상했다고 귀띔했다. 일이 스텔라의 뜻대로 진행될 가능성은 거의 없었다. 하지만 결국 정확히 그 소망대로 스텔라에게 그 일이 일어났다. 삶을 하나의 고립된 사건의 연속 이상으로 봄으로써 우리는 더 넓은 렌즈를 통해 사물을 보고 분열 대신 연속성을 본다.

영성의 과학

내가 이야기하는 영적인 것과 상호 연결감의 경험이 신비롭고 난해하게 보일 수 있다는 것을 안다. 그러나 사실 영성과 정신 건강

의 연관성 분야에는 다양한 접근법을 통해 광범위한 연구와 시험이 있었다. 실제 영성이 투쟁의 결과로 현실에서 발전한다는 증거가 있다.

밀러Miller 박사는 14세에서 26세 사이의 아이들을 대상으로 진행 중인 연구에서 발견한 흥미로운 사실을 보여주었다. 그녀와 연구진은 26세가 되는 무렵까지 강한 개인적 영성을 가진 사람은 과거에 우울증을 앓았을 가능성이 2.5배 더 높다는 사실을 발견했다. 다시 말해 밀러 박사는 "영적 형성은 우울증에 대한 대안이 아니라 투쟁을 통해 나타나는 존재의 방식으로 보인다"라고 썼다. 더 놀라운 사실은 "26세까지 강한 영성을 가진 사람들은 향후 10년 동안 심각한 우울증의 재발이 75% 정도 덜 나타났다"라고 그녀가 지적한 점이다. 즉 영성은 주요 트라우마의 결과로 발전한다. 게다가 일단 뇌가 깨어나면 영성도 깨어나고 미래의 우울증과 트라우마 증상의 보호 요인이 되어 우리가 우울증에 걸릴 확률을 80%나 낮춘다.

밀러 박사는 계속해서 실제로 우리가 어떻게 신경학적으로 '트라우마를 통해 깨어나고 확장하고 변화하도록' 프로그래밍이 되어 있는지 설명했다. 그녀는 그것이 뇌의 뚜렷한 세 영역에서 나타난다고 말한다. 복측 주의ventral attention 신경망에서는 세계가 살아 있고 우리와 대화하는 것을 볼 수 있다. 전두측두frontotemporal 신경망에서는 타인과 삶 자체의 따뜻하고 사랑스러운 환대를 느낀다. 그리고 두정엽parietal lobe에서는 우리가 중요하고 소속되어 있고 결코

트라우마, 극복의 심리학

혼자가 아니라는 것을 알게 된다.

내 경험과 환자들의 경험을 통해 내가 진실이라고 알고 있는 것(그리고 밀러 박사의 신경학적 연구가 확인한 것)은 우리가 모두 영적인 연결을 할 수 있는 능력을 갖추고 있다는 사실이다. 우리는 우주가 말하는 것을 듣고 수용하고 사랑을 주고받도록, 그리고 자신보다 더 큰 무언가에 속할 수 있도록 줄이 연결되어 있다. 그리고 그 모든 것은 삶을 변화시키는 힘과 충격적인 과거를 치유하는 힘을 가지고 있다. 영적 인식은 우리 안에 항상 존재하는 것이다. 우리가 할 일은 영적 인식이 PTG를 통해 우리의 여정에서 진실하고 의미 있는 것과 연결되도록 도와줄 강력한 보호 요소라는 사실을 인식하고 기억하는 것이다.

학교 총기 난사 사건에서 살아남은 청년 알레한드로와 그의 가족을 함께 상담하면서 정말 놀라운 일이 일어났다. 엄청난 총기 난사 사건의 후유증을 겪은 알레한드로의 아버지는 정신적으로 깊은 깨달음을 얻었다. 그는 아직도 아들이 고통받고 있는 것을 보면 고통스럽다고 말하지만 아들을 쏜 젊은이에게도 아주 깊은 연민을 느낀다. 그 자신의 고통을 통해, 그 젊은이도 그렇게 많은 사람을 죽였으니 끔찍하게 고통받았을 것이라는 깨달음이 나왔다. 그가 재판에서 총격범과 대면했을 때, 무엇이 15세 아이로 하여금 그렇게 끔찍한 일을 저지르게 했는지 이해하고 싶어 했다. 알레한드로의 아버지는 그런 일이 다시는 일어나지 않기를 바라며 10대들의 부모와 연결하는 사명을 계속 수행하고 있다.

자비심 명상

우리가 모두 서로 연결되어 있다는 것을 깨달았을 때, 자신의 고통을 치유할 뿐만 아니라 다른 사람들의 고통을 덜어줄 책임이 있다는 것을 이해할 수 있다. 매일의 실천 일부로 이 자비심 명상을 함으로써 그 일을 할 수 있다. 불교 전통에 따르면 우리는 자신, 그리고 사랑하는 사람들뿐만 아니라 갈등이 있는 사람들에게도 친절과 연민을 보여준다. 다음은 전형적인 자비심 명상이다. 여기에 공감하는 다른 암송구를 자유롭게 추가해도 된다.

우선 편안한 자세로 앉아 편견 없이 온전한 마음으로 연습하겠다는 의도를 갖자. 정말 행복하고 편안하게 느꼈던 시간을 시각화하면서 자연스럽게 숨을 쉬며 몇 분을 보내자. 그리고 이제 조용히 다음과 같은 말을 하자.

내게 사랑의 친절이 가득하기를.
내가 평화롭게 느끼기를.
내가 안전함을 느끼고 해로움으로부터 보호받기를.
내가 건강하고 행복하기를.

자비에 사로잡힌 것처럼 느끼면서 이 암송을 몇 분 동안 계속해서 반복하자.

그다음에 암송을 세 번 더 한다. 첫 번째는 진심으로 사랑하는 사람을 위해서, 두 번째는 중립적이라고 느끼는 누군가를 위해서, 그리고 세 번째는 여러분이 정말로 힘들어하거나 몹시 싫어하는 사람을 위해서 한다. 각각의 경우에 '나'라는 단어를 '너'라는 단어로 대체하자. 한 사람 한 사람을 생각하며 이 암송을 하면서 마음속에 그들을 부드럽게 품을 수 있는지 살펴보자. 이 일이 항상 쉽지는 않겠지만(특히 여러분이 힘들어하는 사람에게) 괜찮다. 시간이 지날수록 더 쉬워질 수 있다. 계속하자.

목적과 의미

이 PTG의 기둥은 우리가 겪은 모든 투쟁, 우리가 해온 모든 일, 우리가 받은 모든 지혜의 정점이다. 우리가 경험한 모든 것은 우리를 자신, 다른 사람들, 그리고 세상과 진정하게 연결되는 이 순간으로 이끌었다. 우리는 삶을 더 명확하게 보고 의미 있는 관계를 즐기고 자신이 더 높은 힘에 연결되어 있다는 것을 안다. 자신과 좀 더 평화로워졌다. 세상에서 역할을 더 의식하고 더 의식적인 연결을 만들고 우리의 선물을 다른 사람들의 이익을 위해 사용하고 세상을 더 동정적이고 포용적인 곳으로 만들어야 할 책임이 우리에게 있다. 더 이상 작게 있을 수 없다. 우리에게는 더 높은 목적이 있다. 즉 세상에서 우리의 임무가 더욱 명확해졌다.

우리의 고통, 우리가 치유한 바로 그것이 목적을 이루도록 부채질한다. 내가 환자들에게 자주 말하듯이 그것은 우리의 '초능력'이 된다. 예를 들어 만약 누군가가 약하고 취약한 대상이어서 어렸을 때 괴롭힘을 당했다면 그들은 다른 어떤 사람도 다시는 괴롭힘을 당하지 않게 만드는 것을 자신의 사명으로 삼을 수 있다. 그들은 취약한 사람들을 옹호할 수도 있고 괴롭힘을 당하는 사람들이 트라우마에 빠졌을 때 도움을 줄 수 있는 봉사단체나 기회를 만들 수도 있다. 다시 말해 우리는 자신에게 다음과 같은 질문을 하도록 초대받았다. 트라우마에서 벗어나고자 했던 투쟁이 어떻게 우리에게 세상에 변화를 일으키도록 영감을 주는 것일까?

내 사촌 데비의 슬픔을 통한 개인적인 여정은 누군가의 초능력이 어떻게 사심 없는 봉사에 헌신하는 삶으로 이어졌는지를 보여주는 완벽한 예다. 다음은 그녀가 전하는 자신의 이야기다.

내 아버지는 강인하고 근면하며 선견지명이 있는 사람이었다. 사업가이며 지치지 않는 몽상가였고 낭만적인 시인이고 생을 사랑한 사람이었다. 그는 유대인 달력에서 가장 신성한 날인 욤 키푸르에 사망했다. 만약 아버지가 다른 날에 떠났다면 내가 어떻게 느꼈을지 모르겠다. 하지만 그날이 평범한 날이 아닌 특정한 날이라는 것을 알고 나서는 어떤 이상한 이유로 그가 기이

하고 특별한 존재였을 뿐만 아니라 우주가 그를 그렇게 인식했다고 생각하게 되었다.

정확히 1년 후 어머니가 길고 끔찍한 병으로 돌아가셨다. 내 어머니는 가족을 위해 모든 것을 바친 여자이자 순수한 마음과 진보된 영혼을 가진 빛의 존재였다. 말은 적었지만 바른말을 하는 여자였고 나의 가장 친한 친구이자 조언자이고 내 양심이었다. 희망을 잃지 말고 인간성을 믿으라고, 선은 항상 승리한다고 가르친 사람이었다.

내가 가장 사랑했던 보루를 잃은 육체적인 상실은 예상했던 대로 커다란 공허를 남겼다. 형용할 수 없는 이 공허함이 나에게 쉬르아니트ShirAnit를 만들 힘을 주었다. 쉬르아니트는 사랑하는 사람을 잃고 애도하는 첫 7일 동안 사람들을 돕는 비영리 단체다. 다른 사람을 위해 그곳에 있는 것은 나에게 새로운 목적을 주었다. 부모님을 기리는 것이 내 인생의 사명이 되었다. 내 행동에서 그들이 심어준 교훈을 보는 것이 부모님을 살아 있게 하는 나의 방법이다. 공허함은 여전하지만 우리를 하나로 묶는 순수하고 영원한 사랑은 나를 더 나은 사람으로 나아가게 하고 유산을 이어가게 하는 원동력이다.

데비의 깊은 슬픔은 사랑하는 사람을 잃은 다른 사람들의 고통을 덜어줄 방법을 찾도록 그녀를 움직였다. 그래서 그녀는 유대인 전통에서 시바shiva로 알려진 애도 절차를 겪고 있는 가족을 지원하는 쉬르아니트를 설립했다. 데비와 자원봉사자들은 일주일 동안의 의식을 위해 사람들의 집을 준비한다. 여기에는 공간을 마련하고 전통에 따라 모든 것을 정리하는 일이 포함된다. 때로는 음식을 준비해 가져오고, 때로는 조문객들과 함께 앉는 것도 포함된다. 데비는 그것이 부모님과 영적으로 연결되는 방법이었고 동시에 공동체에 돌려줄 수 있는 최고의 방법이었다고 말한다. 그리고 실제로 그녀는 우리가 세상에서 우리의 일을 영적 실천의 필수적인 부분으로 만들 때 어떤 일이 일어나는지를 보여주는 증거가 된다.

큰 고통을 견뎌낸 내 환자들이 자신들이 겪은 일에 감사하다고 말하는 것은 드문 일이 아니다. 사실 그들은 흔히 그 상태에서 아무 것도 바꾸지 않을 것이라고 말한다. 그들이 한때 자기를 파괴할 것이라고 확신했던 충격적인 경험 없이는 오늘날의 자기가 되지 못했을 그 상태를 말이다. 비록 자신의 상실을 슬퍼하고 있지만 그들은 고통이 새로운 것으로 다시 태어나게 했다는 깨달음을 가지게 되었다. 고통은 그들이 찾던 목적과 의미를 그들에게 주었다.

몇 년 전 내가 살고 있던 동네에 일어난 비극은 한 가족과 전체 공동체가 치유할 수 있는 촉매제가 되었다. 10대 두 명이 집 근처에서 자전거를 타다 그중 어린 친구가 모퉁이를 돌던 자동차에 부딪혔다. 그는 병원으로 급히 이송되었지만 며칠 치료받다가 결국 사망했다.

그가 아직 치료 중일 때 수백 명의 아이가 그의 창문 밖에서 밤을 새웠다. 그들은 촛불을 켜고 희망과 사랑을 표현하기 위해 만든 팻말을 들고 번갈아 가며 창가로 다가갔다. 그를 위해 노래를 부르고 함께 기도하고 서로 껴안았다. 그리고 그는 죽었다. 마을 전체가 비탄에 빠졌다. 그 아이는 무엇보다도 음악을 사랑했기 때문에 학교는 그를 기리는 음악 축제를 열었다. 몇몇 아이들은 나를 보러 와서 슬픔을 나누었고 또한 자기가 얼마나 그를 사랑하고 그로부터 얼마나 많은 것을 배웠는지 말해주었다. 그들은 다음과 같이 말한다. "우리는 삶을 훨씬 더 감사하게 생각해요." "다양한 방식으로 자체 조직을 만들었어요." "우리는 서로 더 좋은 친구가 되었어요." "우리는 이제 다른 아이들을 돕고 있어요. 학교에서 과외를 해주고 새로운 악기를 연주하도록 가르치고 음악 행사를 준비하게 도와주고 있답니다."

그의 어머니는 비슷한 경험을 한 다른 여성들을 지원함으로써 자신의 고통을 목적으로 바꾸었다. 동시에 그녀는 아들을 잃은 비탄에 계속 빠져 있다. 어떤 날은 침대에서 거의 일어날 수 없다고 한다. 다른 날은 지역사회로 나가서 다른 부모들과 이야기하고 슬픔뿐만 아니라 자신의 지혜를 공유한다.

테데스키는 우리가 겪은 모든 것에 중요한 이유raison d'être가 생기게 되면 비로소 그 고통이 참을 만해진다고 말한다. 그것은 고통이 사라졌다거나 과거 경험의 영향이 최소화되었다는 의미가 아니다. 우리가 헛된 고통을 겪은 것이 아니라 고통 속에서 자신의 목적을 찾을 수 있다는 뜻이다. 고통에서 의미를 만드는 가장 심오한 방법은 우리가 얻은 지혜를 가지고 다른 사람들을 섬기는 데 사용하는 것이다. 이 목적과 의미의 기둥 속에서 우리는 자기 안에서 해온 일을 더 의식적이고 동정적인 방식으로 세상으로 옮기고 있다. 우리는 자신과 우리가 원하는 것에 더 부합해진다. 이 정렬은 제각기 다른 여러 종류의 방식으로 나타날 수 있다. 그러나 기본적인 사실은 자신을 치유하고 관계를 치유하는 일이 세상을 변화시킨다는 것이고 이것은 다른 사람들을 돕고자 하는 우리의 소망에 연료가 된다는 것이다. 우리는 고통받는 것이 어떤 느낌인지 알고 있고, 다른 사람들이 그런 고통을 겪지 않게 하려고 할 수 있는 모든 것을 하고 싶어 한다. 우리의 특별한 상처에서 우리가 다른 사람들에게 줄 수 있는 연민의 치료제가 나온다.

책의 초반부에 나는 도미니카공화국 출신의 마리아를 소개했다. 마리아의 아버지는 그녀가 아홉 살 때 늙은 마술사인 브루조에게 딸을 팔았다.

노인은 그녀를 데려가서 약을 먹인 다음 폭력적으로 강간했다. 그녀가 견뎌낸 육체적인 고문은 너무 심각해서 그녀의 내면에 심각한 손상을 입혔다. 마리아가 회고록 『침묵을 말하다 Say No More (Yo Digo No Más)』에서 묘사한 것처럼 그녀에게 가해지는 감정적인 피해는 훨씬 더 충격적이었다. 치료에 수년이 걸렸지만 마리아는 자기 경험을 헛되지 않게 하리라 다짐했다. 다른 여성들을 돕기 위한 수단으로 사용할 것이었다. 무엇이 그녀에게 그러한 고통에서 의미를 만들 힘과 결단력을 주었을까? 마리아는 아들을 출산한 뒤 아들이 자기 트라우마의 '우발적인 희생자'가 될 수 있다고 느꼈다. 그녀는 다음과 같이 설명한다.

나는 엄마가 된 순간부터 어린 시절 경험이 남긴 유독한 후유증을 극복하기로 결심했다. 나는 과거에 대한 후회와 미래에 대한 걱정을 멈추고 현재를 즐길 것이다. 나는 내 역할을 피해자에서 주인공으로 바꾸고 내 이야기의 여주인공이 되기로 결심했다. 나는 비판을 거두고 인식을 선택했다. 변명을 피하고 내 문제가 아닌 내 목적에 집중할 것이다. 그리고 매 순간을 가치 있는 추억으로 만들기 위해 각각의 상황에서 선물이나 교훈을 찾을 것이다. 나는 삶을 통제하길 원했고 고통스러운 이야기를 승리와 깨달음의 일종으로 다시 적고 싶었다. 이 여정은 하루아침에 일어난 것이 아니며 곧은길이나 잘 포장된 길은 더더욱 아니었다. 나는 순탄한 항해의 순간뿐만 아니라 폭풍과 암초도 마주쳤다. 유일하게 계속된 일은 내가 앞으로 나아가기를 멈추지 않은 것이다. 나는 계속 성장했고 항상 더 멀리 도달하기를 열망했다. 내 원래 목표는 트라우마를 극복하고 개인적으로 성장하는 것이었다. 아이들을 제대로 키우고 교육하기 위해 자신을

| 치유한다는 구체적인 목적은 나에게 개인적인 도전이 되었다.

원래의 목적(학대의 순환이 자기 아이들에게 전달되지 않게 하는 것)은 다른 어떤 여성도 그러한 학대를 혼자 견디게 하지 않겠다는 훨씬 확장된 사명으로 변했다. 도움이 필요한 사람들을 위해 봉사를 계속 제공하리라 다짐했다. 그 약속의 하나로 그녀는 뉴욕에 포르메 의료 센터Formé Medical Center를 공동으로 설립해 취약한 히스패닉 공동체에, 특히 미국에 거주하는 불법 이민자에게 서비스를 제공했다. 최근에는 여성과 남성이 침묵을 깨고 학대에 관한 이야기를 할 수 있게 안전한 공간을 제공하는 온라인 플랫폼을 포함하는 #YoDigoNoMás 운동을 만들었다.[1]

우리는 모두 마리아처럼 자신뿐만 아니라 다른 사람들을 위해 큰 소리로 옹호하는 여러 훌륭한 사람들을 알고 있다. 그 목록은 끝이 없다. 특히 흑인 어머니들은 자신들의 엄청난 고통을 여러 번 행동으로 바꾸었다. 시브리나 풀턴Sybrina Fulton이 그들 중 한 명이다. 17세의 고등학생 아들 트레이본 마틴Trayvon Martin이 아버지가 있던 마이애미 동네를 걷다가 총에 맞아 쓰러진 지 얼마 되지 않아 시브리나는 활동가가 되었다. 그녀는 다른 어머니들이 그런 참을 수 없는 고통을 견딜 필요가 없도록 사람들의 마음과 정신, 법을 바꾸기로 결심했다. 시브리나는 슬픔 속에 가만히 있을 수 없다는 것을 알았다. 그녀는 "내 아들이 총에 맞아 쓰러져서야 내가 일어설 수 있

트라우마, 극복의 심리학

었다"라고 말했다.

처음에는 트레이본이 시브리나의 유일한 초점이었지만 그녀는
곧 자기 사명이 트레이본보다 훨씬 더 큰 데 있다는 것을 발견했다.
그녀는 총기 폭력, 아프리카계 미국인 청소년 권리 향상, 가족 지원
에 초점을 맞춘 트레이본 마틴 재단을 설립했다. 또한 시브리나는
매년 총기 폭력으로 아이나 가족을 잃은 전국의 100명 이상의 어머
니들이 함께 모이는 주말 어머니회Circle of Mothers weekend를 플로리
다에서 해마다 주최한다. "마음, 몸, 영혼을 치유하기 위해서죠. 우
리는 함께 웃고 함께 울고 서로 껴안습니다. 그렇게 하기 위해 서로
를 알 필요는 없습니다. 우리에게는 연민이 있으니까요. 남자들이
그렇지 않다는 것은 아니지만 함께 치유하는 것은 우리가 더 쉽답
니다."

인생의 목적 찾기

이키가이Ikigai는 고대 일본의 체계로서 자기 열정과 재능을
지속 가능하고 의미 있는 방식으로 자신의 목적과 통합할 수 있
도록 돕는다. 이키가이를 직역할 단어는 없지만 미쓰하시 유카
리Mitsuhashi Yukari에 따르면 본질적으로 이것은 '아침에 일어나
는 이유'이고 삶의 행복을 가져다주는 것을 말한다.[2] 팀 타마시
로Tim Tamashiro가 이키가이에 대해 설명하듯이 모든 사람은 자
신만의 이키가이를 가지고 있다. 하지만 그것을 스스로 찾기 위

해서는 시간, 노력, 그리고 자기 성찰과 자기 발견에 대한 헌신
이 필요하다. 다음은 이 여정을 시작할 때 고려해야 할 몇 가지
질문이다.

인생에서 가장 하고 싶은 일은 무엇인가?

무엇이 가장 큰 기쁨이나 만족을 가져다주는가?

쉽게 얻을 수 있거나 매우 잘할 수 있는 능력은 무엇인가?

사람들이 항상 주목하는 여러분의 특별한 재능은 무엇인가?

지금 세상에서 필요로 하는 것은 무엇인가?

어떤 일을 하면 봉사하며 수입을 얻을 수 있다고 생각하는가?

앞으로 나아가기

확실히 PTG는 항해하기 쉬운 길이 아니며 일직선의 길도 아니다.
나는 5단계 과정 전체를 나선형으로 보고 있다. 삶이 우리에게 도
전과 기회를 주듯이 5단계 과정도 나선을 그리며 위아래로 움직이
게 한다. 예를 들어 여러분은 어린 시절의 트라우마를 겪고 나서 수
년간 노력한 후에 이 단계에 도달했을 수 있다. 그러다 무너져 다시
원점으로 돌아간 것처럼 느끼게 하는 다른 무슨 일이 생길 수도 있
다. 괜찮다. 성장이 있다고 해서 고통이 없는 것은 아니다. 하지만
그것은 우리가 고통에 직면할 수 있을 만큼 충분히 능력이 있다고
느낀다는 것을 의미한다. 우리는 이전에 해본 적이 있으므로, 그리

고 이제 지원 체계에 더 연결되어 있다고 느끼기 때문에 이것을 할 수 있다는 것을 알고 있다. 우리는 관계를 가지고 있다. 우리는 자신과 다른 사람들에게 소속감을 느끼고 있다. 일단 지혜와 성장을 경험하고 나면 트라우마에 따라 그것을 초월할 수 있는 더 많은 도구를 마음대로 사용할 수 있다.

불교 전통에 흔히 부처가 한 말로 여겨지는 다음과 같은 말이 있다, 고통은 피할 수 없지만 괴로움은 선택이다. 우리는 대응 방법을 선택할 수 있다. 마지막 장에서 우리는 오래된 트라우마 반응에 빠지지 않도록 자신을 보호할 수 있는 몇 가지 요소와 실행 방법을 살펴볼 것이다.

PTG 여부를 확인하는 방법

1. 트라우마 경험 때문에 성장했다고 느끼는가? (트라우마는 주관적이라는 것을 기억하자.)
2. 삶에서 사소한 것들을 즐길 수 있는가?
3. 자신의 우선순위가 무엇인지 좀 더 명확하게 알고 있는가?
4. 자신의 관계가 더 친밀해지고 의미가 있다고 느끼는가?
5. 삶에서 다른 가능성을 탐구하기 위해 모든 위험을 감수하기 시작했는가?
6. 자기 삶의 이야기를 다시 쓰고 있는가?
7. 스스로 더 영적으로 연결되어 있다거나 의식하고 있다는

것을 발견하는가?

8. PTG 설문에서 47점 이상을 획득했는가(본문 뒤의 부록 참조)?

12장 ─
높은 곳에 머무르기

> 폭풍에서 나올 때 당신은 걸어 들어갔던 사람과 같지 않을 것이다. 그게 바로 이 폭풍의 전부다.
>
> - 무라카미 하루키

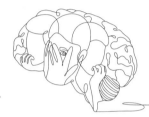

우리의 삶을 변화시키고 과거의 고통을 초월하기 위해 해온 일은 우리를 돌이킬 수 없이 변화시켰다. 우리는 부서졌다가, 정교한 킨츠기 도자기 조각처럼 더 강하게 나타났다. 상처 때문에 더 아름다워졌고 더 의식적이고 깨어 있으며 주변의 모든 것과 연결되어 있다. 현재 우리가 해야 할 일은 이 과정에 계속 전념해서 호기심을 갖고 개방적으로 지낼 수 있는 방법을 찾아 끊임없이 움직이고 성장하는 것이다. 다시 말해 높은 곳에 머무르는 것이다.

이 놀라운 성장과 인식의 여정을 거쳤다고 해서 다시는 트라우마를 겪지 않는 것은 아니다. 우리를 PTG의 약속된 땅으로 이끈 로드맵은 선형적이지도 않고 순차적이지도 않다. 그것은 각자에게 매우 개인적이고 독특하게 이뤄진다. 때로 앞으로 나아가는 대신 길을 잃고 빙빙 돌며 시작했던 곳으로 되돌아가는 자신을 발견한다. 예를 들어 가슴이 찢어지는 이혼으로 인한 트라우마를 성공적으로 처리하고 치유했을 수 있지만 직장에서 해고된 후 느낀 분노에 대해서는 전혀 대응해 본 적이 없을 수 있다. PTG는 새로운 장애물과 도전에 직면하지 않으리라는 것을 의미하지도 않고 그것들을 직면하는 데 두려움이나 슬픔, 도전을 느끼지 않는 것도 아니다. 고통은 인간 경험의 일부다. 그리고 그 어떤 것도 미래의 슬픔으로부터 우리를 보호할 수 없다. 예를 들어 전쟁으로 피폐해진 나라에서 겪은 경험을 통해 치유하고 성장할 수 있지만 사랑하는 사람이 자동차 사고로 목숨을 잃는다면 완전히 무너진다.

어떻게 PTG는 우리를 더 강하고 회복력 있게 만들 수 있으면서도 고통에 그렇게 취약하게 할 수 있을까? 우선 두 가지 사실을 동시에 열거할 수 있다. 하나는 우리는 영원히 변했지만 삶은 복잡하고 예측할 수 없다는 것이다. 이는 트라우마의 치유에 지속적으로 관심을 가져야 하는 이유가 된다. 아주 중요한 사실이 하나 더 있다. PTG 단계를 거치면서 우리는 그것이 실현 가능하다는 것과 실현하는 데 필요한 것을 가지고 있음을 의심 없이 알고 있다. 또한 그 과정이 자체적인 시간표를 가지고 있다는 점도 알고 있다. 서두를 수 없다는 것이다. 즉 너무 빨리 나아가려 하면 다시 트라우마를 받게 될 위험이 생긴다.

혁신적인 여정에서 이미 축적한 도구들은 영구적인 내부 동맹이 되었다. 우리의 타고난 변화의 힘을 일깨우고 성장을 유지하는 데 도움을 주는 보호 요소다. 이러한 전환의 핵심은 삶의 모든 측면에 나타나는 의식적인 연결이다. 모든 보호 요소는 이 연결에 한몫한다. 우리는 자신(우리가 개발하고 육성한 성격 특성)과 연결되어 있다고 느낀다. 이로써 더 개방적이고 유연하게 되며 호기심을 가질 수 있게 된다. 또한 가족(생물학적 또는 선택된), 친구와 공동체, 문화 및 조상 등 다른 사람들과 연결되어 있다고 느낀다. 그리고 모든 존재의 상호 연관성을 볼 수 있게 해주는 나보다 위대한 어떤 것, 즉 자연이나 더 높은 의식과 연결되어 있다고 느낀다.

지속 요인

이러한 특징은 PTG를 경험한 내 환자들에게 반복적으로 볼 수 있는 것이다. 물론 다른 특징도 있어서 그들이 지속적으로 성장 상태를 유지하고 보호하며 높은 수준을 유지하는 데 도움을 준다. 예를 들어 의도적 반추, 감정 지능, 개방성과 유연성 및 적응성, 새로운 회복력, 영적 인식 유지, 공동체와 소속감 유지하기, 봉사하기와 되돌려 주기 등을 들 수 있다.

의도적 반추

PTG를 겪어 강해지고 더 의식적으로 되어도 여전히 오래된 트라우마 반응으로 촉발될 수 있다. 오래전에 일어난 사건으로 되돌아 가게 하는 노래를 들을 수도 있다. 최근 마음을 아프게 한 누군가와 우연히 마주칠 수도 있다. 아니면 잊고 싶은 것을 떠올리게 하는 특정한 냄새를 맡을 수도 있다. 좋은 소식은 이제 그러한 촉발에 어떻게 대처하고 그것이 가르쳐 주는 지혜와 교훈을 어떻게 얻을 수 있는지 알고 있다는 것이다. 이것은 우리가 치유의 길을 가면서 개발한 기술인 의도적 반추 혹은 건설적 반추를 통해서 하게 된다. 의도적 반추는 경험에서 의미를 찾는 의도를 가짐으로써 문제를 해결하는 기술이다.

몇몇 연구에서는 건설적인 반추가 PTG를 유지하는 데 실제로 중요한 역할을 한다고 제안한다. 왜 그럴까? 그 이유는 건설적인 반추가 반복적이거나 강박적인 생각에 갇히지 않게 해 문제를 극복하고 해결책을 찾도록 도와주기 때문이다. 하루 중 특정 시간을 따로 두는 것은 의도와 목적을 가지고 특정 문제에 대해 창의적으로 생각하거나 도전할 수 있게 해준다. 2006년 스티븐 조지프와 P. 앨릭스 린리P. Alex Linley의 연구에서는 의미를 찾으려는 좀 더 의도적인 시도가 우리에게 일어난 일의 중요성과 삶에서 그것의 의미를 찾는 방법을 제공한다는 사실을 발견했다.[1] 다른 연구들은 의도적 반추 과정을 해당 사건 이후에 너무 빠르게 진행하면 효과를 보이지 않기 때문에 시기가 중요하다고 제안했다. 그러나 나중에 자기 회고의 수단으로 사용하면 치유와 성장으로 이어진다.

감사의 역할

가장 흥미로운 연구는 의도적 반추가 감사와 결합할 때 훨씬 더 강력한 효과가 있다는 것을 보여주었다. 감사는 의도적 반추의 효과를 강화하고 튼튼하게 한다. 반대의 경우도 마찬가지여서 의도적 반추는 감사를 증가시킨다.

이러한 연구는 경험의 끔찍한 정도와 상관없이, 그리고 여러 해가 지난 것과 상관없이 사람들이 종종 자기 경험에 감사한다는 생각을 지지하는 것처럼 보인다. 그들은 자기가 얻은 이익을 이해하고 감사할 수 있지만 여전히 고통을 느낀다. 행복을 넘어 전체적인 웰빙의 상태를 포괄하는 것이다. 반추를 건설적으로 사용하는 사람들은 충격적인 경험 후에 반추를 감사와 결합하여 고통스러운 경험이 인간이라는 의미 일부라는 사실을 훨씬 더 잘 받아들인다.

감정 지능

트라우마를 확인하고 만나고 치유할 수 있는 방법 중 하나는 더 높은 감정 지능을 개발하는 것이다. 이것은 과거 경험의 전후 사정을 이해하고 그것으로부터 배우는 방법이다. 감정 지능은 스트레스를 받고 압도당할 때 감정을 얼마나 잘 인식하고 이해하며 관리하는지 보여주는 척도다. 또한 다른 사람들이 말하고 느끼는 것을 인식하고 이해하는 방법이다. 그리고 자신의 감정이 다른 사람들에게 미치는 영향을 깨닫는 방법이기도 하다.

여러 연구에서는 성장을 통해 나아갈 때 감정 지능이 높아지며 감정을 관리하는 능력이 우리를 계속 높은 곳에 머무르도록 한다는 것을 확인했다. 높은 수준에 머무르기 위해서는 감정을 몸 안에 가둬두지 않고 감정이 일어나는 대로 표현하는 것이 매우 중요하다. 감정 지능을 통해 그것을 할 수 있는 어휘를 갖게 된다. 2011년 린리의 연구에서는 감정 지능에서 가장 높은 점수를 받고 동시에 자신의 감정을 표현한 사람들이 가장 높은 성장을 이루었다는 것을 보여주었다.

앞으로 나아갈 때 높은 감정 지능은 여러 가지 면에서 도움이 된다. 먼저 감정 지능이 커지면 자기 인식과 상황을 평가하는 능력이 향상한다. 이것은 우리를 적절하게 반응하게 하고 쉽게 촉발되지 않도록 도와준다. 다음으로 감정 지능은 내적 대화를 관리할 수 있는 도구를 제공한다. 예를 들어 부정적인 자기 대화self-talk의 구렁텅이로 빠져들 때 도움을 주는데 자기가 무엇을 느끼고 있는지 알아채고 잠시 멈추고 다시 교정하게 만들어 준다. 또한 2004년 하이파 대학의 심리학 명예교수인 모세 자이드너Moshe Zeidner가 이끈 연구에 따르면 감정 지능은 문제의 존재 자체를 부정하거나 그것이 가져오는 부정적인 감정에 사로잡히지 않고 더 나은 문제 해결 기술을 제공한다고 한다. 마지막으로 긍정적인 감정이나 낙관주의는 좋은 지지 관계와 함께 우리의 성장 능력을 향상한다.

감정 지능은 자신의 불안, 판단이나 반응을 다른 사람에게 투영

하지 않으면서 상대의 감정을 읽고 그들이 말하는 것을 인식하고 이해하도록 도와준다. 우리는 잠시 멈춘 채 말하는 것을 듣고 단어 뒤의 감정을 알아차리고(그러한 감정이 그다지 분명하지 않을 때도), 비난 과 수치심이라는 오래된 성장 전 습관으로 돌아가지 않고 반응하는 방법을 알고 있다. 좀 더 친절하되 판단하려 하지 않고 대응하면 타 인과의 연결을 강화하고 그들이 있는 곳에서 그들을 만날 수 있다.

개방성과 유연성 및 적응성

성장을 향한 여정을 시작하기 전에 우리가 자신과 세계에 대해 가졌던 핵심 신념 중 일부는 사라졌다. 우리는 의식적으로 그리고 의도적으로 더 이상 자신에게 통하지 않는 정체성에서 벗어나 새 로운 정체성을 갖게 되었다. 세상에 존재하는 새로운 방식을 개발 했고 예전의 우리로 돌아갈 생각이 없다. 자기 안에서 편안함을 느 끼고 자신이 누구인지(그리고 똑같이 중요한, 누가 아닌지)를 알게 됨으 로써 호기심과 유연성의 넓은 범위 내에서 탐험할 수 있는 자유로 움을 얻었다. 선禪의 거장 스즈키 로시Suzuki Roshi가 '초행자의 마 음beginner's mind'이라고 불렀던 것을 받아들일 때, 삶이 제공하는 모 든 것에 연결되고 깨어 있게 되며 준비된 가능성에 문을 열게 된다. 예를 들어 스스로 위험을 감수하는 사람이라고 생각해 본 적이 없 는 사람이 이제는 전에 시도해 본 적이 없는 것을 시도할 수도 있다. 또한 항상 어색하고 수줍음을 느끼는 사람이 자신의 껍데기에서 나와 결코 가능하다고 생각하지 않았던 방식으로 다른 사람과 연결되기도 한다. 또 다른 사람들은 자신의 창의적인 배출구를 찾거나 그림, 바느질, 조각, 춤, 글쓰기 등 상상력을 일깨우는 모든 것에 큰 기쁨을 느끼기도 한다. 이러한 긍정적인 성격 변화는 영구적인 것으로 보인다. 그뿐만 아니라 한 연구에 따르면 이러한 요소가 우울을 줄이고 상황을 더 잘 파악할 수 있게 하는 등 미래의 도전에 대처하는 방법에 차이를 만드는 것으로 보인다.

개방적이고 유연하며 적응력이 있다는 것은 호기심과 흐름에 따라 필요할 때 기어를 바꿀 수 있는 능력을 계속 갖게 한다. 그리고 현재 위치에 대해, 그리고 앞에 놓인 것에 대해 더 긍정적이고 낙관적인 태도를 갖게 한다. 2014년 한 연구는 대학생 256명의 긍정적인 성격 변화를 측정했다. 그 결과는 낙관적인 성격 변화, 세상과 그 안에 있는 자기 위치를 긍정적인 시각으로 보는 성격 변화, 그리고 강한 사회적 유대감을 갖는 성격 변화가 전부 PTG에 기여하는 것으로 드러났다. 또 다른 연구에서는 그러한 성격 변화가 실제로 지속적이라는 사실을 발견했다. 즉 우리가 무엇을 어떻게 생각하고 어떻게 느끼는지, 그리고 어떻게 행동하는지에 오랫동안 지속되는 변화를 만들어 낸다.

자신에 대해 발견한 모든 것은 마음과 정신을 성장시키고 확장해 준다. 우리는 삶의 변화와 도전에 더 실존적이고 더 적응력을 가진다. 이러한 '성장 사고방식'은 지성, 창의성, 우정과 사랑을 주고받

트라우마, 극복의 심리학

는 능력을 깊이 일깨운다. 우리는 무엇을 선택하든 계속해서 성장하고 배우고 더 높은 수준의 성취에 도달할 수 있는 자기 능력을 믿는다. 트라우마를 넘어 성장함으로써 우리는 전환할 힘을 갖게 되었고 모든 것을 마음먹은 대로 할 수 있게 되었다. 더 나아가 미래의 도전으로 오는 어떤 것에도 직면할 수 있는 힘과, 집중력, 그리고 회복력이 있다는 사실을 알게 되었다.

새로운 회복력

PTG에서 발달한 회복력은 우리가 겪은 모든 것의 결과로 얻은 중요한 특성이다. 이것은 지혜와 성장 후의 회복력이며 트라우마에서 치유되고 성장한 후에도 오랫동안 높은 수준을 유지하도록 도울 수 있다. 이것은 책 앞에서 이야기했던 회복력, 즉 사람들이 역경에 빠르게 적응하고 다시 회복하기 위해 사용하는 그런 종류의 회복력과는 다르다.

PTG로 가는 길은 회복력에서 시작되지 않는다. 대신 이러한 형태의 회복력은 우리가 개발하는 것이다. 즉 우리가 한 일의 결과로서 투쟁을 통해 나타난다. 이런 회복력은 개인적인 힘의 일부가 되기도 한다. 그것은 우리에게 이것에서 살아남을 수 있다면 무엇에서든 살아남을 수 있겠다고 느끼게 한다. 테데스키는 PTG 회복력을 다음과 같이 정의한다.

회복력과 PTG 사이의 중요한 관계는 그가 한동안 PTG 과정을 겪은 후에 나타난다. 핵심 신념이 더 나은 형태로 재건될 때 그들은 미래의 트라우마를 더 잘 견딜 수 있다. 그러므로 강한 핵심 신념을 가진 사람들은 회복력이 점점 강해진다. 결과적으로 PTG가 회복력으로 가는 길을 제공한다고 말할 수 있다.

영적 인식 유지

인간성의 전적인 공유를 경험하면 자신과 다른 사람들 사이에 분리가 없다는 것을 알게 된다. 그들의 기쁨을 느끼고, 고통을 외면하는 것이 불가능해진다. 모두 하나가 된다. 알베르트 아인슈타인이 한때 말했듯이 그렇지 않다고 믿는 것은 '의식의 광학적 망상optical delusion of consciousness'이다.

PTG에서 경험한 이러한 고취된 영적인 감각은 삶의 모든 측면에 영향을 미쳤다. 자신을 돌보는 방식과 삶에서 사람들에게 보여주는 관대함과 부드러움에서부터 삶에서 사명을 완수하기 위해 했던 헌신에 이르기까지 우리가 취하는 모든 행동에 영향을 미쳤다. 지난 장에서 논의했듯이 1990년대 후반 리사 밀러 박사가 주도한 연구에 따르면 영적인 유대감을 유지하는 것은 높은 곳에 머무르기 위한 가장 강력한 방법이다. 특히 어떤 연구 결과에서는 영적인 면에서 뛰어난 사람이 과거에 큰 우울증을 겪은 경우, 우울증의 재발에서 90%나 보호받았다는 사실을 보여주었다. 밀러 박사가 자신의 책에서 설명했듯이 그들은 "영적인 반응을 배양했다".

내가 이 연구에서 흥미롭게 본 것은 현재와 미래의 트라우마로부터 우리를 가장 잘 보호할 수 있는 것으로 밝혀진 영성의 구체적인 표현이었다. 즉 관계적 영성(이웃에 대한 이타주의와 사랑을 실천하는 것)과 영성의 세대 간 전달(특히 어머니나 할머니로부터 딸에게 '영적 성화the spiritual torch'를 전달하는 것)이 그것이다.

관계적 영성

밀러 박사의 연구는 친절과 사심 없는 봉사를 실천하거나(이타주의) 이웃을 내 몸처럼 사랑함으로써(전해 내려오는 황금률) 타인과 연결될 때 감정적 자극을 처리하고 추론과 계획과 기분을 담당하는 뇌의 부분인 피질 뇌(대뇌피질)가 두꺼워진다고 제안했다. 실제로 밀러 박사는 영적인 뇌가 건강한 뇌이며 특히 관계적인 영성이 우울증을 치료할 수 있다고 믿는다. 모든 트라우마는 관계적이기 때문에 트라우마에는 내가 하는 일과 일치하는 것이 있다. PTG를 통한 치유 여정도 마찬가지다. 나는 이것이 내 환자들의 삶, 특히 과거 때문에 마비된 채 갇혀 있는 환자들에게 미치는 영향을 확실히 보았다. 내가 그들에게 도움이 필요한 누군가를 돕도록 격려했을 때 그들은 단순한 이타주의적 행동 하나가 얼마나 자신의 관심을 고통으로부터 멀어지게 하는지를 보고 놀랐다. 레프 톨스토이의 유명한 말처럼 "친절은 우리의 삶을 풍요롭게 한다. 친절함으로 신비한 것이 분명해지고 어려운 것이 쉬워지며 따분한 것이 신나는 일이 된다".

영성의 세대 간 전달

영성의 보호 효과가 세대를 통해 전해질 수 있다는 생각은 특히 매력적이다. 이 개념은 인간이 유전적으로 영성에 기울어져 있고 그것이 우울증과 다른 트라우마 반응으로부터 우리를 보호할 수 있다는 이해에서 시작된다. 분자생물학자 딘 해머Dean Hamer는 자신의 책 『신의 유전자, 믿음의 생물학적 증거The God Gene: How Faith Is Hardwired into Our Genes』에서 인간의 영성은 선천적인 유전 요소를 가지고 있다고 설명한다. 이는 '인간이 영적인 성향을 물려받는다는 사실'을 가리킨다.[2] 영성이 선천적이라는 사실을 인식하는 것은 천성과 양육을 연결하고 생물학과 행동학을 연결함으로써 일상에서 의도적으로 영적 능력을 배양해 준다.

밀러 박사의 연구에서는 어머니와 아이 사이에 어머니의 영적인 삶이 공유되면 아이가 우울증으로부터 80%나 보호된다는 사실을 보여주었다.[3] 계속해서 밀러는 『각성한 뇌The Awaken Brain』에서 우울증에 대한 다른 모든 변수(어머니의 우울증, 가난, 나쁜 가정환경, 그리고 와해된 육아 형태)에도 불구하고, 세대 간 영성 전달은 여전히 80%의 보호 혜택을 보인다고 말했다. 세대 간 영성은 조상의 지혜와 깊은 연결을 유지하는 방법이다. 영적인 실천을 키움으로써 그 지혜를 자녀와 손자들에게 물려줄 수 있고 그들이 PTG에 머물 수 있도록 도울 수 있다.

공동체와 소속감 유지하기

우리는 이제 관계 속에서 치유하고 성장하고 변화한다는 것을 자각하고 있다. 트라우마가 고립을 가속화하고 다른 사람과 연결을 줄인다는 것을 알고 있다. 또 우리가 번영과 성장을 위해 인간의 손길(신체적인 것뿐만 아니라 감정적이고 지적인 것까지)이 필요한 관계적 존재이자 사회적 존재라는 것을 알고 있다. 더불어 우리가 영적인 존재로서 더 큰 삶의 그물망 일부라는 것도 이해한다. 그리고 세상에서 중요한 역할을 해야 한다는 것도 알고 있다. 우리는 서로의 '다름'뿐만 아니라 '같음'을 축하하고 포용하며 신성하게 할 수 있다.

이러한 일체감은 우리가 결코 혼자가 아닌 것처럼 느끼게 하는 보호 요소다. 고독하게 있으면서도 주변의 모든 것, 삶의 모든 것, 그리고 앞에 올 모든 것에 깊은 연결을 경험할 수 있다. 실제로 혼자 있는 시간은 중요한 의미를 갖는다. 그 시간은 내면의 대화에 귀를 기울이고 동시에 외부 세계가 제공하는 것을 경험할 기회를 제공한다. 만하임 대학의 연구자 로라 마리 에딩거 쇤스Laura Marie Edinger-Schons가 이끈 한 연구에서는 '고차원의 일체감'을 가진 사람들이 더 큰 삶의 만족감을 느낀다는 것을 보여주었는데 이 만족감은 연구가 끝난 지 한참 후에도 남아 있었다. 그녀는 이러한 일체감에 대한 믿음이 "종교적 믿음보다 삶의 만족도를 훨씬 더 잘 예측할 수 있다"라며 여러 가지 방법(자연 속에 있기, 서핑, 요가, 음악 만들기, 몰입하기)으로 일체감을 경험할 수 있다고 썼다.[6]

우리는 종종 가족(생물학적 가족이든 선택한 가정이든)과 함께 있을 때 가장 큰 지지를 받는다. 받아들여지고 인정받는 것을 느끼고 다른 누구와도 할 수 없는 방식으로 자신이 될 수 있다. 또한 공감하는 사람들(직장, 부족이나 지역사회, 심지어 가끔 길에서 마주치는 사람들)과 어울릴 때 지지받고 필요한 사람이 되고 살아 있다고 느낄 수 있다. 연결은 성장에 영양을 공급한다. 우리는 자연에서 이런 상호 연결을 언제나 볼 수 있다. 예를 들어 나무들이 서로 의사소통하고 돌보는 방법에 대한 여러 글이 있다. 나무는 전체 숲의 건강에 중요한 정보를 공유하는 사회적 네트워크의 일부다. 브리티시 컬럼비아 대학의 생태학 교수 수잔 시마르Suzanne Simard에 따르면 나무는 '중요한 시기에 건강을 위해 서로 영양분을 공유하는 것'으로 알려져 있고 이는 종을 넘어서도 일어난다. 어머니 나무 혹은 '중심hub' 나무는 뿌리 체계 안에 사는 균류나 균류에 의해 촉진되는 상호 연결망을 통해 다른 나무들을 돌본다. 균류의 식물성 부분인 실 모양의 마이셀륨mycelium은 사회적 군집의 좋은 예다. 마이셀륨의 연결망은 적절한 영양분을 최적의 시기에 필요한 식물에 전달하면서 자연계의 중요한 정보 초고속도로 역할을 한다. 이것은 상호 연관성의 아름다운 예다.

또한 우리는 삶에서 공동체 내의 보호와 돌봄의 연결을 보기도
한다. 주민 센터, 농산물 시장, 카페, 음악회 장소, 그리고 기타 공공
장소는 더 큰 공동체의 일부가 될 기회를 제공해서 우리가 고립된
곳으로 후퇴하는 것을 막아주는 소속감을 제공한다. 의식적으로 공
동체를 만들거나 한 공동체의 필요한 일부가 되는 여러 방법이 있
다. 간혹 만나는 친구들이 있다면 그들과 함께 있을 때 다른 누구와
도 할 수 없는 방식으로 자신이 될 수 있다. 또한 구성원들이 문화
적 정체성을 공유하는 공동체에 들어갈 수도 있다. 사명을 공유하
는 다른 사람과 같이 실천하고 철학적이거나 실존적인 질문을 탐구
하기 위해 만나는 영적인 공동체 또는 의도적 공동체에 들어갈 수
도 있다. 흔히 목적이 일치하면 자연스럽게 같은 욕망이나 의도를
가진 다른 사람에게 끌리며, 어떻게든 그들이 우리를 발견하고 불
러들인다. 이것은 우리에게 *"나는 이 일에 혼자가 아니며 함께 변화
를 만들 수 있다"*라고 말하는 소속감을 준다.

지속적인 PTG를 위한 가족과 사회적 지원 및 연결이 중요하다는
것을 보여주는 여러 연구가 있다. 어떤 연구에서는 '인간의 근본적
인 동기'로서 소속될 필요성을 확인했고 다른 연구는 소속감의 감
소가 우울증의 증가와 관련이 있다는 것을 보여주었다. 또 다른 연
구에서는 사회적으로 연결된 것이 수명을 늘리고 불안감을 감소시
키며 사람들을 더 신뢰하고 공감하게 한다고 했다.

중요한 점은 소속감을 경험하겠다고 달력에 모임 일정이 꽉 찬

외향적인 사람이 될 필요는 없다는 것이다. 천성적으로 수줍어하거나 내성적인 사람도 여전히 다른 사람과 연결될 수 있다. 왜냐하면 연결은 의미 있는 느낌, 신체의 감각, 그리고 때로 정신이 연결되는 것이기 때문이다. 『행복의 궤도The Happiness Track』의 저자인 에마 세빨라Emma Seppälä는 《사이콜로지 투데이》에 기고한 글에서 다음과 같이 설명했다.

> 연구자들은 연결의 이점이 실제로 주관적인 연결 감각과 연결되어 있다는 것에 동의한다. 다른 말로 하자면 만일 내면적으로 다른 사람들과 연결되어 있다고 느낀다면 그 혜택을 얻게 된다!

보통 소속감은 일방통행이 아니다. 공동체 내에서 지지와 경청을 얻고 사랑받는다고 느끼면, 그 대가로 다른 사람을 지지할 기회를 받아들인다.

봉사하기와 되돌려주기

우리는 봉사로 성장을 유지한다. PTG를 겪으면서 배운 것을 다른 사람과 공유하고 싶은 열망이 생기지 않는다는 것은 거의 불가능하다. 자신과 다른 모든 존재 사이에 분리가 없다는 사실을 이해하게 되면 우리는 다른 사람의 고통을 완화하기 위해 할 수 있는 것을 해야 할 책임을 느낀다. 누구도 우리가 지나온 길과 고통을 다시 경험하지 않게 하겠다는 목표를 다지게 된다. 반대로 다른 사람을 도움으로써 자신이 사는 세상에 대한 가치와 신뢰, 긍정이 증가한다.

정신과 마음을 전환하는 것은 세상을 치유한다. 그리고 그 목표를 달성하는 데 도움이 되는 여러 가지 방법이 있다. 우리의 사명에 따라(그리고 세상에 나타나는 방식에 따라) 비영리 단체를 만들거나 시위를 조직하거나 소외된 사람들과 협력하거나 문제에 대해 공개적으로 목소리를 내는 등 우리의 행동을 확장하거나 공개적으로 실천할 수 있다. 이 책에는 트라우마를 봉사로 바꾼, 영감을 주는 사람들의 사례가 많이 소개되어 있다. 봉사에 관여하는 방법에 상관없이 자신의 행동 역시 성장 상태를 유지할 수 있게 도울 수 있다.

많은 사람이 규모가 크고 공적인 방식으로 봉사를 시작하기도 한다. 어떤 사람은 자신의 고통을 좀 더 친밀하지만 영향력은 덜 한 방식으로 바꾼다. 그리고 그런 식의 친절한 행동은 처음 의도를 훨씬 뛰어넘어 퍼질 수 있다. 이들은 다른 사람이 하지 못할 때 타인을 위해 나타나는 일상의 영웅들이다. 내가 아는 한 젊은 여성은 개인 요리사로서 이러한 영웅 중 한 명이다. 이 여성은 돈이 충분치 않아 음식을 살 수 없을 만큼 파란만장한 어린 시절을 보냈다. 그녀는 누군가가 힘들거나 약간의 도움이 필요한 때를 직감하는 것처럼 보인다. 몸이 조금 불편한가? 그녀가 여러분의 다음 세 끼 식사를 준비하고 배달해 줄 것이다. 어디 갈 데가 있는가? 그녀가 태워다

줄 것이다. 그녀는 상대의 말에 귀를 기울인다. 그녀의 관대한 정신은 온정이 많고 행동 지향적이다.

우리가 세상의 고통을 알아차리면 의식적으로 가장 최선의 일을 할 수 있다고 생각하는 곳에 의도를 집중할 수 있다. 우리가 (멘토, 교사, 치료사, 친구 또는 가족으로서) 그렇게 할 수 있을 때 그 노력의 효과는 우리의 영향력 범위를 훨씬 넘어서는 것으로 느껴진다. 우리는 세상을 바꾸고 있다. 어디에서나 이 파급 효과의 예를 볼 수 있다. 새로운 이민자가 올 때마다 다른 가족이 정서적으로나 재정적으로 함께 지지해 주며 환영한다. 멘토나 상담사들이 아이를 바로잡을 때마다 그들은 그 아이가 괴롭힌 다른 아이들에게서 그들이 바로잡은 공통점을 발견한다. 여성이 학대받는 결혼생활에서 성공적으로 탈출할 때마다 그녀는 여전히 어려움을 겪고 있는 다른 여성을 위해 봉사와 지원을 하기로 결심한다. 자기 삶이 바뀐 사람은 다른 사람을 돕고자 하는 욕구가 강해지면서 선행을 실천한다. 트라우마에 대한 초점 대부분은 그것이 가하는 고통과 괴로움, 그리고 그것이 남기는 부수적인 피해에 맞춰져 있다. 내 환자 한 명이 현명하게 표현했듯이 이 모든 것은 트라우마가 부수적인 아름다움도 가져온다는 사실을 보여준다. 치유의 과정은 지혜와 성장과 변화를 동반하고 자신, 다른 사람들, 그리고 세상과 더 깊은 연결을 가져온다.

더 큰 선善을 위해 봉사하려는 이러한 헌신은 죄책감이나 수치심에서 오는 것이 아니며 증명해야 할 무언가가 있어서 오는 것도 아니다. 그것은 우리의 경험을 이해하려는 연민과 연결의 장소에서 비롯된다. 트라우마 후에도 계속해서 성장하고 상승하는 비결은 자신에게 진실해지려는 다짐이자 지혜를 공유하려는 헌신이다. 자신의 사명과 진정으로 일치하면 결국 다른 사람의 고통을 완화할 수 있다. 그렇다면 어떻게 그것을 할 수 있을까? 불교 명상 선생님인 랄프 델 라 로사Ralph De La Rosa가 말했듯이 "여러분 마음의 상처를 따라가자. 이 삶에서 여러분을 무너뜨린 것이 무엇이든 간에 아직도 그것에 붙잡힌 사람들에게 마음과 노력을 바치러 가자". 그때야말로 여러분이 마음을 따라 진심으로 헌신적인 봉사를 실천하고 있다는 것을 알게 되는 때다.

정서적, 사회적 고립의 시대에 온갖 종류의 팬데믹 트라우마로 인해 더 큰 상처를 받은 사람은 PTG의 단계를 겪으면서 각자 더 친밀하게 연결되고 더 큰 소속감을 느끼고 공동체에서 더 활동적으로 참여하고 목적의식을 갖게 되고, 관계를 더 소중하게 여길 수 있다. 바야흐로 더욱 밀접하게 얽히고 의식적인 새로운 세계가 태동하고 있다.

트라우마, 극복의
심리학

- 외상 후 성장 조사지
- 외상 후 전환 질문지

외상 후 성장 조사지 PTGI

리처드 테데스키·로런스 캘훈

테데스키와 캘훈은 PTG와 자기 개선을 평가하기 위해
외상 후 성장 조사PTGI, the Posttraumatic Growth Inventory를 개발했다.
테데스키의 다섯 가지 요인 모델을 기반으로
구축한 21개 항목의 이 조사는 심각한 스트레스에 직면한 뒤 나타나는
개인 성장을 평가하는 데 가장 유효하고 신뢰할 수 있는 자원이다.
조사에 포함된 진술은 다음의 다섯 가지 요인과 관련이 있다.

요인 I	요인 II	요인 III
타인과의 관계	새로운 가능성	개인적인 힘

요인 IV	요인 V
영적 향상	감사

21개 항목은 각각 다섯 가지 요인 중 하나에 해당하고
그에 따라 점수가 매겨진다. 점수의 합은 PTG의 수준을 나타낸다.
이 척도의 장점은 다섯 가지 요인에 따른 점수의 분류가
우리에게 자기 계발의 어느 영역이 우세하고
어느 영역이 조금 뒤처지는지 보여준다는 것이다.
예를 들어 총점이 높으면 그 사람이 긍정적인 변화를 겪었음을 의미한다.
그러나 각 부분의 점수를 자세히 살펴보면 무엇이 크게 변화했는지
그리고 자아의 어떤 측면에 여전히 개선이 필요한지
좀 더 심층적인 통찰력을 얻을 수 있을 것이다.
처음에 PTGI는 심각한 스트레스를 주는 생애 사건에서 나오는 바람직한 결과를
측정하기 위해 개발되었다. 그러나 시간이 지나면서
참가자에게 미래 행동에 대한 방향을 제공하고
자기 개선의 범위를 제안하는 검사로 더 인기를 얻게 되었다.

트라우마, 극복의 심리학

앞서 언급했듯이 PTGI는 21개 문장으로 구성되어 있으며 각각은 테데스키와 캘훈이 초기 제안에서 언급한 다섯 범주 중 하나에 속한다. 참가자는 다음과 같이 6점 척도로 점수를 표시한다.

- 0점 — 나는 내 위기의 결과로 이러한 변화를 경험하지 못했다.
- 1점 — 나는 내 위기의 결과로 이러한 변화를 아주 작은 정도로 경험했다.
- 2점 — 나는 내 위기의 결과로 이러한 변화를 약간 경험했다.
- 3점 — 나는 내 위기의 결과로 이러한 변화를 중간 정도로 경험했다.
- 4점 — 나는 내 위기의 결과로 이러한 변화를 크게 경험했다.
- 5점 — 나는 내 위기의 결과로 이러한 변화를 아주 크게 경험했다.

검사 항목은 다섯 가지 요인의 별로 다음과 같이 구성된다.

요인	항목 번호
I — 타인과의 관계	6, 8, 9, 15, 16, 20, 21
II — 새로운 가능성	3, 7, 11, 14, 17
III — 개인적인 힘	4, 10, 12, 19
IV — 영적 향상	5
V — 감사	1, 2, 13

어디에서 척도를 얻을 수 있을까?

PTGI는 온라인에서 널리 이용할 수 있다. 다음은 그 양식을
간략하게 나타낸 것이다.

점수

0 1 2 3 4 5

1. 나는 인생에서 무엇이 중요한지에 대한 우선순위를 바꾸었다.
2. 나는 내 삶의 가치에 대해 더 큰 감사를 느낀다.
3. 나는 새로운 관심사를 개발했다.
4. 나는 더 커진 자립심을 느낀다.
5. 나는 정신적인 문제를 더 잘 이해하게 되었다.
6. 내가 어려울 때 사람들에게 의지할 수 있다는 것을 좀 더 확실히 알게
   되었다.
7. 나는 내 삶의 새로운 길을 개척했다.
8. 나는 다른 사람들과 친밀감이 커졌다.
9. 나는 내 감정을 더 기꺼이 표현한다.
10. 나는 내가 어려움을 처리할 수 있다는 것을 안다.
11. 내 인생에서 더 나은 일을 할 수 있다.
12. 나는 일이 진행되는 방식을 더 잘 받아들일 수 있다.
13. 나는 하루하루를 더 잘 감상할 수 있다.
14. 내가 변하지 않았다면 없었을 새로운 기회를 이제 이용할 수 있다.
15. 나는 다른 사람들에게 더 많은 동정심이 생겼다.
16. 나는 내 관계에 더 큰 노력을 기울인다.
17. 나는 변화가 필요한 것들을 바꾸려고 더 노력한다.
18. 나는 종교적 믿음이 더 강해졌다.
19. 내가 생각했던 것보다 더 강하다는 것을 발견했다.
20. 사람들이 얼마나 멋진지에 대해 많이 배웠다.
21. 도움이 필요하다는 사실을 더 잘 받아들이게 되었다.

점수를 모두 합산하자.
47점 이상의 점수는 PTG로 도약했음을 나타낸다.

외상 후 성장 체크리스트

트라우마, 극복의 심리학

외상 후 전환 질문지

스티븐 조지프

현재의 자신에 대해 어떻게 느끼는지 생각해 보자. 다음 각 진술을 읽고 트라우마로 인해 어떻게 변화했는지 평가한다.

점수

5 지금은 훨씬 더 그렇다.

4 지금은 조금 더 그렇다.

3 이것에 대해 예전과 같은 느낌이다.

2 지금은 조금 덜 그렇다.

1 지금은 훨씬 덜 그렇다

진술

1. 나는 내가 좋다.
2. 나는 내 의견에 자신이 있다.
3. 나는 삶의 목적의식을 가지고 있다.
4. 나는 내 인생에서 강하고 친밀한 관계를 맺고 있다.
5. 나는 내 삶을 통제할 수 있다고 느낀다.
6. 나는 도전해 오는 새로운 경험에 열려 있다.
7. 나의 장점과 한계를 모두 가지고 있는 지금의 나를 받아들인다.
8. 다른 사람들이 나를 어떻게 생각하는지 걱정하지 않는다.
9. 내 인생은 의미가 있다.
10. 나는 인정이 많고 베푸는 사람이다.
11. 나는 인생에서 생기는 책무를 잘 처리한다.
12. 나는 항상 나에 대해 배우려고 노력한다.
13. 나는 자신을 존경한다.
14. 나는 다른 사람들이 동의하지 않더라도 나에게 중요한 것이 무엇인지 알고 있고 내 태도를 고수할 것이다.
15. 내 삶이 가치 있고 내가 무언가에 가치 있는 역할을 한다고 느낀다.
16. 내 인생에 나를 아껴주는 사람들이 있다는 것에 감사한다.
17. 나는 인생에 닥쳐오는 것들에 대처할 수 있다.
18. 나는 미래에 대해 희망적이고 새로운 가능성을 기대한다.

©Joseph S., Maltby J., Wood A.M., Stockton H., Hunt N., Regel S (2011) The Psychological Well-Being-Posttraumatic Changes Questionnaire (PWB-PTCQ): Reliability and Validity. Psychological Trauma: Theory, Research, Practice and Policy. August 15, 2011. doi: 10.1037/a0024740

트라우마, 극복의 심리학

인생의 다른 모든 것과 마찬가지로 책 쓰기도 관계와 협력이 중요한 작업입니다. 헌신적인 사람들의 협력과 비전이 필요합니다. 이 여정에 그런 분들이 있었다는 것에 무한한 감사를 드립니다.

처음부터 나를 믿어준 에이전트 재키 애슈턴에게 감사를 드리고 싶습니다. 재키는 조용하게 뒤에서 받쳐주며 섬세하고 효율적으로 모든 일을 처리했습니다. 그 방식에 감사드립니다. 하퍼콜린스의 세라 펠즈보다 더 친절하고 통찰력 있는 편집자는 없을 것입니다. 내가 더 깊이 파고들도록 격려해 준 여러 방법과 그녀가 만든 모든 통찰력 있고 정확한 편집에 대해 감사드립니다. 하퍼콜린스의 전체 팀은 놀라웠습니다. 제작 작업을 조율하고 모두가 순조롭게 일을 진행하게 해준 에마 피터스에게 감사를 표합니다.

예리한 안목과 절묘한 감수성으로 이 책을 생생하게 만드는 데 도움을 준 친애하는 린다 스패로위에게도 감사를 드립니다. 협력

트라우마, 극복의 심리학

해 준 것에 고마움을 전하고 내 메시지를 전달할 올바른 단어를 찾도록 참을성 있고 사랑스럽게 안내해 준 것에 대해서도 감사드립니다. 당신은 이 여정의 진정한 동반자이자 진정한 친구였습니다.

이 책에 대한 아이디어는 내가 PTG에 관한 박사 학위 논문을 쓰던 20여 년 전에 시작되었습니다. 하지만 모든 것이 자리를 잡고 아이들이 자라고 내 상담실이 제대로 운영되고 나서야 책이 형태를 갖출 수 있었습니다. 운 좋게 그 초창기에 나는 잊을 수 없는 몇몇 선생님에게서 배우고 조언을 받을 수 있었습니다. 젊은 대학원생인 나를 지도해 주고 자신감을 느끼게 해준 카를 아우어바흐에게 감사드립니다. 지난 25년 동안 여러분의 지혜와 인내와 지원을 계속해 준 것에 대해 정말 감사드립니다. 트라우마 후에 성장하며 번창하는 사례인 브롱크스의 캄보디아 난민 커뮤니티를 소개해 주신 몬테피오레의 앨빈 앳킨스와 사회복지사 조이스 웡에게 감사드립니다. 그리고 마음을 터놓고 나를 신뢰하며 함께해 준 캄보디아 주민들께도 감사드립니다. 여러분은 나에게 많은 것을 가르쳐 주었습니다. 훌륭한 멘토가 되어주신 케네스 하디에게도 감사드립니다. 트라우마의 순환을 끊기 위한 당신의 용기와 흔들리지 않는 헌신은 내 작업에 영감을 주었습니다.

잭 사울과 함께 일하고 그에게서 배울 수 있었던 모든 기회에 감사드립니다. 고문 생존자를 위한 벨뷰 프로그램과 뉴욕시의 ITSP에서 함께한 시간은 트라우마에 대한 이해와 트라우마 후 성장에 관한 연구에 모두 중요한 역할을 했습니다. 당신의 통찰력 있고 소박한 조언은 여러 면에서 지속적인 가치가 있습니다. 당신의 관대함, 경청하려는 의지, 수십 년간의 우정에 감사드립니다.

수년 동안 우정과 영감을 준 에스더 페렐에게 감사합니다. 당신은 지역사회와 대화하고 집단 트라우마와 집단 치유에 대한 이해를 넓힐 기회를 주었습니다. 진정한 멘토가 된다는 것이 무엇을 의미하는지 보여주고 트라우마 작업의 기초를 소개해준 로라 마큐이카에게 많은 감사를 드립니다. 소중한 동료이자 친구인 데버라 문첵에게 훌륭한 대화를 많이 나누고 경험을 공유해 준 것에 대해 감사드립니다. 내 사랑하는 여동생이자 태어난 순간부터 동료이고 글쓰기 동반자인 카롤리나 아르벨라에스는 자기 지혜를 시적 표현 방식으로 내보이며 끊임없이 나에게 감동을 주었습니다. 그리고 클라우디아 에드워즈와 내 마음에 가장 깊게 연결되는 방법을 가르쳐 준 모든 영적 멘토와 안내자에게도 감사드립니다.

내 행복 찾기 가족인 발레리 프레일리히, 아킴 노박, 주안 호세 레예즈에게 영원한 감사를 드립니다. 항상 나를 지지해 주고, 다음 모험과 창의적인 도전을 모색하고, 토론을 함께하며 새로운 아이디어로 우리를 다음 단계로 이끌어 주셔서 감사합니다. '행복 비전 소유자와 의식'의 리더인 루이스 갈라르도는 격려의 말과 조건 없는 지원, 겸손한 멘토링으로 나를 앞으로 나아가게 했습니다. 당신의 비전은 집단적 사고와 존재의 진정한 예입니다.

홀륭한 내 사무실 팀에게 감사드립니다. 충심과 헌신을 보여준 릴리아나 오로즈코는 녹음을 듣고 비디오를 만들고 자료를 가져왔으며, 임신으로 그녀의 배가 점점 부를 때 책에 대한 흥분도 같이 커졌습니다. 상세 작업을 한 엘리자베스 블랑켈은 몇 시간 분량의 구술 기록을 글로 옮기고 소셜 미디어를 관리했으며 연구를 도왔습니다. 카메라와 장비를 갖춘 호세 비센테 세비야는 순간을 포착하며 계속해서 지원해 주었습니다. 또한 내가 책에 모든 것을 바칠 수 있도록 나와 내 집을 돌봐준 글래디스 소차에게도 감사드립니다.

법적 질문에 대해 길을 보여주고 도움을 준 홀륭한 애비 죠리시에게 감사드립니다. 다니엘 올레루스 세인트 쥬스테 3세는 꿈이 현실이 되도록 보여주었습니다. 당신은 그 과정에서 나에게 많은 힘과 관심을 주었습니다. 대니얼 토바와 편집자 앤 쉐이바니, 알레이소 브리저는 이 책의 초기 방식과 의도를 믿고, 계속 나아갈 수 있도록 격려해 주고, 적시에 적절한 사람들과 연결해 주었습니다. 그리고 재능 있고 힘이 넘치며 창의적인 친구들인 타미, 데비, 아이본, 레이철과 실비아는 고맙게도 여러 방법으로 몇 번이고 찾아와 주었습니다.

이 책은 내가 환자들로부터 받은 놀라운 가르침이 없었다면 결코 나올 수 없었을 것입니다. 나에게 준 신뢰에 영원히 감사드립니다. 여러분의 고통과 그 고통에 대한 이야기를 기꺼이 공유하고 치유와 변화에 헌신하는 것은 나에게 매일 영감을 줍니다. 여러분의 PTG

과정을 목격하면서 나는 지혜와 성장이 실제로 가능하다는 것을 믿게 되었습니다.

내게 주신 모든 것에 대해 가족들에게 무한한 감사를 드립니다. 조부모인 랄루와 나나는 무조건적인 사랑을 주었고 지혜를 구현하고 희망을 품고, 그것을 살아 있게 유지하는 것이 무엇을 의미하는지 가르쳐 주었습니다. 항상 삶의 강인함과 회복력의 본보기가 되며 삶에 대한 호기심을 키우고 위험을 감수할 수 있는 기회와 특권을 준 어머니와 아버지에게 감사를 드립니다. 학교 선생님인 내 아들 아리엘은 내게도 선생님이 되어 빛을 내는, 끊임없는 영감의 원천입니다. 너는 사랑과 진실성을 가지고 존재하고 생활하는 것이 진정 가능함을 계속해서 보여주고 있단다. 너는 등대의 빛이란다.

내가 이 책을 쓰는 동안 아버지가 돌아가셨습니다. 사랑하는 사람을 잃는 것보다 더 고통스러운 것은 없으며, 공동체가 함께 모여 함께 먹고 안아주고 서로의 이야기를 들어주는 것보다 더 강력한 힘은 없습니다. 나는 그런 공동체의 힘과 보살핌 속에서 고통을 치유할 수 있는 기회를 가졌습니다. 나는 가족, 소꿉친구, 그리고 나와 내 가족을 지원하기 위해 전 세계에서 온 사람들에게 영원한 빚을 진 셈입니다. 바로 집단의 중심에 존재하는 치유력에 대한 진정한 증거라고 할 것입니다.

이 책이 어떤 식으로든 유익해서 당신의 삶에 긍정적인 영향을 미치고 고통을 덜어주기를 바랍니다.

트라우마,

극복의 심리학

얼마 전 퇴근길 라디오에서 세월호 희생자 유가족이 이태원 참사 유가족에게 찾아가 "미안합니다. 우리가 좀 더 노력해서 세상을 바꿨으면 이러한 일이 생기지 않았을 것인데… 정말 죄송합니다"라고 위로하고 상처와 경험을 공유하는 것을 지켜봤다는 자원봉사자의 이야기가 흘러나왔다. 트라우마가 우리에게서 멀지 않은 곳에 있다는 느낌, 우리 민족에게도 집단 트라우마가 이웃과 세대를 넘어 전해지는 중이라는 사실, 이 책의 저자가 말한 외상 후 성장PTG을 희생자 유가족에게서도 볼 수 있다는 생각이 차례로 떠올랐다.

　일견 트라우마에서 성장이 나온다는 이 책의 주장이 무례하다고 여길 수 있다. 고통에 허덕이고 있는 사람에게 "이건 네가 성장할 좋은 기회야"라고 (특히 가해자가) 말하는 것은 아무리 그 말이 사실이라 해도 어느 정도 잔인하기 때문이다. 마치 물에 빠진 사람에게 "네가 수영을 배울 좋은 기회야"라고 말해주는 것과 비슷하다. 그래서 저자도 조심스럽다. 하지만 수많은 환자를 상담하고 치료하며 성장을 목격한 임상심리학자로서, 그리고 트라우마가 있던 가정에서 자란 사람으로서 저자는 트라우마가 인간을 파괴하는 힘이 있지만 동시에 변화시키는 힘도 있다는 사실을 이야기한다. 이 책은 그 과정에서 환자를 성장으로 이끌면서 관찰한 기록이기도 하다. 그렇다면 트라우마에 빠진 개인과 사회가 외상 후 스트레스 장애PTSD를 넘어서 외상 후 성장PTG이 올 수 있다는 것을 인식하는 것은 어떤 도움이 될까?

지금까지 대부분의 심리학자와 정신 과학자는 트라우마가 미치는 부정적인 효과에 관해서만 이야기하고 긍정적인 요소가 있다는 사실을 애써 무시했다. 대중적인 치료도 부정적인 것을 다시 되돌려 정상적인 삶으로 돌아오게 하는 데 초점이 맞춰져 있다. 예를 들어 트라우마로 발생한 정신과적 증상과 몸의 이상을 나열하고 상담 치료와 약물 치료로 해결하려 한다. 이 책은 그러한 되돌림 목적의 치유를 넘어서 트라우마가 있는 사람에게 영감을 주고 한 단계 더 도약하게 해준다. 환자가 절대 극심한 고통과 무기력에서 헤어나지 못할 것으로 생각할 때 변화의 길을 보여주고 단계적으로 따라가게 해준다. 혹은 트라우마 후에 겪은 자신의 변화가 무엇인지 알지 못하는 사람에게 설명을 제시하고 그 변화를 유지할 수 있게 해준다. 또한 치료 일선에 서 있는 심리학자, 상담치료사, 의사, 자원봉사자, 멘토 등이 PTG 과정을 목격했을 때 이에 대한 지식이 있다면 좀 더 나은 결과로 이끄는 데 도움이 될 것이다.

그렇다고 PTG가 개인적인 변화만 일으키는 것은 아니다. 세대 간 트라우마와 역사적 트라우마로 자손에게 전해져 내려가는 상처를 치유할 방법이 될 수 있다. 본문은 9·11테러와 태풍 카트리나의 피해, 대형 총기 난사 사건 등의 사건 등 미국을 예로 들고 있지만 우리나라 국민이 겪는 집단 트라우마의 빈도도 그에 못지않으므로 실상 이 책은 모두를 위한 것이라고도 할 수 있다.

PTG의 개념과 존재를 저자가 처음 말한 것은 아니지만 이 책은 과거의 연구와 상담실에서 본인이 직접 경험한 치료과정의 성과를 기반으로 5단계로 설명하고 있다. 먼저 트라우마를 인식하고 전적으로 수용한 다음, 신뢰할 만한 안전과 보호를 찾고, 그다음 새로운 이야기를 만들고, 존재를 통합하며, 결국 지혜와 성장의 전환 단계에 도달하는 순서다. 마침내 공동체에서 적극적인 자기 역할을 수행하여 타인에게 도움을 주는 데까지 도달하게 된다. 이 과정에서 가장 강조하는 점은 트라우마가 관계의 문제라는 것이다. 여기서 관계란 자신과의 관계, 타인과의 관계, 사회와의 관계를 말한다. 트라우마의 해결과 전환도 각 레벨과의 관계 개선으로 이루어진다.

그동안 긍정 심리학이라 불리는 "모든 것이 잘될 것이야" 식의 위로나 강한 정신을 상징하는 개인의 회복력이 오히려 PTG의 방해물이 될 수 있다는 저자의 설명도 새롭다. 트라우마에 빠진 사람을 나약한 사람으로 취급했던 우리 사회의 오랜 역사 동안 개인에

트라우마, 극복의 심리학

계 굳센 마음을 먹도록 사회가 강요하지 않았던가. 그러한 우격다
짐 같은 트라우마 해법에서 벗어나는 것도 저자가 말한 선물이 될
수 있다.

　이 책의 독자가 PTG의 존재를 예방접종처럼 습득하고, 그들이
모인 공동체가 협력하여 트라우마에 빠진 개인을 보듬고, 그러한
공동체가 다수인 사회가 집단 트라우마를 다음 세대에 물려주지 않
고 사회 자체가 성장하는 데 도움이 되길 기대한다.

2024년 11월

이성민

2장 일상의 트라우마

1 트라우마의 역사에 대한 정보를 더 보고 싶으면 Judith Herman's book, Trauma and Recovery (New York: BasicBooks, 1992)를 보라.

2 Ibid.

3 Lisa Firestone, "Recognizing Complex Trauma," *Psychology Today*, July 31, 2012.

4 David Sack, MD, "8 Reasons It's So Hard to Overcome a Tough Childhood," *Psychology Today*, March 12, 2015.

5 Pauline Boss, Loss, Trauma, and Resilience (New York: W. W. Norton, 2006).

6 더 많은 정보는 다음을 보라. interview with Pauline Boss, "Navigating Loss Without Closure," by Krista Tippett, *On Being*, July 2020 and Ambiguous Loss: Learning to Live With Unresolved Grief by Pauline Boss (Harvard University Press, 2000).

7 스트레스의 혜택에 관한 더 많은 정보는 다음을 보라. The Upside of Stress: Why Stress Is Good for You and How to Get Good at It by Kelly McGonigal, PhD (New York: Avery Publications, 2015).

3장 외상 후 성장이란 무엇인가?

1 Lindsay VanSomeren, "How do caterpillars and moths turn into butterflies and moths through metamorphosis?" *UntamedScience.com*,

October 2016.

2   Richard G. Tedeschi et al., Transformed by Trauma: Stories of
      Posttraumatic Growth (self-pub., 2020).

3   Ralph De La Rosa, Don't Tell Me to Relax (Boulder, CO: Shambhala, 2020).

4   Harold S. Kushner, When Bad Things Happen to Good People (New
      York: Anchor Books, 2004).

4장   유동적 요인

1   Werner Emmy and Smith Ruth, "The Children of Kauai: Resiliency
      and Recovery in Adolescence and Adulthood," *Journal of Adolescent
      Health*, 1992 13:262–268.

2   Namiko Kamijo and Shintaro Yukawa, "The Role of Rumination and
      Negative Affect in Meaning Making Following Stressful Experiences in
      a Japanese Sample," *Frontiers in Psychology*, November 28, 2018.

3   Ibid.

4   고정 사고방식과 성장 사고방식에 대한 더 많은 정보는 다음을 보라.
      Mindset: The New Psychology of Success by Carol Dweck (New York:
      Penguin Random House, 2016).

5   From a panel discussion with Dan Siegel, Dr. Gabor Maté, UCLA
      researcher and social justice advocate Sará King, and Garrison Institute
      fellow Angel Acosta, "Building Intergenerational Trauma Sensitivity
      and Awareness," June 12, 2021, as part of The Wisdom of Trauma
      premiere.

5장   트라우마의 세대 간 유전

1   Christian Wolf, "Post-Traumatic Stress Disorder Can Be Conta-gious,"

Scientific American, October 3, 2018.

2   Ibid.

3   Daniel Goleman is quoted in "Relationship Trauma: How Does Emotional Pain from Childhood Get Played Out in Adulthood," by Dr. Tian Dayton, *HuffPost*, July 21, 2008. See also Dr. Dayton's Emotional Sobriety (Deerfield Beach, FL: Health Communications, 2007).

4   Jillian Peterson and James Densley, "How Columbine became a blueprint for school shooters," *The Conversation*, April 17, 2019. Also, see "Thresholds of Violence: How School Shootings Catch On," by Malcolm Gladwell, *The New Yorker* (Oct. 12, 2015)

5   Youth ALIVE!,"Trauma Is the Virus: Violence as a Public Health Issue," www.youthalive.org, April 19, 2017.

6   이 주제에 대한 더 심도 깊은 토론은 다음을 보라. Teens Who Hurt: Clinical Interventions to Break the Cycle of Teenage Violence by Kenneth Hardy (New York: Guilford Press, 2005) and his article, "Healing the Hidden Wounds of Racial Trauma." Published in *Reclaiming Children and Youth*, v22, n1, pages 24-28, Spr 2013.

7   Ibram X. Kendi, "Post-Traumatic Slave Syndrome Is a Racist Idea," *Black Perspectives*, www.aaihs.org, June 21, 2016.

8   Rachel Yehuda's research is explained in "Study of Holocaust survivors finds trauma passed on to children's genes," by Helen Thomson, *The Guardian*, August 21, 2015.

9   Dashorst Patricia, Mooren Trudy M, Kleber, Rolf J., de Jong, Peter, and Huntjens, Raphaele JC, "Intergenerational Consequences of the Holocaust on Offspring Mental Health: a systematic review of associated factors and mechanisms," *European Journal of Psychotraumatology*, V.10(1).

10   Amrit Shrira et al., "Filial anxiety and sense of obligation among offspring of Holocaust survivors," *Aging and Mental Health*, 23(6): 1-10).

11   Amy J. Sindler et al., "Holocaust Survivors Report Long-Term Effects on Attitudes Toward Food," *Journal of Nutrition Education and Behavior*, July/August 2004.

12   Irit Felsen, PhD, "'The Canary in the Mine': Re-traumatization and Resilience in Offspring of Holocaust Survivors During the Covid-19 Pandemic," *Trauma Psychology News*, November 13, 2020.

13   Tirzah Firestone, Wounds into Wisdom: Healing Intergenerational Jewish Trauma (Rhinebeck, NY: Monkfish, 2019).

14   Martin Caparrotta, "Dr. Gabor Maté on Childhood Trauma: The Real Cause of Anxiety and Our 'Insane' Culture," *HumanMind.com*, September 2020.

15   Peter Nieman, "Shyness not necessarily a lifelong trait," *Calgary Herald*, December 14, 2017.

16   Daniel Goleman and Richard Davidson, Altered Traits: Science Reveals How Meditation Changes Your Mind, Brain, and Body (New York: Avery, 2017).

17   "Epigenetic patterns determine if honeybee larvae become queens or workers," *Science Daily*, August 22, 2018.

18   Krista Tippett, "How Trauma and Resilience Cross Generations," *On Being*, updated November 2017.

19   Tori Rodriguez, "Descendants of Holocaust Survivors Have Altered Stress Hormones," *Scientific American*, March 1, 2015.

20   Davis, Elysia P and Sandman, Carl A, "The timing of prenatal exposure to maternal cortisol and psycho-social stress is associated with human cognitive development," *Psychoneurotechnology*, 37(8) 1224-1233.

6장   집단 트라우마에서 집단 성장으로

1   Jonathan Shay, MD, PhD, "Moral Injury," *Psychoanalytic Psychology*,

2014.

2 Diane Silver, "Beyond PTSD: Soldiers Have Injured Souls," *Pacific Standard*, January 2015 (rev).

3 Tirzah Firestone, Wounds into Wisdom: Healing Intergenerational Jewish Trauma.

4 Oxiris Barbot, MD, "George Floyd and Our Collective Moral Injury," *American Journal of Public Health*, August 12, 2020.

5 From a panel discussion as part of The Wisdom of Trauma premiere entitled "The Wisdom of Trauma: Climate Crisis, Fragmentation, and Collective Trauma," with Dr. Gabor Maté, Eriel Tchekwie, Bayo Akomolafe, and Angaangaq Angaqkkoruaq. (Reprinted at www.indigenousclimateaction.com/entries/climate-crisis-fragmentation- amp-collective-trauma-discussion-with-eriel-deranger-bayo- akomolafe-angaangaq-angakkorsuaw-and-gabor-mate).

7장　인식의 단계 : 전적인 수용

1 Salynn Boyles, "Post-Traumatic Stress, Fibromyalgia Linked," *WebMD*, June 10, 2004.

8장　각성의 단계 : 안전과 보호

1 "Your Amygdala Gets Bigger If You're Anxious and Depressed," *NeuroscienceNews.com*, August 5, 2020.

2 Dacher Keltner, "Forget Survival of the Fittest, It's Kindness That Counts," interview by David DiSalvo, *Scientific American*, February 26, 2009.

3 Linda Sparrowe, "Yoga and Cancer: A Healing Journey," *Yoga*

International, Fall 2010.

4   Brené Brown, Dare to Lead: Brave Work, Tough Conversations, *Whole Hearts* (New York: Random House, 2018).

9장 형성의 단계 : 새로운 이야기

1   Anne Trafton, "How the Brain Controls Our Habits," *MIT News*, October 29, 2012.

10장 존재의 단계 : 통합

1   Joan Borysenko, "Born for These Times," *joanborysenko.com*, November 17, 2016.

2   Based on the work of Alberto Villoldo and the Four Winds Society, https://thefourwinds.com.

11장 전환의 단계 : 지혜와 성장

1   For more information, visit https://yodigonomas.com.

2   Yukari Mitsuhashi, "Ikigai: A Japanese concept to improve work and life," *BBC.com*, August 7, 2017. 더 많은 정보는 다음을 보라. How to Ikigai: Lessons in Finding Happiness and Living Your Purpose, by Tim Tamashiro (Coral Gables Florida: Mango Publishing Group, 2019).

1   Stephen Joseph and Alex Linley, "Growth Following Adversity:
     Theoretical Perspectives and Implications for Clinical Practice," *Clinical
     Psychology Review*, 2006 1041 – 1053.

2   Dean Hamer, The God Gene: How Faith Is Hardwired into Our Genes
     (New York: Anchor Books, 2004).

3   Lisa Miller et al. "Religiosity and substance abuse among adolescents
     in the national comorbidity survey," *Journal of the American Academy
     of Adolescent and Child Psychiatry*, 39(9): 1190 – 97. For a discussion
     on this and other aspects of Lisa Miller's work on spirituality and
     depression, see The Awakened Brain: The New Science of Spirituality
     and Our Quest for an Inspired Life, by Dr. Lisa Miller (New York: Random
     House, 2021).

4   American Psychological Association, "People with a sense of oneness
     experience greater life satisfaction," *ScienceDaily.com*, April 11, 2019.

5   Suzanne Simard, "Trees Talk to Each Other: 'Mother-Tree' Ecologist
     Hears Lessons for People, Too," interview by Dave Davies, Fresh Air,
     May 4, 2021. Further information from The Hidden Life of Trees by
     Peter Wohlleben (London: Allen Lane, 2016) and Finding the Mother Tree:
     Discovering the Wisdom of the Forest by Suzanne Simard (New York:
     Knopf, 2021).

트라우마, 극복의 심리학

트라우마,

극복의 심리학

트라우마, 극복의 심리학

트라우마 회복 후 성장하는 5단계 프레임워크

초판 1쇄 찍은날	2024년 11월 18일
초판 1쇄 펴낸날	2024년 12월 4일
지은이	에디스 시로
옮긴이	이성민
펴낸이	한성봉
편집	김선형
콘텐츠제작	안상준
디자인	최세정
마케팅	박신용·오주형·박민지·이예지
경영지원	국지연·송인경
펴낸곳	히포크라테스
등록	2022년 10월 5일 제2022-000102호
주소	서울 중구 필동로8길 73 [예장동 1-42] 동아시아빌딩
페이스북	www.facebook.com/dongasiabooks
전자우편	dongasiabook@naver.com
블로그	blog.naver.com/dongasiabook
인스타그램	www.instargram.com/dongasiabook
전화	02) 757-9724, 5
팩스	02) 757-9726
ISBN	979-11-93690-03-1　03180

만든 사람들

총괄 진행	김선형
책임 편집	권지연
크로스 교열	안상준
디자인	페이퍼컷 장상호